Rethinking
Reconstructing
Reproducing

*

———

"精神译丛"
在汉语的国土
展望世界
致力于
当代精神生活的
反思、重建与再生产

———

*

Hegemony and Socialist Strategy
Towards a Radical Democratic Politics

Ernesto Laclau
Chantal Mouffe

精神译丛·徐晔 陈越 主编

[英]埃内斯托·拉克劳　尚塔尔·穆夫 著　田延 译

领导权与社会主义战略：
走向激进的民主政治

西北大学出版社

埃内斯托·拉克劳　尚塔尔·穆夫

目　录

第二版序　/　1
导论　/　24

第一章　领导权:一个概念的谱系　/　31
罗莎·卢森堡的两难之境　/　34
危机,零度　/　47
对危机的第一个回应:马克思主义正统学说的形成　/　56
对危机的第二个回应:修正主义　/　78
对危机的第三个回应:革命的工团主义　/　91

第二章　领导权:一种新的政治逻辑的艰难诞生　/　101
叠合发展与偶然事物的逻辑　/　106
"阶级联盟":在民主和权威主义之间　/　116
葛兰西分水岭　/　135
社会民主党:从停滞到"计划主义"　/　145
本质主义的最后一个据点:经济　/　152
正视结果　/　168

第三章　超越社会的肯定性:对抗和领导权　/　173
社会形态和过度决定　/　181
接合和话语　/　193
"主体"范畴　/　210
对抗和客观性　/　221

同等性和差异　/　231
　　领导权　/　242
第四章　领导权和激进民主　/　257
　　民主革命　/　264
　　民主革命和新的对抗　/　274
　　反民主的进攻　/　291
　　激进民主：新左派的选择　/　297

人名索引　/　320
关键词译名对照表　/　328

译后记　/　340

第二版序

《领导权与社会主义战略》(Hegemony and Socialist Strategy)初版于1985年,自那以后,它就成了英语世界和其他地方许多重要的理论－政治讨论的中心。从那时起,很多事情在当代的场景中发生了变化。若要指出最重要的进展,提一下冷战的终结和苏维埃制度的瓦解也就足够了。对此我们还应该加上社会结构的激烈变动,这是社会和政治身份(identities①)的构造中的新范式的基础。为了理解20世纪80年代初——本书在那时首次出版——和现在的划时代的差别,我们必须记住,那时,欧洲共产主义仍然被有的人视为一种同时超越了列宁主义和社会民主主义的切实可行的政治方案;而自那以后,吸引左派知识分子思考的主要争论,就变成了那些围绕新的社会运动、多元文化主义(multicultural-

---

① identity是本书中最重要的一个概念,它有"身份""同一性""特性"等意思。在本书中,该词的译法取两种,根据不同的语境来使用。一般而言,当它和"阶级""工人阶级""社会""政治"等具有确切社会历史含义的词连用时,译为"身份",这样比较符合汉语的习惯;当它用在一般性的哲学探讨中时,译为"同一性"如"差异性的同一性""关系性的同一性"等。——译注

ism)、全球化(globalization)和经济的解域化(deterritorialization),以及围绕着和后现代性(post-modernity)联系在一起的全部问题而展开的争论。我们可以说——借用并转换霍布斯鲍姆的说法①——"短20世纪"(short twentieth century)结束于20世纪90年代初的某个点上,而今天我们不得不面对一个和真正的新秩序有关的难题。

由于这些划时代的变化是如此之大,当再次浏览完这本不算很新的书时,我们感到惊讶的是,自己几乎不必对那里所阐发的知识和政治观点提出任何疑问。从那以后发生的大多数事件都紧随我们书中所暗示的模式在发展,而我们那时关心的核心问题在当代的讨论中则变得比以前更加突出。我们甚至可以说,我们把那时阐发的理论观点——它实际上植根于葛兰西主义的母体和领导权范畴的核心——视为解决当代问题的一种途径,这比把它视为一种知识装置(intellectual apparatus②)要恰当得多,这种知识装置经常是伴随着近来关于政治主体性、民主和全球化经济趋势及政治后果的讨论而产生的。正因此,我们想概括我们理论干预的某些核心观点,并把它作为介绍本书第二版的一种方式,想把它的某些政治结论和最近的民主讨论中的某些倾向对立起来。

让我们从谈论《领导权》一书的知识方案和写它时所依据的

---

① 这里指的是霍布斯鲍姆(E. J. Hobsbawm)提出的"漫长的19世纪"这个说法。——译注

② apparatus 在本书中一般译为"机器",这里如果译为"知识机器",不甚通顺,故采取了"装置"这个译法。——译注

理论视角开始吧。20世纪70年代中期,对马克思主义的理论化已经明显陷入僵局。经过20世纪60年代那个特别丰产和富有创造性的时期之后,那种扩展——其震源存在于阿尔都塞主义(Althusserianism)之中,也存在于对葛兰西和法兰克福学派理论家的全新的兴趣之中——的局限就非常明显了。在当代资本主义的现实和马克思主义能够合理纳入它自身范畴中的东西之间,存在着日益扩大的裂痕。这足以让人回想起围绕着诸如"归根到底的决定作用"(determination in the last instance)和"相对自治"(relative autonomy)等观念产生的逐渐令人绝望的歪曲。这种处境从整体上激发了两类态度:要么否认变化,无法令人信服地撤退到正统学说的地堡中;要么就以某种特别的方式增加对新倾向的描述性分析,而这些倾向只是未经整合就被并置在仍未有很大改观的理论整体旁边罢了。

我们对马克思主义传统的研究方法完全不同,或许可以通过胡塞尔对"沉淀"(sedimentation)和"再激活"(reactivation)的区分(distinction①)来表述它。被沉淀的理论范畴是那些掩藏了它们最初的创制(institution)行为的范畴,而再激活的时刻则使那些行为再次变得可见。对于我们而言,和胡塞尔不同的是,再激活必须展示出马克思主义范畴试图建立的那种综合(synthesis)的原初的偶然性(original contingency)。我们不讨论诸如"阶级"、三个层面(经济、政治和意识形态)或生产力和生产关系之间的矛盾等观

---

① 在本书中,distinction 译为"区分",distinguish 译为动词的"区分"。另外,意思相近的 differentiate 和 differentiation 分别译为动词的"区别"和名词的"区别"。——译注

念,它们已经成为被沉淀的盲目崇拜的对象,而是试图恢复使它们的话语操作成为可能的前提条件,并向我们自己提出与它们在当代资本主义中的连续性和非连续性相关的问题。这种操作的结果使我们意识到,马克思主义理论化的领域是远为矛盾和多样化的。必须明确说明的是:列宁主义那持续的**理论**后果(effects①)在一定程度上限制了马克思主义多样性(Marxist diversity②)的发展。而在第二国际行将结束的那段时间里,马克思主义话语运行于其中的诸多领域却正在变得日渐多样化(特别是在奥地利的马克思主义那里,从知识分子问题到民族问题,从劳动价值论内部的不一致到社会主义和伦理之间的关系),但国际工人运动的分化(divison)、以苏维埃经验为中心的对其革命一翼的重新组织导致了这个创造性过程的中断。令人惋惜的卢卡奇(G. Lukác)——卢卡奇把自己无可否认的知识才能贡献给了对理论—政治视野的巩固,但这个视野并未超越整个第三国际的陈词滥调的范围——是一个极端但远非孤立的例子。值得指出的是,社会主义战略在晚期资本主义条件下面临的许多难题已经被**准确地**包含在奥地利马克思主义的理论化过程中,但在两次世界大战之间却几乎没有连续性。只能援引在墨索里尼的监狱中从事写作的葛兰西这个

---

① effect 在本书中取两种主要的译法:当表示积极的意义时译为"效果",如"过度决定的效果";当表示消极的意义时译为"后果",如"列宁主义的理论后果"。在极个别的情况下,根据上下文,也译为"影响"。——译注

② 在本书中,diversity 译为"多样性",在少数情况下,作者也使用了 multiplicity 或 multiformity 这两个词来表达"多样性"的意思,而 variety 在本书中译为"多变性"。——译注

孤例,作为建立新的概念武库——阵地战(war of position)、历史联合体(historical bloc)、集体意志(collective will)、领导权(hegemony)、知识和道德的领导(intellectual and moral leadership)——的新起点,这些概念就是我们在《领导权与社会主义战略》中思考的出发点。

在这一系列新的难题和发展的烛照下重访(再激活)马克思主义范畴,必然导致对以前范畴的解构——也就是说,替换它们的某些可能性条件并发展新的可能性,这些可能性超越了以范畴的**应用**(application)为特征的一切事物。我们从维特根斯坦(L. Wittgenstein)那里得知,根本不存在"某一规则之应用"(application of a rule)这样的东西,①即应用成为规则本身的一部分这种情况。在当代难题的烛照下去重读马克思主义理论,必然会涉及对这个理论的核心范畴的解构。这就是被称为我们的"后马克思主义"

---

① 维特根斯坦认为:"在哲学中,我们经常把词的使用同具有固定规则的游戏或演算相比较,但是,我们不能说一个使用语言的人必须玩这样一种游戏。"也就是说,"词的应用并非处处都受规则的约束",因此也就不存在所谓"规则的应用"之类的东西。在维特根斯坦看来,"规则"就像"路标",他质疑道:"是不是路标能使我对我应当走的路没有怀疑?在我经过它时,它是不是能给我指明我应取的方向?是沿着大路,还是小道,还是横穿田野?可是,在哪里,在什么意义上说我该按照它走呢?是按路标上手指所指的方向走还是譬如说按相反的方向走?——而且当路标不只是单独的一个而是接连的一串,或者是画在地上的一串粉笔线——是不是只有一种方式来解释它们?"(参见维特根斯坦《哲学研究》,李步楼译,陈维杭校,商务印书馆1996年版,第57—59页)。拉克劳和穆夫在这里显然是说,马克思主义并非放之四海而皆准的抽象"规则",它是可以不断被发明、改造的。——译注

(post-Marxism)的东西。我们并没有发明这个标签——它只是在我们这本书的导论中边缘性地出现过(但不是作为一个标签)罢了。但是,既然它使我们的工作具有了普遍化的特征,我们也可以说,就它被正确理解为对一种知识传统的重新利用并且被理解为超越这个知识传统的过程而言,我们并不反对它。在发展这项任务的过程中,重要的是指出,它不能仅仅被认为是马克思主义**内部的**历史。许多社会对抗,许多对于理解当代社会至关重要的问题都属于**外在于**马克思主义的话语性领域(fields of discursivity),而且无法通过马克思主义的范畴重新概念化——这尤其是因为,恰恰是话语性领域的在场(presence)质疑了作为封闭的理论体系的马克思主义,并导致人们假定存在着社会分析的新的出发点。

在这里,有一个我们想强调的特殊的方面。研究领域的**本体性**内容(*ontic* content)的一切重要变化也会导致新的**本体论**范式(*ontological* paradigm)。阿尔都塞(L. Althusser)过去常说,柏拉图哲学的背后有古希腊的数学;17世纪理性主义的背后有伽利略的物理学;而康德哲学的背后有牛顿的理论。让我们用一种先验的方式(transcendental fashion)来提出这个论点:严格的本体论问题问的是诸实体(entities)必须如何存在,才能使某个特定领域的客观性成为可能。诸对象构成的新领域的合并(incorporation)与一般的本体论范畴——它在一定时期内支配着一般的客观性领域中可以思考的东西——之间有一个相互反馈的过程。例如,弗洛伊德主义中内含的本体论不同于生物学范式且与之相矛盾。由此观之,我们确信,在从马克思主义到后马克思主义的转变过程中,变化不仅是本体的(ontic),也是本体论的(ontological)。以信息为主导的全球化社会的难题在主导马克思主义话语性领域的两种本体论范式中是无法思考的:首先是黑格尔的范式,其次是自然主义的范式。

我们的研究方法的基础,是给**政治**接合(*political articulation*)的时刻赋予优先的地位,在我们看来,政治分析的核心范畴是**领导权**(*hegemony*)。在这种情况下——重复一下我们的先验的问题——诸实体之间必须呈现怎样的关系,才能使领导权关系成为可能?它的特定条件是,某一种**特殊**的社会力量佯装自己代表了一个与自己完全不可通约的总体。这样一种"领导权的普遍性"(*hegemonic universality*)的形式是形成政治共同体所能达到的唯一形式。由此观之,我们的分析理应不同于那些分析,在那里,普遍性在社会领域中找到了直接的、未经领导权中介过的表现;也不同于那样一些分析,在那里,特殊性未经它们之间的任何可以思考的中介就被简单地累加起来——就像在某些后现代主义的形式中那样。但是,如果领导权的代表关系是可能的,它的本体论地位就必须得到界定。对于我们的分析来说,正是在这一点上,一种被构想为**话语**空间(*discursive* space)的社会概念——它使得完全无法在物理主义或自然主义范式中思考的代表关系成为可能——才具有了至高无上的重要性。换句话说,我们已经表明,"话语"(*discourse*)这个范畴在当代思想中拥有一个可追溯到20世纪三大知识潮流的谱系:分析哲学(*analytic philosophy*)、现象学(*phenomenology*)和结构主义(*structuralism*)。在这三种潮流中,21世纪伴随着一种不经话语中介就能直接理解事物本身——分别是所指对象(*referent*)、现象(*phenomenon*)和符号(*sign*)——的幻觉开始了。然而,在所有这三种潮流中,关于直接性的幻觉都在某个时刻破灭了,并且不得不被这种或那种的话语中介所替代。这就是在分析哲学中伴随着后期维特根斯坦的著作,在现象学中伴随着海德格尔的存在主义分析,在结构主义中伴随着对符号的后结构主义批判所发生的事情。在我们看来,这也是在认识论中伴随着证实主义(verificationism)①的变化(波普尔② –

---

① "证实主义"即一种逻辑思维方法,指的是在实践的基础上用经验方法和逻辑方法对某个理论或命题的真理性进行判定。它分为直接证实和间接证实。前者的对象通常是事实命题(经验知识),证实方式是将事实命题直接与观察、实验的结果相对照而作出判定。后者的对象通常是复杂的事实命题和理论命题(理论知识),证实方式是根据其他已获得证实的科学定律和事实命题,运用逻辑推理的方法进行推断。与"证实主义"相反的是"证伪主义",即认为没有一个科学陈述可以从观察陈述中排演出来,或者可以描述为观察陈述的真理函项。单个观察事物足以证伪全称陈述,科学与非科学的划界标准是经验证伪原则,即强调科学方法是猜想 – 反驳或者试错法。任何科学理论都是试探地提出,然后再加以检验。如果检验的结果错误,该理论就要被放弃,并被新理论代替。参见冯契、徐孝通主编《外国哲学大辞典》,上海辞书出版社 2000 年版,第 430—432 页。——译注

② 卡尔·波普尔(Karl Popper,1902—1994),英籍犹太哲学家,批判理性主义的代表人物,代表作有《猜想与反驳》《开放社会及其敌人》等。证伪主义是其理论的支柱。波普尔认为科学理论不能靠个别经验事实来证实,个别经验却可以证伪普遍命题。因此,科学发展的过程应当是从问题开始,大胆猜想、假设。各种科学猜想相互竞争,经受住检验的猜想成为暂时获得稳固地位的新理论,但它最终会被证伪,科学随即面临新的问题,开始新一轮的发展。用图式表示即 P_1(问题)→TT(证实)→EE(证伪)→P_2(问题)。——译注

库恩①-费耶阿本德②),在马克思主义中伴随着葛兰西的著作所发生的事情,在那里,经典马克思主义的阶级身份(class identities)的完满性不得不被由非辩证的中介构成的领导权身份(hegemonic identities)所替代。

所有这三种潮流都在某种程度上滋养了我们的思想,但后结构主义才是我们找到自己理论思考的主要资源的领域,而在后结构主义领域的内部,解构理论和拉康派理论对形成我们探讨领导权的表达方式具有决定性意义。从解构的角度来看,不可判定性(undecidability)的概念至关重要。正如德里达(J. Derrida)的著作中所表明的,如果不可判定性渗透到以前被视为由结构决定作用(structural determination)所支配的领域,人们就可以把领导权

---

① 托马斯·库恩(Thomas Kuhn,1922—1996),美国著名科学哲学家,代表作有《科学革命的结构》。库恩对科学哲学最大的贡献在于提出了关于"范式"(paradigm)的理论。他认为,任何一门科学都是由前科学发展而来的,一旦科学共同体形成了共同的范式(所谓"范式",即提出和思考科学问题的思维与认知结构,以及它们与现实生活的关系结构,用阿尔都塞的话说即"难题性",用福柯的话来说即"认识型"),科学就进入了积累式的常态发展期。当这种常态被大量反常情况打破时,就会出现科学危机,从而促使范式的改变,形成新范式,组建新的科学共同体,并且再次进入科学发展的常态化过程。用图式表示即前科学时期→常态科学时期→反常与危机→科学革命→新的常态科学时期……依次递推。——译注

② 保罗·费耶阿本德(Paul Feyerabend,1924—1994),美国著名科学哲学家,代表作有《反对方法》《告别理性》等。费耶阿本德是科学哲学中非理性主义的代表人物,他反对研究科学方法论,主张科学研究是一项无政府主义的事业,不应该有任何普遍而规范的方法。无论一种方法多么合理合法,都不可能绝对有效。——译注

视为在不可判定的领域内所作的决定的理论。偶然性的更深层次需要领导权的(也就是偶然的)接合,这等于是用另一种方式说,再激活的时刻无非意味着重新恢复那种不是在别的地方,而是在它自身之中找到源泉和动机的政治创制(political institution)行为。出于某些并非不相关的理由,拉康派理论为领导权理论的表达方式提供了重要工具。因此,**凸起点**(*point de caption*)①(在我们的术语中则是节点[nodal point])或主人－能指(master-signifier)②

---

① 凸起点(point de caption)是一个法文词汇,在英文中,尚有 quilting point(接衬点)、anchoring point(锚定点)等翻译,它的本义指的是软垫的缝迹间每块凸起的部分。拉康(J. Lacan)在 1955—1956 年的研讨班中首次使用了这个概念。他用这个概念来表示能指和所指相互接合的点。在他看来,虽然所指在能指链下面不断地滑动,但是对于正常的主体而言,还是会保有某些基本的"凸起点",以便像"钉住"垫料那样使能指和所指之间产生短暂的固定。但拉康强调,这种"钉住"只是一种合乎逻辑的想法、一套"绝对真理"的神话:"谁也别想把意义钉死在能指上,能做的只是把一个能指跟另一个能指钉在一起,于是总有某种新的意义涌出来。"关于这个词的含义,请参考陈越翻译的《欲望及对〈哈姆雷特〉中欲望的阐释》一文的第二条译注,也可参考狄伦·伊凡斯(Dylan Evans)所著《拉冈精神分析词汇》中 point de caption 这一词条,见台湾巨流图书股份有限公司 2009 年版,第 249—250 页。——译注

② 在拉康的精神分析理论中,主人话语(discourse of MASTER)是最基础的话语模式。其中,"主人"作为具有支配力量的"主导表记"(S_1)总是指向"奴隶"(S_2)并替他们代表或呈现(represent)主体,企图达到总体化的目的。但是这种企图注定会失败,因为主导表记不可能完全代表或呈现主体,总是会有超出代表或呈现之外的"剩余"出现。参见狄伦·伊凡斯《拉冈精神分析词汇》中 Discourse 和 Master 这两个词条,见第 71—74,177—179 页。——译注

这个范畴牵涉一个特殊要素的概念,在一个话语领域中,这个要素承担着"普遍的"组织功能——实际上,无论这个领域拥有什么样的组织,都不过是那个功能的结果——但这个要素本身却不具有预先确定这样一个功能的特殊性。在主体化之前,主体概念也以类似的方式确立了"认同"(identification)范畴的中心地位,并且在那个意义上使思考领导权的转变成为可能,这些转变完全取决于政治的接合,而非取决于在政治领域之外构成的诸实体——比如"阶级利益"。的确,政治-领导权接合回溯性地创造了它们所声称代表的利益。

从需要被理解为领导权的(hegemonic)那样一种关系的观点来看,以及从领导权主体的建构的角度来看,"领导权"具有非常明确的可能性条件。就第一个方面而言,已经提到的结构的不可判定性(structural undecidability)的维度正是领导权的条件。如果社会的客观性通过其内部法则决定了所有存在着的结构配置(就像在关于社会的纯社会学观念中那样),那将不会为任何领导权的偶然的再度接合留有余地——更不会为作为自治活动(autonomous activity)的政治留有余地。为了获得领导权,要求诸要素仍然要联合起来,成为外部的或接合的实践的结果,而这些要素本身的性质并不预先决定它们进入这一种而非另一种类型的配置。就这个方面而言,原初的创制行动——在其特定的偶然性中——的可见性是一切领导权结构的要求。但是,谈论**偶然接合**(contingent articulation)就是明确提出"政治"的核心维度。为社会的结构化(the structuration of society)中的政治环节赋予优先地位是我们的研究方法的一个重要方面。我们的书展示了:从历史上看,领导权的范畴最初是如何在俄国社会民主主义中被精心制作出来的,以作为处理自治的政治干预问题的一种尝试(这种干预因为行动者和俄国后发资本主义引起的民主任务之间的结构性错位而成为可能);"叠合的不平衡发展"(combined and uneven development)的观念后来又是如何把它扩展为帝国主义时代的一般性政治条件;以及在葛兰西看来,领导权的维度如何变成了历史行动者(他们再也不是单纯的**阶级**行动者)的主体性的构成性要素。我们可以补充说,这个偶然性的维度以及与之相伴的政治的自治化,甚至在当代世界,在发达资本主义的条件下也是非常明显的,在那里,领导权的再度接合比它们在葛兰西的那个时代更为普遍。

就领导权的主体性而言,我们的论点和围绕普遍主义与特殊主义之间的关系展开的整个争论遥相呼应,这场争论近年来已经变得相当紧要了。毫无疑问,领导权的关系具有普遍主义的维度,但它是普遍主义的一种非常特殊的类型,指出它的主要特征非常重要。它并非像在霍布斯的《利维坦》(Leviathan)中那样是契约决定(contractual decision)的结果,因为领导权联系(hegemonic link)改变了领导权主体的身份。它并不必然像黑格尔的"普遍阶级"(universal class)概念那样和公共空间联系在一起,因为领导权的再度接合是在市民社会(civil society)的层面上开始的。最后,它不同于作为普遍阶级的无产阶级这个马克思主义概念,因为它并非源于导致国家消亡和政治终结的人类的最终和解;相反,领导权联系本质上是政治的。

在这种情况下,领导权中固有的独特的普遍性是什么呢?我们在文本中论证到,它源于我们所说的差异逻辑(logics of

differences)和同等性逻辑(logics of equivalence)之间特有的辩证法。社会行动者在构成社会结构的话语内部占据着不同的立场(positions)。在这个意义上,严格来说,他们全都是特殊性。另一方面,还有制造了社会内部种种边界(internal frontiers)的社会对抗(social antagonisms)。例如,面对压迫的力量,一系列特殊性在它们自身之间建立了同等性关系(relations of equivalence)。然而,有必要超越同等性联系的纯粹差异性的特殊主义(particularisms),去代表①这个链条的总体。这种代表的手段是什么呢?正如我们所主张的那样,只能靠一种其形体(body)被分裂(split)②的特殊性,因为它在代表一种能超越特殊性的普遍性(那种属于同等性链条的普遍性)的过程中改变了自己的形体,同时又继续保持着自己的特殊性。这个关系就是我们所说的**领导权关系**(*hegemonic relation*),通过它,特殊性承担了代表与它完全不相称的普遍性的任务。结果,它的普遍性就是一种**不纯**的普遍性(*contaminated university*):(1)它居于普遍性和特殊性之间无法化解的张力中;(2)它的领导权的普遍性(hegemonic universality)的功能并不是永远都能获得,相反,它总是可以撤销的。尽管我们无疑是在把葛兰西有些方面的直觉激进化,但我们认为这一类东西是葛兰西对社团的阶级(corporative class)和领导权的阶级

---

① "代表"(represent)一词通常也翻译为"再现""表述"等。——译注

② 在本书中,"分裂"用得最多的是 split 一词,在极少数的情况下,作者也使用了 disjuncture 或 dissociation 这两个词。当使用后两个词时,译文均会注明。——译注

(hegemonic class)的区分①中固有的。我们的"不纯的普遍性"这个概念和哈贝马斯的普遍性概念有分歧,对于他而言,普遍性有属于它自己的、独立于任何领导权接合的内容。但它也避免了另一极端——利奥塔的特殊主义(particularism)或许代表着它的最纯粹的形式,利奥塔的那种由无法通约的语言游戏(这场游戏的相互作用只能被理解为**侵权行为**[tort])的多元性构成的社会观,使任何**政治的**重新接合都变得不再可能。

因此,我们的研究方法是把普遍性设想为**政治的**普遍性,而且在这个意义上,认为它取决于社会内部的种种边界。这就把我们引向了和**对抗**(antagonism)概念联系在一起的、或许是我们书中最核心的论点。我们已经解释了为什么在我们看来,实际对立(康德的 *Realrepugnanz*)和辩证矛盾都不能解释我们称之为"社会对抗"的那种特定关系。我们的论点是:对抗并非**客观的**关系,而是揭示所有客观性的界限(limits)的关系。社会是围绕这些界限构成的,它们是对抗的界限(antagonistic limits)。对抗的界限这个概念必须按照其字面意思来理解——也就是说,不存在任何一种想通过对抗关系

---

① 关于"社团的"和"领导权的"之间的区分,可参看葛兰西《现代君主论》(陈越译,上海人民出版社2006年版)第9页的第一个译注:"'社团',在黑格尔著作中译为'同业公会';'警察和同业公会'被黑格尔视为'市民社会'发展的最后环节。葛兰西关于意大利中世纪公社资产阶级无力超越'经济-社团的阶段'和封建主义、从而创建现代民族国家的论点,贯穿在《狱中札记》对意大利历史的全部讨论当中。'经济-社团的'是和'(掌握)领导权的'相对而言的:这意味着,一个能够奠定民族国家的社会集团,必须通过领导权斗争,超越它作为'社团的'存在阶段(例如意大利的城市共和国),超越单纯保卫自身经济地位的斗争。"——译注

来意识到自身的"理性的狡计"。也没有任何一种超级游戏,使对抗能屈服于它的规则系统。正因此,我们不认为政治是上层建筑,而认为它具有一种**社会本体论**(ontology of the social)的地位。

由此论证可以推断出,对我们而言,社会分化(social division)是政治的可能性——正如我们在本书最后一部分中所论证的那样——甚至民主政治的可能性中固有的东西。

我们想强调这一点。对抗的确是我们研究的现实关怀的核心,既在理论的层面上,也在政治的层面上。自本书出版以来,十五年间发生了一些深远的变革,那些变革的重大后果之一恰恰是对抗概念被从左派政治话语中消除了,就此而言,这似乎有些荒谬。但是和那些把这视为进步的人不同,我们认为,这才是主要的难题所在。让我们考察一下它是如何以及为什么发生的。人们本来可以指望苏维埃模式的崩溃给民主的社会主义政党提供复兴的动力,最终摆脱它们昔日的敌手所提供的那种社会主义方案的消极形象。然而,社会民主主义远未获得新生,反倒被抛入了混乱之中。我们在近十年间目睹的不是社会主义方案的重塑,而是新自由主义的凯旋,它的领导权已经无处不在,以至于它对左派的身份也产生了巨大的影响。甚至可以认为,比起我们写作本书的那个时代(20 世纪 80 年代初),左翼事业在今天陷入了更深的危机。在"现代化"的借口下,数量渐增的社会民主党已经放弃了它们的左派身份,把自己委婉地重新定义为"中间－左派"(centre-left)。它们宣称左和右的概念已经过时了,需要的是"激进中间派"(radical Centre)的政治。那个作为"第三条道路"而被提出的东西的根本信条是:由于共产主义的死亡,由于与信息社会的出现相联系的社会经济变革以及全球化进程,对抗已经消失了。无边界的政治(a politics without frontiers),

即"双赢政治"(win-win politics)现在成为了可能,在这种政治中可以发现能让每一位社会成员都满意的解决方案。这意味着政治再也不是围绕着社会分化来组织了,意味着难题变成了纯技术性的。据乌尔里希·贝克(Ulrich Beck)和安东尼·吉登斯(Anthony Giddens)所言——他们是这种新政治的理论家——我们现在正生活在"自反性现代化"(reflexive modernization)①的境遇中,在那种境遇下,与他们相反的我们的对抗性政治模式再无用武之地。他们断

---

① 所谓"自反性现代化"是指传统的以工业为主导的资本主义社会在发展到相当成熟的形态之后,就会产生一种自我毁灭的力量并且转化成一种新的现代性形态。正如这一理论的提出者之一乌尔里希·贝克所言:"如果说简单(或正统)现代化归根到底意味着由工业社会形态对传统社会形态首先进行剥离、接着进行重新嵌合,那么自反性现代化意味着由另一种现代性对工业社会形态首先进行剥离、接着进行重新嵌合。因此,现代社会凭借其内在活力暗中削弱着阶级、阶层、职业、性别角色、核心家庭、工厂和商业部门在社会中的形成,当然也削弱着自然的技术经济进步的先决条件和连续形态。在这个新阶段中,进步可能会转化为自我毁灭,一种现代化削弱并改变另一种现代化,这便是我说的自反性现代化阶段。"但是,和传统的马克思主义理论不同,贝克所说的这种自我毁灭不是通过政治方式发生的,正是这一点遭到了拉克劳和穆夫的反对:"可以断言的是,不会发生革命但却会出现一个新社会,而这恰恰是简单现代化问题上的两大权威派别马克思主义和功能主义者异口同声认为绝不可能的。在此我们打破的禁忌是把社会变化的潜在性和内在性暗中画等号的做法。从一个社会时代到另一个社会时代的过渡可以是无意的、非政治的,可绕过所有政治决策场所、路线冲突和党派论战,这种思想与社会学的基本信念相抵触,同样也与这个社会中流行的自我理解相矛盾。"(见乌尔里希·贝克、安东尼·吉登斯、斯科特·拉什合著的《自反性现代化:现代社会秩序中的政治、传统与美学》,赵文书等译,商务印书馆2001年版,第5—6页)——译注

言我们已经进入了一个必须用完全不同的方式来设想政治的新纪元。激进政治应该关心"生活"问题并且要是"有生产力的"(generative),要允许人民和各种团体(groups)推动事物发展;而民主应该用"对话"(dialogue)方式来设想,通过互相倾听来使有争议的问题得到解决。

如今有很多关于"民主的民主化"(democratization of democracy)的讨论。从原则上讲,这种观点并没有错,乍一看,它似乎和我们的"激进多元民主"(radical and plural democracy)概念相吻合。但是有一个至关重要的差别,因为我们从不设想自己提倡的民主激进化过程会发生在一个其构造(topology①)不受影响的中立领域中,而是把它设想为对现存权力关系的深远变革。对我们来说,目标是建立新的领导权,它要求创造新的政治边界,而不是让它们消失。左派最终承认多元主义和自由民主制度的重要性无疑是一件好事,但难题在于,这伴随着一个错误的信念,即这种承认意味着放弃了任何改变现有领导权秩序的尝试。因此就有了对"共识"(consensus)的神圣化,对左右之间边界的模糊,以及向中间派的转移。

但这是从共产主义的衰落中得出的错误结论。要靠革命来创造一个全新的社会,就要懂得自由民主并不是要被消灭的敌人,这当然很重要。当我们坚持通过民主的"激进化"来重新定义左派事业的时候,我们已经在本书中论证过这个观点了。在我们

---

① 原文为 topology,意为"地形学",在词典中亦有"结构"这样的引申义,但为了不和 structure 即"结构"一词的正式译法相混淆,在这里译为"构造"。——译注

看来,"实际存在的"(actually existing)自由民主的难题,不是它们那体现在人人自由平等原则上的构成性价值(constitutive values),而是对那些价值的运作重新进行界定和限定的权力系统。正因此,我们的"激进多元民主"(radical and plural democracy)方案被理解为深化"民主革命"的新阶段,被理解为争取平等与自由的民主斗争向更广泛的社会关系中的扩展。

但是,即使重点被放在"对话"的维度上,我们也从不认为放弃了雅各宾的政治敌友模式——它是民主政治的一个差强人意的范式——就会导致对自由模式的运用(这种模式把民主想象成在中立领域中发生的单纯的利益竞争)。但这恰恰是现在许多左翼政党想象民主过程的方式。正因此,他们才无法理解权力关系的结构,甚至无法开始想象建立新的领导权的可能性。结果,经常出现在社会民主主义——既在它的右翼变体,也在它的左翼变体——中的反资本主义要素,现在已经从它那被认为是现代化的描述中根除了。因此,在它们的话语中也就不再提及现行经济秩序的任何可能的替代方案,这个秩序则被认为是唯一可行的秩序——仿佛承认了完全摧毁市场经济的虚幻性,就必然要排除调节市场力量的其他模式的可能性,并且意味着除了全面接受它们的逻辑之外,别无选择。

为"根本没有可以替代的教义"进行辩护的最常见的理由就是全球化(globalization),而那个被普遍地复述并用来反对再分配式社会民主主义政策的论点是:在不允许全球市场偏离新自由主义正统学说的这个世界中,政府面临的财政紧缩是唯一的现实主义的可能性。这个论点把作为新自由主义多年的领导权结果而被制造出来的意识形态领域当作是理所当然的,并把事件的行情状态(conjunctural state)①转变成历史的必然性。由于全球化力量是以完全由信息革命推动的方式出现的,所以它被从政治的维度分离(detached)出来,并且表现为一种我们都得屈从的命运。所以我们被告知,再也没有什么左翼或右翼的经济政策了,只有好政策或者坏政策!

通过领导权关系进行思考就是要破除这种谬论。的确,通过本书中详细阐明的领导权范畴来审视所谓的"全球化世界"(globalized world),有助于我们理解当下的行情(conjuncture)正是某种权力关系构型的表现,绝不是唯一自然或可能的社会秩序。它是代表某种具体社会力量的领导权转移的结果,这些力量已经能够实现资本主义法人团体(corporations)和民族国家(nation-states)的关系的深刻变革。这个领导权可以被挑战。左派应该开始详细阐释代替新自由主义秩序的可信方案,而不只是用更加人道的方式来管理这个秩序。当然,这需要划定新的政治边界并且承认:如果不确定新的对手,就不可能有激进政治。也就是说,它要求我们接受对抗的不可根除性。

本书中阐发的理论观点还可以通过另一种方式帮助恢复政

---

① 葛兰西在《现代君主论》中认为:"……在研究经济基础的时候,需要把那些有机的(相对稳定的)运动和那些可以称作'行情的'(表现为偶然的、直接的和近乎碰运气的)运动区别开来。行情现象当然也依赖于有机的运动,但它们却没有什么重大的历史意义:它们产生的是琐碎、日常的政治批评,这种批评只关心那些直接对政权负责的小统治集团和个人。而有机的现象却可以产生历史-社会批评,它关心的是大集团的划分,从而超出了直接责任人和领导成员的范围。"见《现代君主论》,前引书,第 59 页。同页的第一个译注中也对"行情的"一词进行了说明,可供参考。——译注

治的中心地位,即揭露哈贝马斯及其追随者提出的"协商民主"(deliberative democracy)模式的缺点,这种模式现在被描述为进步政治最有前途、最为精致的版本。把我们的研究方法和他们的研究方法进行对比是很有用的,因为,在我们倡导的激进民主观念和他们所捍卫的观念之间实际上的确存在某些相似性。像他们一样,我们批评了集成的民主模式(aggregative model of democracy),这种模式把民主过程化约为对选举——其目的是选出能执行被选定的政策的领导人——中所显示的那些利益和偏好的表现。像他们一样,我们不认为这是一种已经行将就木的民主政治观念——这种民主政治观念只承认那种使政治身份被预先确定的方式,而不承认那种通过公共领域的争论来构成和重构政治身份的方式。我们认为,政治并不是简单地记录业已存在的利益,而是在塑造政治主体的过程中发挥至关重要的作用。关于这些话题,我们和哈贝马斯派是一致的。而且,在需要考虑民主社会所含纳的多种不同声音和拓宽民主斗争领域这一点上,我们和他们达成了一致。

然而,我们的观点和他们的观点之间有重要的分歧,这取决于渗透在我们各自观念中的理论框架的不同。对抗的观念在我们著作中起到的核心作用排除了最终的和解、一切理性共识和具有充分包容性的"我们"的可能性。对于我们来说,理性辩论的非排他性公共领域在概念上是不可能的。在我们看来,冲突和分化既非(不幸地无法被消除的)纷扰,也非(使和谐的圆满实现成为不可能的)经验上的障碍。我们得不到这种和谐,是因为我们永远也不能为了按照我们理性的自我来行动,就完全不理睬我们的特殊性——虽然如此,这种和谐还是应该构成我们为之努力奋斗的理想。的确,我们坚持认为,没有冲突和分化,多元主义的民主政治将是不可能的。相信冲突的最终解决终究是可能的——尽管它只是被视为对理性共识这个调节性观念的逐渐靠近,但这远不是为民主的方案提供必要的视野,而是使之陷入危险之中。以这样一种方式来构想的话,多元主义的民主就变成了"自相矛盾的理想"(self-refuting ideal),因为它功成之时正是它瓦解之日。正因此,我们才强调:对于民主政治而言,至关重要的是承认任何形式的共识都是领导权接合的结果,民主政治总是有一个阻碍它圆满实现的"外部"(outside)。和哈贝马斯派不同,我们并不把这看作削弱民主方案的东西,而是把它视为民主方案特有的可能性条件。

最后要说的是我们所设想的左派的最紧迫的任务。近来一直可以听到人们的许多声音:"回到阶级斗争!"他们声称左派和"文化"问题联系得过于密切,已经放弃了反抗经济不平等的斗争。他们说,是时候抛弃"身份政治"(identity politics)并重新倾听工人阶级的要求了。我们应当如何理解这样的批评呢?今天,我们正处在与给我们提供反思背景的形势正相反的一种形势(conjuncture)中吗?这种反思的基础在于批评左派不考虑"新运动"的斗争。的确,左派政党已经发展成主要关心中产阶级而损害工人阶级的党了。但这是因为它们没有能力设想替代新自由主义的方案,并且毫无批判地接受了"灵活性"(flexibility)的命令,而不是因为它们对"身份"问题的所谓迷恋。解决之道并不是放弃"文化"斗争,回到"现实"政治,《领导权与社会主义战略》的核心原则之一,就是要求在反对各类依附关系的民主斗争之间创造一个同等性链条(a chain of equivalence)。我们认为反抗男性至上主义、种族主义、性别歧视的斗争,以及环境保护的斗争都需要和属于新左翼领导权事业的工人斗争接合起来。用最近变得流行的术语来说,我们坚持认为,左派需要同时处理"再分配"(redistribution)和"承认"(recognition)的问题。这就是我们通过"激进多元民主"想要表达的意思。

今天,这样一套方案仍像以前一样是切题的——这并不是说它变得更容易实现。当然,有的时候当务之急似乎是抵御那些暗地里从内部威胁它的力量,而不是思考民主的"激进化"。民主对其共产主义敌手的战胜,似乎已经促进了民主制度的削弱而不是对它们的巩固。对民主进程的不满正在令人担忧,而对政治阶级的怀疑如此泛滥,以至于它正在削弱公民对议会体制的基本信任。当然,没有理由为自由民主社会当下的政治状态欢欣鼓舞。在某些国家,这种情况正在被右翼的民粹主义煽动者巧妙地加以利用,像海德尔①和贝卢斯科尼②等人的成功已经证明:这种花言巧语可以吸引大批追随者。只要左派放弃了领导权斗争,固守中心阵地,这种局面就很少有希望被扭转。可以肯定的是,我们已经开始看到出现了一系列的抵抗,这些抵抗反对跨国公司把它们的权力强加给整个星球的企图。但是,如果不设想一种另类的社会关系组织方式以恢复政治之于市场力量专制的中心地位,那些运动就仍然只是防御性的。如果人们要在民主斗争中建立同等

---

① 约尔格·海德尔(Jörg Haider,1950—2008),奥地利极右派政客,当代著名的德国纳粹支持者。——译注

② 西尔维奥·贝卢斯科尼(Silvio Berlusconi,1936—),意大利著名政治家和企业家,中右翼的意大利力量党创始人。——译注

性链条,就需要设定边界并确定敌手,但这还不够。人们还需要明白为何而战,想要建立一个什么样的社会。这就要求左派对权力关系和政治动力要有恰当的理解,而关键正在于建立新的领导权。所以我们的座右铭是:"回到领导权斗争。"

埃内斯托·拉克劳

尚塔尔·穆夫

2000 年 11 月

导　论

左翼思想今天正处在十字路口。过去那些"显而易见的真理"——经典的分析形式和政治计算、处于冲突中的各种力量的性质、左派的斗争和目标的真正意义——已经受到了骤然而至的历史变化的严重挑战，这些变化摧毁了那些真理得以建立的根基。在这些变化中，有些变化无疑对应着某些失败与失望：从布达佩斯到布拉格和波兰政变①，从喀布尔②到共产主义胜利在越南和柬埔寨的恶果，问号越来越沉重地降临在对社会主义，以及对通往社会主义的道路进行构想的整个方式上。这重启了对理论和政治基础——左派的知识视野正是在这个基础上以一种传统的方式被建立起来的——的批判性思考，它既是辛辣的，又是必要的。但事情还不止如此。整个一系列积极的新现象潜藏在那些变化之下，使得理论性的重新思考的任务变得十分紧迫：新

---

① 这里指的分别是1956年发生在布达佩斯"十月事件"和发生在波兰的"波兹南事件"，以及1968年发生在捷克的"布拉格之春"事件。这三起事件都是以反对共产主义政权为目的的政治事件，均遭到了共产党当局的镇压。——译注

② 这里指的是苏联1979年入侵阿富汗的战争。——译注

的女性主义的兴起,种族、民族和性别上的弱势群体的抗议运动、边缘人群开展的反体制生态斗争、反核运动、资本主义边缘国家的非典型的社会斗争形式——所有这些都暗示着,社会冲突性扩展到了广阔的领域,它为走向更自由、更民主、更平等的社会创造了潜力,但也仅仅是潜力而已。

这种斗争的激增(proliferation)首先表现为一种与理性的、有组织的社会结构相对的社会"剩余"(surplus)——也就是社会"秩序"的"剩余"。许多声音——特别是源于自由保守阵营的声音——都坚持认为,西方社会面临着由平等主义的危险引发的治理危机和解体威胁。然而,社会冲突的新形式也已经把我们试图在本书主干部分中与之对话的理论和政治框架抛入了危机之中。这些框架和左派的经典话语及典型模式相互一致,左派正是通过这种模式来理解社会变化的动因(agents)、政治空间的结构化以及发动历史变革的一些优先位置。现在,我们要讨论的是整个社会主义观念,这个观念依赖于工人阶级在本体论上的核心地位;依赖于以大写的"R"开头的革命(Revolution)作为从一种社会形态向另一种社会形态转变的奠基性时刻的功能;依赖于完全单一和同质的集体意志的虚幻景象,但那种意志将使政治时刻变得毫无意义。当代社会斗争的多元性和多样性特征最终摧毁了那种政治想象的最后根基。由于这种想象充满了"普遍的"主体并在概念上围绕单数的历史(History)被构建起来,所以它假定"社会"是一个可理解的结构,可以凭借确定的阶级立场被理智所掌握,也可以作为一种理性而透明的秩序,通过具有政治性的缔造行为而加以重构。今天,左派正在目睹那种雅各宾想象解体的最后一幕。

因此,当代社会斗争极大的丰富性和多元性已经引起了一场理论危机。我们的话语(discourse)将被置于理论和政治双向运动的中间点上。每时每刻,我们都努力防止用忽略了其自身话语性(discusivity)条件的印象主义和社会学描述来填补危机造成的理论虚空。我们的目标完全相反:聚焦于某些话语范畴(这些话语范畴一看就是这场危机在许多方面上的优先的凝结点),并通过多重折射的各个侧面来阐明历史的可能性意义。一切话语的折中主义或摇摆从一开始就被排除了。正如古典时期的开场"声明"所说的那样,当人们走进一个新地带时,就必须效法那些"在森林里迷路的旅客,他们懂得不应该胡乱地东走走西撞撞,也不能停在一个地方不动,而必须始终朝着一个方向尽可能笔直地前进,尽管这个方向在开始的时候只是偶然选定的,也不要因任何细微的理由而偏离方向。因为这样做即便不能恰好走到他所希望的地方,至少最后可以走到某个地方,总比困在森林里面强"①。

我们的分析的指导线索是领导权概念的变化,这个概念被认为是马克思主义政治理论化的话语外观和根本节点(nodal point)。我们的主要结论是,在"领导权"概念背后隐藏着比政治关系类型更丰富的东西,虽然这种政治关系类型也是对马克思主义理论基本范畴的**补充**(*complementary*)。实际上,它引入了一种和那些范畴无法匹配的**社会逻辑**(*logic of the social*)。面对经典马克思主义的理性主义——它把历史和社会描述成围绕着可以用概

---

① 笛卡尔:《谈谈方法》("Discourse on Method"),收于《哲学著作》(*Philosophical Works*),第 1 卷,剑桥,第 96 页。(中译文参见笛卡尔《谈谈方法》,王太庆译,商务印书馆 2006 年版,第 20 页,译文有修改。——译注)

念说明的规律构成的、可理解的总体——领导权的逻辑从一开始就表现为一种**补充的**(complementary)和**偶然的**(contingent)作用,这种作用是进化范式内部的形势的不平衡(conjunctural imbalances)所要求的,而该范式那本质的或"形态学的"(morphological)有效性却不曾受到片刻的质疑,本书的中心任务之一就是确定这种特定的偶然性的逻辑(logic of contingency)。从列宁到葛兰西,随着领导权概念的应用范围逐渐扩大,偶然接合(contingent articulation)的领域也在扩大,作为经典马克思主义奠基石的"历史必然性"概念退回了理论的地平线。正如我们在后两章要论述的那样,"领导权"概念中暗含的这种社会逻辑的扩大和规定性——在远远超越葛兰西的方向上——将给我们提供一个**锚地**(anchorage),由此出发,当代社会斗争的独特性成了**可思考的**;并且它还允许我们为左派勾勒出一种以激进民主方案为基础的新政治。

还有一个要回答的问题:我们为什么要通过批判和解构经典马克思主义的各种话语外观来提出这项任务?我们首先要说,没有**一种**话语或**一种**范畴体系可以不通过中介,就能让"现实"说话。当以解构的方式在马克思主义范畴内部进行操作时,我们并没有宣称书写"普遍的历史"(universal history),也没有宣称要把我们的话语刻写为知识的单一线性过程中的一个环节。正如规范的认识论时代已经结束了一样,普遍性话语的时代也已告终结。和本书提出的那些观点相类似的政治结论可以通过非常不同的话语形态——例如,从基督教的某些形式,或者,从与社会主义传统不同的自由主义话语——而得到粗略估计,这些话语形态均无望成为社会的**唯一**(the)真理(或者,像萨特说的"我们时代的不可超越的哲学"①)。然而,正是由于这个原因,马克思主义才成为使这个新政治观念的形成成为可能的诸多传统之一(*one*)。对于我们来说,这个出发点的有效性仅仅建立在一个事实的基础上,即它构成了我们自己的过去。

在削弱马克思主义理论的自负并缩小其有效性范围的同时,我们也与这门理论中某些根深蒂固的东西决裂了,这就是用马克思主义的范畴把握历史的本质或潜在意义的强烈一元论愿望。情况难道不是这样吗?答案只能是肯定的。只有我们放弃了一切认识论特权(epistemological prerogative)——这种特权是以在本体论上被赋予特权的"普遍阶级"的立场为基础的——才有可能严肃地讨论马克思主义范畴的有效性如今达到了什么程度。在这一点上,我们应该非常坦率地说,我们现在正处在后马克思主义的领地。再也不可能坚持马克思主义详细阐释过的关于主体性和阶级的观念了,也不应坚持它对资本主义发展进程的看法了,当然,也不应坚持那种共产主义观念了,即认为共产主义是一个透明的社会,对抗已经从这个社会中消失了。但是,如果说我们在本书中的知识方案是**后**马克思主义的(*post*-Marxist),那么他显然也是后**马克思主义**(post-*Marxist*)的。通过发展马克思主义

---

① 语出萨特的《辩证理性批判》:"因此,它[马克思主义]仍然是我们时代的哲学:它是不可超越的,因为产生它的环境还没有被超越。[……]但是,**只要社会关系的变化和技术进步还未把人从匮乏的桎梏中解放出来,马克思的命题在我看来就是一种不可超越的证明。**"(Jean-Paul Sartre, *Critique de la raison dialectique* [1960], Paris, Gallimard, 1985, pp. 36,39. 中译文参见《辩证理性批判》,林骧华等译,安徽文艺出版社1998年版,第28,32页,译文有修改。)——译注

内部构筑起来的某些直觉和话语形式,通过抑制和清除某些其他的东西,我们建构了领导权的概念,我们认为,在为激进、自由的多元民主斗争的过程中,这个概念可能是一个有用的工具。在这里参照葛兰西——尽管有一部分是批判性的——具有头号的重要性。在文本中,我们试图恢复第二国际时期马克思主义话语性(discusivity)的多变性和丰富性,由于受贫乏单一的"马列主义"形象的影响——这些形象流行于斯大林时代和后斯大林时代,并且被当下的某些"反马克思主义"形式完整地(尽管带着相反的姿态)再生产出来——第二国际的马克思主义话语性已经有被人遗忘的倾向。无论是那些捍卫光荣的、同质的和不可侵犯的"历史唯物主义"的人们,还是那些属于新哲学的反马克思主义专家们都没有意识到,他们的辩解和谩骂同样植根于某些朴素而又原始的观念之中,这些观念与教条的作用及其统一程度息息相关,而这些东西就其本质的规定性而言仍然附属于斯大林主义的想象。相反,我们自己接近马克思主义文本的方式力求恢复它们的多元性,力求抓住在很大程度上具有异质性和矛盾性的大量话语效果,这些多元性和效果构成了马克思主义文本的内部结构和丰富性,并确保它们作为政治分析的参照点继续存在下去。对伟大的知识传统的超越从不以摧枯拉朽的形式发生,而是像小河流水那样,发源于共同的源头,然后向各个方向蔓延,并和其他源头倾泻而下的细流彼此汇合。构成经典马克思主义领域的话语正是以下述方式帮助我们形成对新左派的思考,这种方式就是把它们的某些概念留存下来,改变或放弃另一些概念,并把它们本身融入解放话语无限的互文性(intertextuality)当中——社会的多元性就是在这种互文性中形成的。

第一章
领导权：一个概念的谱系
Hegemony: The Genealogy of a Concept

我们将从追溯"领导权"概念的**谱系**(genealogy)开始。应该强调的是,这不是一个从一开始就被赋予充分肯定性的概念的谱系。实际上,稍微随意地借用一下福柯(M. Foucault)的表达,我们可以说,我们的目标是建立一门"关于沉默的考古学"(archaeology of a silence)①。领导权概念的出现不是要在其具体的同一性(identity)中定义一种新型关系,而是要填补历史必然性链条上绽开的裂缝。"领导权"将暗示一个缺席的总体(absent totality),并暗示重组(recomposition)与重新接合(rearticulation)的各种尝试——它们通过克服这个最初的缺席,可以给各种斗争赋予意义,并且给各种历史力量赋予充分的肯定性。这个概念出现的语境将是那些和**断层**(fault)(在地质学的意义上),和必须被填补的裂缝以及必须被克服的偶然性有关的语境。"领导权"不会是对同一性(identity)的宏伟的展开,而是对危机的回应。

即使在俄国社会民主党(Russian Social Democracy)那卑贱的起源里——领导权在那儿被要求处理一个和政治后果相关的有

---

① 拉克劳和穆夫在这里显然是挪用了"知识考古学"这一福柯的表达。他们想表达的意思是,在传统的马克思主义理论中,过度地强调了历史的必然性,这种必然性形成了一种显在的力量,但它同时也压抑了历史中的那些偶然性。这些偶然性遂成为一种"沉默的"存在。他们的任务就是要发掘出这些"沉默"的偶然性的价值和意义。——译注

限的领域——"领导权"概念也已经暗示了历史发展的危机或崩溃所需要的**偶然的**干预(否则那就会是一种"正常的"历史发展)。后来,通过列宁主义,它成了偶然的"具体局势"(concrete situations)——帝国主义时代的阶级斗争正是在这种局势下发生的——所需要的新的政治计算形式的奠基石。最终,通过葛兰西,这个术语获得了超越其战术或战略用途的新型的中心地位:在理解存在于具体社会形态(social formation)中的真正的统一时,"领导权"变成了关键词。然而,在该术语的这些扩展中,每一次都伴随着另一种东西的扩展,我们可以把它暂时称为"偶然事物的逻辑"(logic of the contingent)。反过来,这个表述①源自破裂(fracture),源自从已经成为第二国际马克思主义奠基石的社会解释视野和"历史必然性"范畴中的撤退。这场正在发展的危机中的替代性方案,以及对这场危机的不同回应(领导权理论只是其中的一种回应),形成了我们研究的对象。

罗莎·卢森堡的两难之境

让我们避免任何回到"起源"(origins)的诱惑。让我们单纯地穿过时间中的某个时刻,试着去探索领导权逻辑力图填补的那个虚空的在场(the presence of the void)。这个在不同方向上构想出来的任意的开端,即便不能给我们提供关于轨迹的意识,至少

---

① "这个表述"指的是前文的"偶然事物的逻辑"。——译注

也会给我们提供危机的不同维度(dimensions)。正是在"历史必然性"(historical necessity)这面破镜的多样而曲折的反射中,一种新的社会逻辑才开始逐渐滋长,这个逻辑唯有通过质疑它所接合的那些术语的本义(literality①)才可以设法思考它自己。

1906年,罗莎·卢森堡(Rosa Luxemburg)出版了《群众罢工,党和工会》(*The Mass Strike, the Political Party and the Trade Union*)。对这个文本——该文本已经展示了所有的含混性以及对我们的主题而言至关重要的批判领域——的简要分析将给我们提供一个原始的参照点。卢森堡讨论了一个明确的主题:群众罢工作为一种政治工具的功效和意义。但对她而言,这意味着对社会主义事业的两大难题的思考:工人阶级的统一和欧洲的革命道路。群众罢工——这是第一次俄国革命的主要斗争形式——是围绕着罢工的特殊机制,以及它在德国工人斗争中的可能性方案而被探讨的。卢森堡的论点众所周知:关于群众罢工在德国的功效的争论虽然几乎完全集中在政治罢工上,但俄国经验已经证明,在群众罢工的政治和经济维度之间存在着某种互动和不断的彼此强化。② 在沙皇国家(Tsarist State)的压迫性环境中,没有哪个以局

---

① literality 系形容词 literal 的名词形式,literal 在词典有"照字面的""原义的""非比喻(或引申义)的"等意思。因此,本书将 literality 译为"本义",后文的 literal sense 译为"字面意义",以突显其偏正结构。——译注

② 卢森堡在《群众罢工,党和工会》一文中,通过追述俄国自 1896 年彼得堡总罢工开始,直到 1905 年革命为止的历次无产阶级革命斗争历史,认为这些斗争从外表看往往都是纯经济性的工资斗争,但是,"政府的态度和社会民主党的鼓动却使它成了具有头等意义的政治事件","这些工资斗争在革命局势所形成的总的气氛中,受到社会民主党宣传鼓动的影响,很快就成了政治

部要求(partial demands)为目的的运动能够一直局限在它自身的范围之内:它不可避免地要被改造成抵抗的典范与象征,从而激发并产生其他的运动。这些运动在事先没有料到的地方发生并且倾向于以无法预见的形式扩展和普及,所以它们突破了任何政治或工会领导的调节能力和组织能力。这就是卢森堡的"自发主义"(spontaneism)的含义。经济斗争和政治斗争的统———也就是说,工人阶级真正的统———正是这种反馈和互动运动的结果。这种运动反过来无非就是革命的过程。

卢森堡认为,如果我们从俄国转到德国,局势就变得非常不同了。德国的主导潮流是各类工人在各种运动的不同要求之间、在经济斗争和政治斗争之间的碎片化(fragmentation①)。"只有在革命时期急风暴雨的气氛中,劳资之间的每一场局部的小冲突才有可能发展为普遍的爆炸。在德国,工人和厂主之间最激烈、最残酷的冲突每年都在发生,每天都在发生,但斗争并未超出有关

示威;斗争的起因是经济性的,工会起初也是四分五裂的,发展到末尾时却形成了统一的阶级行动,而且有政治领导",她又说,"在这类罢工中,经济因素与政治因素是无法彼此分开的……所有大的群众罢工中的每一次罢工都可以说是小规模地重现俄国群众罢工的一般历史,都是以纯经济性的或者至少是以资方同工会的局部冲突开始的,然后经过由低到高的各个阶段直至发展到政治性的大示威"。但同时,"整个运动不仅是朝着从经济斗争到政治斗争的方向发展的,它也朝着相反的方向发展。那些大的政治性群众行动的每一次行动,当它达到政治上的最高点之后,就会突然转成蜂拥而起的经济罢工。……两类罢工之间有着完全相互促进的关系"。参见李宗禹编《卢森堡文选》,人民出版社2012年版,第153,158—159,173—174页。——译注

① fragmentation 在本书中译为"碎片化",与之相对应的名词 fragment 译为"碎片",动词"fragment"译为"打碎"。——译注

的个别行业或个别城市甚至个别工厂的范围……这些事例都没有……没有一次发展成共同的阶级行动。即使它们独自发展成显然具有某种政治色彩的个别的群众罢工,也还是没有酿成普遍的斗争风暴。"① 这种孤立和碎片化并不是偶然的事件;它是资本主义国家的结构性后果(structural effect),它只有在革命的氛围中方能得到克服。"确实如此,政治斗争与经济斗争的分离(separation②)与相互独立不过是议会时期的人为产物,尽管这是由历史所决定的。一方面,在资产阶级社会平静的'正常'进程中,经济斗争被分裂为一大批在各个企业、各个生产部门中单独进行的斗争;从另一方面看,政治斗争也不是通过群众本身的直接行动开展的,而是适应资产阶级国家的形式,通过代议制的途径,通过对立法的代表机构施加压力来进行的。"③

在这些条件下,假如俄国革命的爆发可以通过诸如这个国家相对落后、缺乏政治自由或俄国无产阶级的贫困等因素来解释的话,西方的革命前景岂不是要**无限期地**(sin die)推迟了吗?这里,卢森堡的回答变得犹豫而且并不那么令人信服了,因为它采取了一个独特的做法,即力图把俄国和德国无产阶级之间的差异最小化,同时展示德国工人阶级的各个部分中贫穷的范围和组织的缺

---

① 卢森堡:《群众罢工,党和工会》,伦敦(未注明出版日期),第 48 页。(中译文参见《卢森堡文选》,前引书,第 176 页。——译注)

② 在本书中,separation(其动词形式为 separate)一般译为"分离",在极少数情况下,作者也使用 detach 这个动词表达"分离"的意思。——译注

③ 卢森堡:《群众罢工,党和工会》,第 73—74 页。(中译文参见《卢森堡文选》,前引书,第 200 页。——译注)

乏,以及在俄国无产阶级的最先进的部分中存在的相反现象。①但是,德国的那些零星的落后性又是什么呢? 它们难道不是被资本主义扩张横扫之后的残余部分吗? 在那种情况下,什么东西能保证革命局势出现呢? 对**我们的**问题的回答——卢森堡没有在这个文本的任何地方阐述它——突然地且毫不含糊地在几页之后出现在我们面前:"(社会民主党人)永远都应**走在**事物发展的前面,并且努力去**加速**这种发展。但要做到这一点,它就不应当不管时机是否恰当,不经认真考虑就发出举行群众罢工

---

① 卢森堡认为,首先,从俄国工人阶级的现状来考察可以发现,"那些站在斗争前列的彼得堡、华沙、莫斯科和敖德萨的工业工人,他们在文化上和思想上与西欧类型工业工人相近的程度,远远超过了把资产阶级议会政治和循规蹈矩的工会实践当作训练无产阶级唯一的、必不可少的文化学校的那些人的想象"。其次,从德国工人自身的生活情况来看,可以发现他们与俄国工人的差别更是微乎其微。在德国工人阶级的生活中,仍存在着"至今还只是受到工会的温暖阳光微弱照射的阴暗角落",仍有一大批人"至今还根本没有努力摆脱社会底层的地位,或者只是企图通过日常工资斗争的途径来做到这一点却徒劳无功";再次,从德国工人的组织情况来看,他们人数虽然众多,但是"在事态的'正常'发展进程中是不可能为改善自己状况而开展和平的经济斗争的,是不可能使用任何结社权的";最后,农业工人普遍贫困。因此,卢森堡认为,德国工人的情况比起俄国工人来好不到哪里去。因此,在她看来,那些认为德国工人运动应当局限在狭隘的工会斗争中,而不应当采取俄国式的、广泛的群众罢工模式的论点是不攻自破的。在德国,"我们可以看到一个大的领域,那里的矛盾已经激化到一触即发的地步,那里已经积累了大量的燃料,那里以赤裸裸的形式存在着许多'俄国式专制主义'的表现,那里应该首先补上在经济上同资本作最初步的清算这一课"。参见《卢森堡文选》,前引书,第182—185页。——译注

的口号,而是首先要使最广泛的无产阶级阶层懂得革命时期会不可避免地到来,认清导致这一时期的内部**社会因素**和这一时期将带来的**政治结果**。"①因此,"资本主义发展的必然规律"把自己确立为德国未来革命局势的保证。现在一切都清楚了:由于德国根本没有将要被实现的资产阶级民主变革(**原文如此**),所以革命局势到来的问题就只能按社会主义的方向解决;俄国的无产阶级——他们正在和专制主义(absolutism)进行着战斗,但是在以成熟的世界资本主义为主导的历史环境中战斗,这种资本主义阻止他们在资产阶级时代中巩固自己的斗争——是欧洲无产阶级的先锋队,并且给德国工人阶级指出了它自己的未来。② 在从伯恩施坦(E. Bernstein)到葛兰西的关于欧洲社会主

---

① 卢森堡:《群众罢工,党和工会》,第64—65页。强调为原文所有。(中译文参见《卢森堡文选》,前引书,第192页。——译注)

② 卢森堡认为,俄国的1905年革命的特点在于,它是一场跨越式发展的革命。从"当前的俄国起义的直接目标"来看,它"并没有超出资产阶级民主的国家宪法的范围,这次危机也许,甚至十有八九还能够高潮与低潮迅速交替地持续多年,而它的最后结果多半将只不过是一部可怜的立宪制的宪法而已"(《俄国革命》,参见《卢森堡文选》,前引书,第137页),但是,这种表面的资产阶级性质的革命却是由有阶级觉悟的无产阶级来承担的。在反对专制主义沙皇俄国的同时,无产阶级也提出了自己反对资产阶级的要求而且后者比前者产生了更大的历史影响。因此,"在这种形式上是资产阶级性质的革命中,资产阶级社会与专制制度的矛盾是受无产阶级与资本主义社会的矛盾制约的,无产阶级的斗争是以同样的力量同时针对专制主义和资本主义剥削的,革命斗争的纲领是以同样的程度重视政治自由以及为无产阶级争取八小时工作日和符合人的尊严的物质生活的"(《群众罢工,党和工会》,参见《卢森堡文选》,前引书,第193页)。然而,德国社会民主党在当时却小心翼

义的战略争论中十分重要的东西方差异的难题,在这里通过被放弃而得到了解决。①

让我们分析一下这个重要序列的各个环节。关于阶级统一(class unity)的构成机制(constitutive mechanism),卢森堡的立场很清楚:在资本主义社会中,工人阶级必然是被打碎的(fragmented),对阶级统一的重构只能通过真正的革命过程来产生。但是,这种革命性重构的**形式**由一个特殊的机制组成,它和任何机械论的解释都毫无关系。自发主义正是在这里发挥了作用。人们可能会认为,"自发主义的"理论只是断定,不可能**预见**革命进程的方向,因为革命采取的形式是多变而复杂的。虽然如此,这个解

翼地奉行着等待主义,试图在资本主义国家的议会政治和法律制度框架内进行斗争并不主张像俄国那样开展急风暴雨的斗争。在他们看来,群众罢工只是在国会废除选举权的时候采取的备选项,即"消极的防御手段",而不能作为德国工人阶级普遍采取的斗争途径。卢森堡认为,德国工人阶级不应止步不前,仍局限在资产阶级国家内部,而应该大胆向前,在现实的政治运动形势中把握跨越式发展的机遇。——译注

① 重要的是指出,在德国有关群众罢工的争论中,伯恩施坦的干预(《政治群众罢工和德国社会民主党的政治局势》[*Der Politische Massenstreik und die Politische Lage der Sozialdemokratie in Deutschland*])提到了东西方之间的两个根本差异——西方市民社会的复杂性和抵抗,以及俄国国家的软弱——这将成为后来葛兰西论述的核心。关于这场争论的综述,请参看萨尔瓦多里(M. Salvadori)的《德国社会民主党和1905年俄国革命——关于群众罢工和东西方差异的论争》("La socialdemocrazia tedesca e la rivoluzione russa del 1905. Il dibattito sullo sciopero di massa e sulle differenze fra Oriente c Occidente"),收于霍布斯鲍姆等人编辑的《马克思主义的历史》(*Storia del maexismo*),第2卷,米兰,1979,第547—594页。

释还是不充分。因为关键的不仅是斗争的分散中固有的复杂性和多样性,当这些东西从分析家或政治领袖的角度来看的时候,关键还有以这种复杂性和多样性为基础的、对革命主体之**统一**的构成(constitution)。单单这一点就向我们表明:当试图确定卢森堡主义的"自发主义"含义时,我们必须不仅集中于斗争形式的多元性,还必须集中于它们在自身中间建立的关系,以及紧随其后产生的统一的效果(effects)。而且在这里,统一(unification)的机制是清楚的:在一种革命的局势中,不可能**固定**每一场孤立斗争的**字面意义**(literal sense),因为每一场斗争都超出了它本身的实际状态,并开始在群众意识中代表更普遍的反体制斗争的一个简单环节。所以,在稳定的时期,工人的阶级意识——作为围绕工人的"历史利益"(historical interests)构筑起来的整体意识——是"潜在的"和"理论性的",而在革命的局势下,它变成"活跃的"和"实践性的"。因此,在革命的局势下,一切动员的**意义**可以说都表现为分裂:除了它那只讲求实际的具体要求外,每一次动员都代表着整体的革命进程;这些总体化效果在一些斗争对另一些斗争的过度决定(overdetermination)中是可以看到的。然而,这无非是象征的规定性特征:所指(the signified)溢出了能指(the signifier)。①

---

① 参考托多罗夫(T. Todorov)的《象征理论》(Théories du symbole),巴黎,1977,第 291 页。"因此,每次一个能指引起我们想到一个以上的所指时,或简单地说:**每当所指比能指更为丰富时**,就会有一种凝缩(condensation)。伟大的德国神话学家克罗伊策(G. F. Creuzer)就是这样通过'存在与形式的不适应以及内容超出了它的表达形式'来确定象征的。"(中译文请参见《象征理论》,王国卿译,商务印书馆 2004 年版,第 319 页。译文略有改动。——译注)

阶级的统一因而是象征的统一。毫无疑问,这是卢森堡的分析的最高点,它和第二国际的正统理论家们(对于他们而言,阶级的统一仅仅是由经济基础的规律规定的)拉开了最大的距离。尽管在这一时期的许多其他分析中,偶然性被赋予了某种作用(超越"结构的"理论化的环节),但很少有文本像卢森堡的文本那样,在确定这种偶然性的特殊机制并承认其实践效果的范围上有所推进。①

现在,一方面,卢森堡的分析已经增加了对抗的场所和斗争的形式——从现在开始,我们将把它称为**主体立场**(subject positions),以至于它破除了工会或政治领袖对这些斗争进行控制和规划的所有能力;另一方面,它已经提出把象征性的过度决定(symbolic overdetermination)作为统合这些斗争的具体机制。然而,难题就在这里开始了,因为对于卢森堡而言,这个过度决定的过程构成了十分明确的统一:**阶级的统一**。但是,自发主义的理论中没有任何东西从逻辑上支持她的结论。相反,自发主义特有的逻辑似乎暗示着,作为结果产生的统一主体的类型应该大部分都是不确定的。以沙皇国家为例,如果对抗场所和各种斗争的过度决定的条件是一个压迫性的政治环境,那阶级界限凭什

---

① 尽管卢森堡的著作是对群众罢工机制的**理论**解释的最高点,后者仍被整个**新左派**(Neue Linke)作为基本的斗争形式提出。例如,请参看潘涅库克(A. Pannekoek)的《马克思主义理论和革命策略》("Marxist Theory and Revolutionary Tactics"),收于 斯马特(A. Smart)编的《潘涅库克和霍尔特的马克思主义》(Pannekoek and Gorter's Marxism),伦敦,1978,第50—73页。

么不能被超越并导致对——比方说——局部统一的主体(其根本的规定性是人民的或民主的)的建构(construction)呢？甚至在卢森堡的文本中,对阶级论范畴的超越也出现在许多地方,尽管作者严格地遵守教条——对于她来说,每一个主体都必须是阶级主体。"1905年,从开春直到盛夏,在辽阔无比的整个俄国,几乎整个无产阶级都起来反对资本家,开展坚持不懈的经济斗争。上自所有小资产阶级和自由职业如商业职员、银行职员、技术人员、演员、艺术工作者,下至家庭用人、下级警官乃至流氓无产者阶层,全都卷入了这场斗争。同时,这场斗争又像洪流一样,从城市奔向广阔的农村,甚至冲击了兵营的铁门。"①

让我们明确一下我们的问题的意义:如果工人阶级的统一是在革命的过度决定过程**之外**构成的基础性事实,关于革命主体的阶级性质的问题就不会产生了。的确,政治斗争和经济斗争是阶级主体的对称的表现,而这个主体是先于斗争本身构成的。但是,如果统一就**是**这个过度决定的过程,那就必须对"为什么在政治主体性和阶级立场之间应该有必然的重叠"提供独立的解释。尽管卢森堡没有提供这样一种解释(实际上,她甚至没有觉察到这个难题),但她的思想背景让我们明白了这种解释将会是什么,那就是对资本主义发展客观规律的必然性的肯定——正是这种发展导致中间阶层和农民的逐渐无产阶级化,因而导致资产阶级和无产阶级的直接对抗。结果,自发主义逻辑的革新效果似乎从一开始就被严格

---

① 卢森堡:《群众罢工,党和工会》,第30页。(中译文参见《卢森堡文选》,前引书,第159页。——译注)

地限制了。①

毫无疑问,效果太有限了,因为它们得以发挥作用的领域受到了极大的限制。还因为在第二个更加重要的意义上,自发主义的逻辑(the logic of spontaneism)和必然性的逻辑(the logic of necessity)没有作为两种独特而肯定的原则融合起来去解释某些历史局势,反而作为对立的逻辑发挥作用,它们只有通过相互限制它们的效果才能彼此产生联系。让我们仔细地考察一下它们的分歧点。自发主义的逻辑是一种象征的逻辑(a logic of the symbol),因为它恰好是通过瓦解一切字面意义(literal meaning)来起作用。必然性的逻辑是一种字面的逻辑(a logic of the literal),它通过固定(fixations)来发挥作用,恰恰由于它们是必然的,所以确立了一种消除一切偶

---

① 近来有许多研究已经讨论了卢森堡的自发主义的宿命论或非宿命论特征。但是,在我们看来,这些观点过分强调了相对次要的问题,比如在机械式崩溃和有意识的阶级干预之间的选择。认为资本主义将机械地崩溃这个论断太荒谬了,以至于我们认为没有人会支持它。但关键问题是,要理解反资本主义的斗争主体是否构成了它在资本主义生产关系内部的整个身份;在这方面,卢森堡的立场是毫不含糊的。因此,正如杰拉斯(N. Geras)所说的那样,关于社会主义的不可避免性的论述不仅是对当时的修辞话语和心理需求结果的让步(参考杰拉斯的《罗莎·卢森堡的遗产》[*The Legacy of Rosa Luxemburg*],伦敦,1976,第 36 页),而且是她为整个理论和战略结构赋予意义的节点。根据卢森堡的观点,由于社会主义的出现已经**在资本主义发展逻辑的基础上**得到了全面解释,所以革命主体只能是工人阶级。(关于卢森堡教条地坚持马克思的贫困化理论,并把它作为工人阶级的革命规定性的基础这一点,请参看巴迪亚[G. Badia]的《罗莎·卢森堡对资本主义发展的分析》["*L'analisi dello sviluppo capitalistico in Rosa Luxemburg*"],Feltrinelli 学会,《活动年报》[*Annali*],米兰,第 252 页。)

然变化的意义。然而,在这种情况下,两种逻辑之间的关系是一种边界的关系(a relation of frontier),它可以向一个或另一个方向扩展,但从未克服被引入分析里的无法消除的二元论。

实际上,我们在这里目睹了一个**双重虚空**(*double void*)的产生。从必然性的范畴来看,这种逻辑的二元性融合了可确定性/不可确定性(determinable/indeterminable)的对立;也就是说,它仅仅指出了那个范畴发挥作用的界限。但从自发主义范畴的角度来看,也发生了同样的事情:"历史必然性"的领域把自己呈现为象征工作(the working of the symbolic)的界限。**界限**(*limits*)事实上就是**限制**(*limitations*)。如果这种对效果的限制的特性不是直接地显而易见,那是因为它被思考为两种肯定的和不同的解释原则的混合(confluence)——每一个原则在它各自的领域中都是有效的——而不是被思考为它们各自所是的样子,即另一个原则的纯粹否定的反面。由二元论制造的这个双重虚空因此就变得看不见了。然而,使虚空变得不可见并不等于把它填补起来了。

在我们考察这个双重虚空的变化形式之前,我们可以暂时把自己置于这个双重虚空之中,玩一下它允许我们玩的唯一的游戏:也就是说,移动那条把两种对立逻辑分开的边界。如果我们拓宽那个与历史必然性相对应的领域,结果就是众所周知的选择:要么是资本主义通过它的必然规律导致无产阶级化和危机;要么就是这些必然规律并未像人们所预期的那样发挥作用,在这种情况下,根据卢森堡主义话语的特定逻辑,不同的主体立场之间的碎片化就不再是资本主义国家的"人为产物"(artificial product),而是变成了永久的现实。这是所有经济主义的和化约论的观念中固有的零和游戏(zero-sum game)。相反,如果我们朝反方向移动边界,移到使政治主体的阶级性质丧失其必然性的程度,出现在我们眼前的景观就完全不是想象中的那样了,而是第三世界的社会斗争所采取的过度决定的原始形式,以及和严格的阶级界限毫无关系的政治身份(political identities)的建构;是法西斯主义的兴起,它无情地驱散了确定的阶级接合(class articulation)的必然性的幻象;是发达资本主义国家的新的斗争形式,在过去几十年间,我们在那里已经目睹了超越社会和经济结构范畴的新型政治主体性的不断诞生。"领导权"概念将恰好产生在一个以碎片化的经验、以不同的斗争和主体立场相接合的不确定性为主导的环境中。它将在一个目睹了"必然性"范畴退出社会视野的政治-话语世界中,提供社会主义的答案。面对着那种想通过二元论——自由意志/决定论、科学/伦理学、个体/集体、因果性/目的论——的激增来处理本质主义的一元论危机的企图,领导权理论将把自己的回应建立在对那个使一元论/二元论的选择成为可能的领域进行移置(displacement)的基础上。

在离开卢森堡之前,还要说明最后一点。对"必然规律"在她的话语中所产生的后果的限制,也在另一个重要的方向上发挥了作用:它也是对能够从发达资本主义的"看得见的趋势"(observable trend)中得到的政治结论的限制。理论的作用不是在知识上阐明与碎片化和分散有关的看得见的趋势,而是确保这样的趋势具有短暂的特性。"理论"和"实践"之间的分裂是危机的明显征兆。这场危机——马克思主义"正统学说"的出现只代表对这场危机的一种回应——是我们分析的出发点。但它要求我们把自己置于先于这个起点的位置,以便确认思考危机的范式。为此,我们可以参考一份非常清晰并系统的文献:考茨基(K. Kautsky)1892 年对《爱尔福特纲领》①,即德国社会民主党(German Social Democracy)创建宣言的评论。②

危机,零度

《阶级斗争》是一个典型的考茨基式文本,它提出了理论、历史和战略的不可分割的统一。③ 当然,从我们今天的角度看,它

---

① 《爱尔福特纲领》(Erfurt Programme)又称《社会民主党 1891 年纲领》,由威廉·李卜克内西担任起草工作,1891 年 10 月由德国社会民主党在爱尔福特通过,该纲领从此取代了 1875 年的《哥达纲领》而成为德国社会民主党的第二个纲领。该纲领指出:工人阶级的斗争既是经济斗争,也是政治斗争,必须通过夺取政权才能完成生产资料公有制。纲领还指出社会民主党的现实政治要求,即扩大公民民主权利,争取普遍、平等和直接的选举权,实行免费教育,规定八小时工作制和禁止童工等。但是,这个纲领也回避了诸如无产阶级专政等关键问题,并宣传所谓"和平长入社会主义"。这一点遭到了恩格斯的批判。——译注

② 考茨基:《阶级斗争》(*The Class Struggle*),纽约,1971。

③ "他(考茨基)反对修正主义的全部斗争的目标是维护关于纲领的一个观念,即不把纲领当作确定的政治要求——这个要求就是,注定要在特殊的斗争阶段创立党的主动权,并且这个要求本身可以随着时间的变化而更改——的一种综合,而是把它当成理论和政治的一个不可分割的联合体,理论和政治在其中丧失了它们各自的自治领域,而马克思主义变成了无产阶级的终极意识形态。"(帕吉[L. Paggi]:《第二国际马克思主义中的知识分子、理论和党》["Intellettuali, teoria e partito nel marxismo della Seconda Internazionale"],见阿德勒[M. Adler]《社会主义和知识分子》[*Il socialismo e gli intellettuali*]一书的导论,巴里,1974。)

显得十分幼稚和简单。但我们必须探究这种简单性的各个维度,因为它们会既让我们理解这种范式的结构特征,又让我们理解在世纪之交的时候导致其危机的原因。

从最初的字面意义上来看,即从考茨基非常准确地提供了一种将社会结构(social structure)及其内部对抗逐步**简化**(*simplification*)的理论这个意义上来看,这个范式很简单。资本主义社会朝着使财产和财富逐渐向少数企业手里集中的方向向前发展;各个社会阶层和职业类别的迅速无产阶级化和工人阶级的日渐贫困相伴相生。这种贫困化以及作为其根源的资本主义发展的必然规律阻止了工人阶级内部的范围与功能的真正自治化:经济斗争只能获得适度的不稳定的成功,这导致了工会对党组织的**实际上的**(*de facto*)依附,它只有通过政治权力的征服才能从实质上改变无产阶级的地位。资本主义社会的结构环节(moments)或层级(instances)也缺乏任何相对自治的形式。例如,国家是通过最粗俗的工具主义被表现出来的。因此,考茨基范式的简单性首先在于对构成资本主义社会的结构差异系统的简化。

而在第二个并不经常被提及的意义上,考茨基范式也是简单的,这对我们的分析来说至关重要。这里的关键不在于该范式减少了大量相关的结构差异,而在于该范式通过给每一个差异赋予**唯一的意义**——这个意义被理解为总体中的一个精确的位置——而把它们固定下来。在第一个意义上,考茨基的分析完全是经济主义的和化约论的;但如果这只是唯一的难题,正确的做法就不过是:必须引入政治和意识形态的"相对自治"(relative autonomies),并通过社会地形学内部层级(instances)的成倍增长而让分析变得更为复杂。**但是,在这些成倍增长的层级或结构环节中,每一个都具有像考茨基范式中诸层级一样的固定且唯一的同一性**(*identity*)。

为了说明这种**意义的唯一性**(*unicity of meaning*),让我们考察一下考茨基如何解释经济斗争和政治斗争之间的关系:"有时,人们把政治斗争同经济斗争对立起来,认为无产阶级需要把这两种斗争分开,或者单独进行政治斗争,或者单独进行经济斗争。事实上,这两种斗争形式是不能被分离的。经济斗争要求上述几项政治权利,然而这些权利不是自天而降的,为了得到这些权利,并保住它们,需要最具活力的政治斗争。但政治斗争归根到底也是经济斗争。"①卢森堡也肯定两类斗争的统一,但她是从**原初的多样性**(*initial diversity*)开始的,统一(unity)就是**统一化**(*unification*),②是在没有任何事先固定的接合形式的情况下,对互不关联的(discrete)要素的过度决定的结果。然而,对于考茨基来说,统一是出发点:工人阶级依靠一种经济计算在政治领域中进行斗争。有可能通过纯粹的逻辑转换从一种斗争转到另一种斗争。在卢森堡那里,每一场斗争都有不止一个意义——正

---

① 考茨基:《阶级斗争》,第185—186页。(中译文参见考茨基的《爱尔福特纲领解说》,陈冬野译,三联书店1963年版,第171页。——译注)

② 这里 unity 和 unification 均是动词 unify(统一)的名词形式。unity 是抽象意义上的"统一",unification 则强调一种动态的过程,因此译为"统一化"。联系上下文可以看到,卢森堡和考茨基的不同正在于,前者是从具体的多样性开始,把各个互不关联的要素以动态的方式"接合"或"统一"成一个整体;后者则是把预先已经定型的"统一"作为抽象的逻辑起点。——译注

如我们已经看到的,它在第二个象征性维度中被重复着。它的意义不是固定的,因为它有赖于可变化的接合,从她的自发主义角度来看,这种接合排斥任何一种(在我们已经标示出来的界限以内的)先天的决定(prior determination)。另一方面,考茨基通过把它化约成已被资本主义生产方式逻辑固定的确切的结构位置,简化了所有社会对抗或要素的意义。《阶级斗争》中阐述的资本主义历史是由**纯粹的内在性关系**(pure relations of interiority)构成的。我们可以从工人阶级转到资本家,从经济领域转到政治领域,从制造业转到垄断资本主义,而完全不必放弃封闭范式的内部合理性和可理解性。毫无疑问,资本主义给我们展示的是它对外部的社会现实施加作用,但后者刚和前者发生接触就消失了。资本主义在变化,但这种变化无非是它的内部趋势与矛盾的展开。这里,必然性的逻辑不受任何事物的限制,正是这一点使《阶级斗争》成了一个前危机的文本(pre-crisis text)。

最后,简单性还表现在第三个维度——它指的是理论本身的作用。如果把考茨基的这个早期文本和属于更早或更晚的马克思主义传统的其他文本相比较的话,我们会发现它包含着相当令人惊异的特征:它不是把自己表现为为了弄清历史的潜在意义而进行的干预,而是把自己表现为对透明性经验——这些经验就在那里让所有人观看——的系统化和普遍化。由于没有什么要破译的社会秘符,工人运动的理论和实践之间才有了完美的一致性。关于阶级统一的构成,普热沃尔斯基(A. Przeworski)已经指出了考茨基文本的特性:虽然从《哲学的贫困》(Poverty of Philosophy)那个时候开始,马克思就把工人阶级的经济干预和政治组织的统一展现为一个未完成的过程——这就是"自在的阶级"(class in itself)和"自为的阶级"(class for itself)之间的区别试图填补的那个缝隙——考茨基则认为,工人阶级似乎已经完成了它的统一的形态。"考茨基似乎相信,无产者在1890年前就已经形成了一个阶级乃是**既成事实**(*fait accompli*);它已经形成为一个阶级并且在未来将一直如此。给有组织的无产阶级没有留下什么事情可做,要做的就是继续它的历史任务,而只有党才能参与它的实现。"① 类似地,当考茨基提到日渐无产阶级化和贫困化,提到资本主义不可避免的危机,或者提到社会主义的必然到来时,他似乎不是在说由分析揭示出的潜在趋势,而是说在前两种情况中可以凭经验观察到的现实,以及在第三种情况中的短期过渡。尽管事实是:必然性在他的话语中是占统治地位的范畴,但该范畴的功能却不是确保一种超越经验的意义,而是将经验本身系统化。

现在,尽管支撑这种乐观主义和简单性的诸要素的结合被表现为阶级构成(class constitution)的普遍过程的一部分,但它只代表**德国**工人阶级特定的历史形态(historical formation)的顶峰。首先,德国工人阶级的政治自治(political autonomy)是两次失败的结果:1849年后,德国资产阶级未能成功地把自己变成

---

① 普热沃尔斯基:《成为一个阶级的无产者——从卡尔·考茨基的〈阶级斗争〉中的阶级形成过程到最近的争论》("Proletariat into a Class. The Progress of Class Formation from Karl Kautsky's *The Class Struggle* to Recent Controversies"),《政治与社会》(*Politics and Society*),第7期,1977年。

自由民主运动的领导权力量;拉萨尔派①的社团主义者未能成功地实现把工人阶级整合进俾斯麦的国家这个意图。其次,1873—1896年的大萧条以及与之相伴的影响了所有社会阶层的经济动荡,滋养了资本主义即将崩溃、无产阶级革命即将兴起这种普遍的乐观主义。再次,工人阶级的结构复杂性程度很低:工会刚刚建立,在政治和财政上依附于党;而且在二十年大萧条的背景下,通过工会活动改善工人状况的前景似乎极为有限。1890年建立的德国工会总委员会(General Commission of the German trade unions)只有历尽艰辛,才能克服当地工会力量的抵抗和社会民主党全面的怀疑主义,把它的领导权强加在工人运动身上。②

---

① 拉萨尔派是19世纪60—70年代德国工人运动中以拉萨尔为首的机会主义派别。1863年5月23日,德国各工人团体在莱比锡召开代表大会,成立全德工人联合会。拉萨尔当选主席。全德工人联合会在拉萨尔及其拥护者的影响和控制下,成为执行拉萨尔路线的宗派组织,由此形成了拉萨尔派。拉萨尔派认为,在普鲁士国家,只要实行"普遍的、平等的、直接的选举权",使工人阶级在议会中占多数,并迫使议会通过拨款法案,由国家出钱建立生产合作社,工人阶级就可以进入获得"全部劳动所得"的"自由和福利世界"。1864年拉萨尔死后,其信徒伯·贝克尔、施韦泽和哈森克莱维尔相继担任联合会主席,继续推行拉萨尔路线,分裂工人运动。70年代初,拉萨尔派和德国社会民主工党(爱森纳赫派)合并。1875年两派合并组成德国社会主义工人党(1890年改称德国社会民主党)。拉萨尔派在组织上遂不复存在。——译注

② 例如,莱吉恩(C. Legien)在1893年德国社会民主党的科隆大会上对《前进报》(*Vorwärts*)的声明提出抗议,根据这些声明,"夺取政治权力的斗争在每时每刻都是最重要的,而经济斗争总是发现工人们陷于很深的被分化状态,局势越是无望,分化就越剧烈,越有破坏性。小范围的斗争当然也有它的

在这些条件下,工人阶级的统一和自治以及资本主义制度的崩溃,看起来简直像是经验事实。这些都是赋予考茨基的话语以可接受性的读解参数(reading paramaters)。然而,实际上,这种局势严格说来是德国的,或者顶多对于某些自由资产阶级软弱无力的欧洲国家来说才是典型的,它当然不符合那些拥有强大的自由传统的国家(英国)或民主的-雅各宾主义传统的国家(法国),或者那些由伦理和宗教身份预先决定了阶级身份的国家(美国)中工人阶级的形成过程。但是,由于在马克思主义圣经(Marxist Vulgate)中,历史朝着对社会对抗更加简化的方向前进,德国工人运动的极度孤立和对抗过程就获得了一种范式的声誉,其他国家的局势必须向它靠拢,但它们也不过是相对于它的不完全的接近罢了。①

优势,但这些对于党的终极目标而言都只具有次要的意义"。莱吉恩问道:"这些来自党的机关的论点对于把冷漠的工人吸引到运动中来是合适的吗?我深表怀疑。"引自本韦努蒂(N. Benvenuti)关于党和工会关系的文献选集《德国的党和工会:1880—1914》(*Partito e Sindicati in Germania : 1880—1914*),米兰,1981,第70—71页。

① 关于阶级统一难题的这种理解方式——根据这种理解方式,对某种范式的偏离进行概念化,靠的是对该范式的全部有效性的偶然的"障碍"和"妨碍"——继续支配着某些历史编纂学传统。例如,在一篇既刺激又十分有趣的文章(《为什么美国工人阶级与众不同?》["Why US Working Class is Different"],《新左派评论》[*New Left Review*],第123期,1980年9—10月)中,迈克·戴维斯(Mike Davis)在展示美国工人阶级形成的特殊性的同时,又把这些特殊性加以概念化,把它们当成对在某些历史时刻终究要强加给美国工人阶级的常规模式的偏离。

大萧条的结束使这个范式开始产生危机。向"有组织的资本主义"(organized capitalism)①的转变以及接踵而来并持续到1914年的繁荣,使得"资本主义总危机"的前景变得不确定起来。在新的条件下,成功的工会经济斗争浪潮使工人们得以巩固他们在社会民主党内部的组织力量和影响。但在此时,工会和党内领袖之间的持续紧张开始发挥它自己的威力,以至于工人阶级的统一和工人阶级的社会主义规定性变得越来越成问题。在所有的社会领域中,正在发生着一种**领域的自治化**(*autonomization of spheres*)——这

---

① "有组织的资本主义"是19世纪末20世纪初由德国资产阶级经济学家桑巴特、利夫曼、舒尔采-格弗尼茨等人提出的资本主义经济发展理论,后来得到伯恩施坦、考茨基和希法亭(R. Hilferding)等人的发展,成为社会民主党的主要理论主张。该理论认为"资本主义愈益成为有组织的,竞争就要停止,生产的无政府状态日益消除,危机即将成为过去的历史事实,依照人们意志而有计划的组织就要开始占着统治地位",因此"托拉斯和卡特尔会和平地转变为有计划的社会主义经济……只要帮助托拉斯的主人和银行家去整理经济,现有的资本主义就会完全不知不觉地、不用什么斗争和革命就会'长入'社会主义"。(参见列昂节夫《政治经济学》,三联书店1974年版,第219页。)列宁曾经在《帝国主义是资本主义的最高阶段》一文中批判过"有组织的资本主义"理论,他认为"有组织的资本主义"理论没有看到的是:"生产社会化了,但是占有仍然是私人的。社会化了的生产资料仍旧是少数人的私有财产。表面上大家公认的自由竞争的一般架子依然存在,但是少数垄断者对其余居民的压迫更加百倍地沉重、显著和令人难以忍受了";"统治关系和同它相联系的暴力",是这个"'资本主义发展的最新阶段'的典型现象"。参见列宁《帝国主义是资本主义的最高阶段》,《列宁选集》,第2卷,人民出版社1965年版,第748—750页。——译注

意味着任何类型的统一都只能通过不稳定的、复杂的重新接合（rearticulation）的形式才能获得。从这个新的角度来看，就要给1892年的考茨基范式那一连串看似合乎逻辑而又简单的结构要素打上严肃的问号。由于理论和纲领之间有一种总体上的连带关系，所以政治危机就在理论危机中被复制。1898年，托马斯·马萨里克杜撰了一个很快流行起来的表述："马克思主义的危机"（crisis of Marxism）。①

这场充当了从世纪之交直到战争时期的所有马克思主义论争背景的危机看上去是由两个基本环节主导的：对社会的不透明性以及对越来越有组织的资本主义的复杂性和抵抗的新意识；社会当事人（social agents）的不同立场的碎片化②（按照经典的范式，它们本应当是统一的）。在致拉加代勒（H. Lagardelle）的信的一个著名段落里，拉布里奥拉（A. Labriola）在修正主义论争兴起的时候就说："的确，在这场争论的一切流言蜚语背后，有一个严肃而根本的难题：几年前的那种炽热的、充满活力的和早熟的希望——那些有着过于明确的细节和轮廓的

---

① 托马斯·马萨里克（Thomas Masaryk，1850—1937），捷克斯洛伐克哲学家和政治活动家，与爱德华·贝奈斯、米兰·雷斯提斯拉夫·什特凡尼克一起被称为捷克斯洛伐克"开国三元勋"，曾任捷克斯洛伐克共和国的首任总统。"马克思主义的危机"出自他1898年写的《社会问题：马克思主义的哲学和社会学基础》一书。——译注

② 我们必须搞清楚，当我们说"碎片化"（fragmentation）或"分散"（dispersion）的时候，总是要涉及一种话语，假定把分散的和碎片化的要素统一起来。如果这些"要素"在不涉及任何话语的情况下被思考，对"分散"或"碎片化"这类词的应用就没有任何意义。

期待——现在都遭遇了经济关系的最复杂的抵抗和政治世界的最错综的纠缠。"①

把这看成一场单纯的暂时性危机是错误的;相反,马克思主义在那时最终丧失了它的清白。只要它那一连串经典的范畴屈从于日渐增加的非典型局势的"结构性压力"(structural pressure),就更加难以把社会关系化约成内在于那些范畴的结构性环节(structural moments)。停顿和不连续性的激增开始破坏那些自认为具有强烈一元论色彩的话语的统一。从那以后,马克思主义的难题就成了**思考那些不连续性**,同时寻找**重建**破碎的异质性要素之统一的**形式**。不同的结构性环节之间的转变已经丧失了它们最初的逻辑透明性,并且揭示出一种属于苦心建构的偶然性关系的不透明性(opacity)。对这个范式危机的不同回应,其特殊性存在于构想这种关系性环节(relational moment)的方式中——这种关系性环节的重要性在增长,以至于它的性质变得不是那么明显。而这就是我们现在必须要分析的。

对危机的第一个回应:马克思主义正统学说的形成

马克思主义正统学说,当它在考茨基和普列汉诺夫(G. Plekhanov)那里被构建起来的时候,已经不是经典马克思主义的简

---

① 拉布里奥拉:《历史唯物主义论集》(*Saggi sul materialismo storico*),罗马,1968,第302页。

单延续了。它发生了一种非常特殊的转变,其特征是分配给理论以新的角色。理论并不是用来把看得见的历史趋势系统化——就像它在考茨基1892年的文本所做的那样——而是声称自己是一种保证,即保证这些趋势最终将和马克思主义范式提出的社会接合类型相一致。换句话说,正统学说是在马克思主义理论和社会民主党的政治实践逐渐分裂(disjuncture)的基础上被构建起来的。正是受马克思主义"科学"保障的下层建筑(infrastructure①)的运动规律提供了克服这种分裂的领地,并保证了现有趋势的过渡性和工人阶级未来的革命性重构。

让我们就此考察一下考茨基在和工会运动的理论家们辩论时所表现出的关于党和工会关系的立场。② 考茨基非常清楚德国工人阶级内部强烈的碎片化倾向:工人贵族③的产生;参加工会和

---

① 在本书中, infrastructure 译为和 superstructure(上层建筑)相对的"下层建筑",后文还有与 superstructure 同时以对举方式出现的 base 一词,则译为"基础"。——译注

② 考茨基关于这件事的主要著作被收录在本韦努蒂编的《德国的党和工会:1880—1914》这本文选中。

③ 关于"工人贵族",列宁曾有如下的评论:"这个资产阶级化了的工人阶层即'工人贵族'阶层,这个按生活方式、工资数额和整个世界观说来已经完全市侩化了的工人阶层,是第二国际的主要支柱,现在则是资产阶级的主要社会支柱(不是军事支柱)。因为这是资产阶级在工人运动中的真正代理人,是资本家阶级的工人帮办,是改良主义和沙文主义的真正传播者。在无产阶级同资产阶级的国内战争中,他们有不少人必然会站在资产阶级方面,站在'凡尔赛派'方面来反对'巴黎公社活动家'。"参见列宁《帝国主义是资本主义的最高阶段》"法文版和德文版序言",《列宁选集》,第2卷,人民出版社1965年版,第737页。——译注

未参加工会的工人之间的对立;不同工资级别之间的相互对立的利益;资产阶级分化(divide)工人阶级的有意识的政策;出现了一大批屈服于教会民粹主义的天主教工人,这种民粹主义使他们疏远了社会民主党人;等等。他同样意识到,**直接的物质利益**(*immediate material interests*)支配得越多,趋于碎片化的倾向就越能发挥自己的力量这个事实;因此,纯粹的工会行动既不能保证统一,也不能保证工人阶级的社会主义规定性。① 只有让工人阶级直接的物质利益服从**最终目标**(*Endziel*),服从最终的社会主义目标,这些东西才能得到巩固,这就预设了经济斗争要服从政治斗争,工会要服从党。② 但是,党只有在它是科学宝库,即马克思主义理论宝库的时候,才能代表这种总体化的层级(totalizing instance)。工人阶级没有沿着社会主义的方向前进——英国的工联主义(trade

---

① "工会的性质不是从一开始就被确定了的。它们可能变成阶级斗争的工具,但也可能变成阶级斗争的束缚。"(考茨基)见本韦努蒂编的文选《德国的党和工会:1880—1914》,第186页。

② "党……试图达到那个一次性废除资本主义剥削的最终目标。就这个最终目标而言,工会活动——且不管它的重要性和不可或缺性——可以被恰当地定义为西绪福斯的劳动,不是就无用功这个意义来说,而是就那种永远无法结束,永远要重新开始的工作这个意义来说。从所有这些东西中可以得知,在那些存在着强大的社会民主党并且必须对它加以考虑的地方,社会民主党比工会更有可能为阶级斗争规划必要的路线,因此也更有可能为那些并不直接属于党的个别无产阶级组织指出它们应该采取的方向,通过这种方式,阶级斗争的不可或缺的统一体才能得到保卫。"(考茨基)参见本韦努蒂编的文选《德国的党和工会:1880—1914》,第195页。

unionism）①是关于这一点的绝佳例证,当此世纪之交之际,它再也不能被忽视了——这个显而易见的事实使考茨基肯定了知识分子这个被赋予特权的新角色,这对列宁的《怎么办?》(*What is to be Done?*)产生了非常大的影响（effects）。这种知识分子中介（intellectual mediation）的作用很有限,因为,按照斯宾诺莎的说法,它的唯一自由就在于对必然性的意识。然而,知识分子确实需要产生一种接合性关系（articulating nexus）,这种关系不能被简单地归于以一元论方式设想的必然性链条。

阶级身份（the identity of the class）上撕开的这条裂痕,工人的不同主体立场之间逐渐加深的分裂（dissociation）,只能被未来的经济基础的运动（它的到来由马克思主义科学担保）所超越。因此,一切都取决于这门科学的预见能力和这种预见的必然性。"必然性"范畴不得不以越来越致命的方式获得肯定,这并非偶然。众所周知第二国际是如何理解"必然性"的:它被理解为以马克思主义和达尔文主义（Darwinism）的结合为基础的自然的必然性。作为黑格尔辩证法的庸俗的马克思主义替代品,达尔文主义的影响已经被频繁地展现出来;但事实是,在正统观念里,黑格尔主义和达尔文主义联合起来形成了一个能够满足战略需要的混

---

① "工联主义"亦称"工会主义",是19世纪五六十年代产生于英国工人运动中的一种改良主义思潮,因最早流行于英国工人联合会而得名,代表人物有乔治·奥哲尔、威廉·阿兰、亚历山大·麦克唐纳等人,他们大都是资产阶级化了的工人贵族。工联主义崇拜工人的自发性,把工人运动局限于经济斗争,主张阶级调和。它提出"正直的工作,公平的报酬"口号,坚持在资本主义制度下通过合法的和平谈判,签订劳资协议,进行劳动立法,改善工人的生活与工作环境,反对推翻资本主义制度的政治斗争和暴力革命。——译注

合物。达尔文主义自身并不能提供"对未来的保证",因为自然选择从一开始就不是按照预先决定的方向发挥作用。① 只有把黑格尔型的目的论添加在完全不能与之相容的达尔文主义身上时,进化的过程才能被表现为对未来变化的保证。

这个阶级统一的观念(一种得到必然规律的行动保证的未来的统一)在许多层面上造成了后果,如在属于不同主体立场的接合类型的层面上,在对不能被吸收进范式的诸多差异的处理方式的层面上,以及在历史事件的分析战略的层面上,等等。关于第一点,很显然,如果革命主体在生产关系层面建立了它的阶级身份②,它在其他层面的在场就只能是一种**外在性**(exteriority),而且它必须采取"**利益代表**"(representation of interests)的形式。政治领域是当事人——他们把自己的身份建立在另一个层面上,这种身

---

① 请参考卢西奥·科莱蒂(Lucio Colletti)在《意识形态的黄昏》(Tramonto dell'ideologia)中的评论,罗马,1980,第173—176页。雅克·莫诺(Jaque Monod)在《偶然性和必然性》(Le hasard et la nécessité,巴黎,1970,第46—47页)中认为:"在试图以自然法则为基础建立他们的社会学说的大厦时,马克思和恩格斯也不得不比斯宾塞更加明确、更加慎重地使用'泛灵论的构想'……黑格尔假定支配宇宙进化得更为普遍的法则属于一种辩证的秩序,而且在一个除了精神以外不承认任何永恒现实的体系里发现了它的位置……但是,保留这些主观法则本身以便使它们统治一个纯粹的物质世界,这本身就是以放弃客观性假设为开端,全面实现泛灵论构想的一切后果。"

② 这和我们早先的论断不矛盾,这个论断就是:对于考茨基而言,直接的物质利益不能构成阶级的统一和阶级的身份。这里的要点是,"科学"的层级作为一个单独的环节决定了工人们介入生产过程的全部意义。因此,科学**承认**利益,但是各具独特性的不同的阶级碎片(class fragments)却并未充分意识到这种利益。

份是通过"利益"的形式来构想的——之间的斗争领域,就此而言,政治领域只能是上层建筑。这种本质的身份被一劳永逸地**固定了**,成了和工人阶级进入其中的各种政治与意识形态代表形式相关的不可更改的事实。①

其次,这种化约论的难题性(problematic)使用了两类推理——我们或许可以称之为**通过表象来论证**(argument from appearance)和**通过偶然性来论证**(argument from contingency)——来处理那些不能被吸收进它自身范畴之内的差异。通过表象来论证:一切事物都把自己表现为可以被化约为同一性(identity)的差异。这可能采取两种形式:表象要么只是单纯的隐藏手段,要么就是本质显现的必要形式(第一种形式的例子:"民族主义是隐藏资产阶级利益的一道幕布";第二种形式的例子:"自由国家是资本主义的必要的政治形式")。通过偶然性来论证:社会的某个范畴或部分不可能被化约为某个确定的社会形式的中心同一性(central identities),但在这种情况下,该范畴或部分那与社会发展主线相对

---

① 这显然简化了在下列情况中的计算的难题,在这种情况中,利益的明晰性和透明性把战略难题化约为"理性选择"的理想条件。塞尔托(M. de Certeau)最近说:"我称'战略'(strategy)是对那些力量关系的计算,从意志的主体(一个业主、一个企业、一个城市、一个科研机构)隔绝于某种'环境'的时候开始,这些关系便具有了可能性……政治的、经济的和科学的合理性便是依靠这种战略模式而被建构的。与此相反,我称'战术'(tactics)为这样一种计算,它不能仰赖属于自己的东西,因而也不能仰赖于把其他东西作为一种可见的总体区分出来的那条边界。"参见《日常生活的创造》(L'invention du quotidian),第1卷,巴黎,1980,第20—21页。按照这种区分,显然,由于考茨基式的主体"利益"是透明的,所以一切计算都属于战略性质。

的特有的边缘性(marginality)允许我们把它当作无关的东西抛弃掉(例如:"因为资本主义导致了中产阶级和农民的无产阶级化,所以我们就可以忽略这些并把我们的战略集中在资产阶级和无产阶级之间的冲突上")。因此,在通过偶然性论证时,同一性在历时性的总体中被重新发现了:根据社会将要达到的成熟阶段,现存的社会现实被一连串不可阻挡的阶段切分成必然或偶然的现象。历史因此是对抽象的不断具体化,是对典范的纯粹性(paradigmatic purity)的接近,它既呈现为意义,又呈现为过程的方向。

最后,作为对当下的分析,正统的范式假定了一种**承认**(recognition)的战略。由于马克思主义宣称它通晓不可避免的历史过程的本质的决定作用,所以,对实际事件的理解也就只能意味着把它等同于先天固定的时间序列中的一个环节。因此,讨论就是这样的:y 国在 x 年的革命是资产阶级民主革命吗?或者,在这个或那个国家中,向社会主义过渡应该采取什么形式?

上文分析的那三方面后果展示了一个共同特征:具体被化约为抽象。不同的主体立场被化约为单一立场的表现;差异的多元性也作为偶然的东西要么被化约,要么被拒绝;当下的意义通过它在预先确定的阶段序列中的位置而被揭示了出来。恰恰因为具体以这种方式被化约为抽象,所以对于正统学说而言,历史、社会和社会当事人才拥有**某种作为它们的统一原则而发挥作用的本质**。由于这个本质不是直接可见的,所以有必要区分(distinguish)社会的**外观**(*surface*)或表象和**潜在的现实**(*underlying reality*)——每一个具体在场(concrete presence)的终极意义必然要诉诸这个现实,不管中介系统中有怎样的复杂性的层面。

从这种关于资本主义过程的看法中能够推导出什么样的战

略观念是很清楚的。该战略的主体当然就是工人的党。考茨基大力排斥"人民的党"(popular party)这个修正主义概念,这是因为在他看来,它涉及把其他阶级的利益转移到党的内部,结果就失去了运动的革命性。然而,他那被认为是激进的立场——它建立在拒绝任何妥协或联盟的基础上——却是一个从根本上保守的战略中心。① 由于他的激进主义依赖于一个不要求政治首创精神(political initiatives)的过程,所以它只能导致无所作为和等待。宣传(propaganda)和组织(organization)是党的两项——实际上是唯一的——基本任务。宣传不是被导向通过为社会主义事业赢得新的组成部分来创造更广泛的"人民意志"(popular will),而首先是被导向强化工人阶级的身份。至于组织,它的扩张并不意味着多条战线上的更广泛的政治参与,而是意味着建设一个聚居的小团体(ghetto),在那里,工人阶级过着以自我为中心的、孤立的生活。这种对运动的不断制度化非常适合于一种观点,在这种观点中,资本主义制度的最后危机将来自资产阶级自身的努力,而工人阶级只是为它在恰当的时候进行干预做准备罢了。1881年考茨基就已经说过:"我们的任务不是组织革命,而是为了革命把我们自己组织起来;不是**制造**革命,而是利用革命。"②

---

① 参考马蒂亚斯(E. Matthias)的《考茨基和考茨基主义》(*Kautsky e il kautskismo*),罗马,1971。这本书中随处可见这个观点。

② 辛马霍斯(Symmachos,考茨基的笔名):《阴谋还是革命?》("Verschwörung oder Revolution"),《社会民主党人》(*Der Sozialde-mokrat*),1881年2月20日,引自施泰因贝格(H. J. Steinberg)的《党和马克思主义正统学说的形成》("Il partito e la formazione dell'ortodossia marxista"),收于霍布斯鲍姆等人编辑的《马克思主义的历史》,第2卷,第190页。

显然,对于考茨基来说,联盟(alliance)并不代表根本的战略原则。在具体的环境中,各式各样的联盟在经验战术的层面上是可能的;但是在长时段中,正如革命会具有纯粹的无产阶级性质,工人阶级也会在反资本主义斗争中占据孤立的立场(isolated position)。考茨基对其他社会组成部分的内部矛盾的分析恰恰证明,不可能和它们建立长期的、民主的反资本主义联盟。在农民方面,他试图证明这是一个四分五裂的部分,所以工人阶级捍卫农民的利益是违反一般经济进步路线的反动政策。类似地,在考茨基对帝国主义的分析中,中产阶级(middle classes)逐渐统一在金融资本和军国主义意识形态统治的旗下。独特的是,考茨基一刻都不曾意识到,对这种政治和意识形态的坚持危险地强化了工人阶级的孤立,而面对资本家的攻势,工人阶级应该用反攻来回应它,以把这些中间部分争取到反资本主义的事业中。这条思考线索被封闭了,因为在他的分析中,中间部分那日渐反动的特性是和不可动摇的客观过程相一致的。同理,工人的孤立不对社会主义构成威胁,因为这是由历史上的既定规律所保证的,这个规律将从长远证明所有资产阶级的阴谋诡计都没有力量。

关于考茨基如何理解无产阶级斗争,或许可以在他的"消耗战"(war of attrition)概念中找到很好的例证。这不是指一种特殊的战术,而是指工人阶级自19世纪60年代以来采取的政治行动的总体。消耗战涉及三个层面:(1)工人阶级预先构成的身份,它逐渐地削弱敌对力量,但在斗争过程中没有重大的变化;(2)同样是预先构成的资产阶级的身份,它或增强或减损资产阶级的统治能力,但在任何环境下都不会改变它自身的性质;(3)预先固定的发展路线——又是"不可抗拒的规律"(inexorable laws)——它给消耗战指出了一个具有方向性的趋势。这个战略已经被人们比作葛兰西的"阵地战"(war of position)①,但事实上,两者大相径庭。阵地战以领导权概念为前提,正如我们要看到的,这个概念无法和线性的、预先确定的发展观兼容,最重要的是,无法和考茨基式主体(Kautskian subjects)的预先构成的特性兼容。

正统的马克思主义分配给理论的作用使我们面临一个矛盾。一方面,当阶级的"当下意识"和"历史任务"之间逐渐加深的裂痕只能通过政治干预从外部来弥合的时候,理论的作用却增加了。另一方面,由于支撑政治干预的理论被表现为对必然的机械决定的意识,所以分析就变得比以前更加具有决定论和经济主义的性质,以至于竟达到了使**历史力量的构成更多地依赖于理论中介**这种程度。这在普列汉诺夫那里甚至比在考茨基那里更明显。俄国资本主义的早期发展没能成功创造一个资产阶级文明,结果,俄国现实的意义只有通过和西方的资本主义发展进行比较才能被阐明。因此,对于俄国马克思主义者来说,他们国家的社会现象是一个文本的象征,这个文本超出了他们的理解范围并且只有在资本主义的西方才能得到充分而准确的解读。这意味着理论在俄国比在西方更加具有无可比拟的重要性:如果"历史的必然规律"不是普遍有效的,罢工、示威、积累过程等转瞬即逝的现实就会有消失的危险。像古列尔莫·费雷罗这样的改良主义者,便可以对"马克思主义构成了一个前后一贯的同质的理论领

---

① 请参看佩里·安德森(Perry Anderson)的《安东尼奥·葛兰西的二律背反》("The Antinomies of Antonio Gramsci"),《新左派评论》,第100期,1976年11月/1977年1月。

域"这种正统论断冷嘲热讽。① 最后,如果这个学说是折中的和违反一般规则的,这绝不影响受到全部无产阶级机构(proletarian institutions)认可的社会实践的物质性——这种实践在修正主义论争中开始建立它和理论的外在性关系。但这不可能是普列汉诺夫的立场,因为他面对的现象没有在一个明确的方向上自发地表现出来,其意义依赖于它们在解释系统中的介入。社会意义越是依赖于理论表述,对正统学说的捍卫就越成为政治难题。

  脑子里有了这些观点,就无须惊讶在普列汉诺夫那里,马克思主义正统学说的原则被赋予了比考茨基那里更为僵化的表述。例如,众所周知,他杜撰了"辩证唯物主义"(dialectical materialism)这个术语。他也要为彻底的自然主义负责,这种自然主义导致了基础(base)和上层建筑(superstructure)之间的严格分离,以至于后者被认为只不过是对前者的必然表现的一种综合。而且,普列汉诺夫的经济基础概念不允许社会力量的任何干预:经济过程完全由被理解为技术的生产力来决定。② 这种僵化的决定论使他能够把社会表现为一个关于诸层级的严格的等级制度,各层级的效能程度随着这个制度而递减:"(1)**生产力的状况**;(2)被生产力所制约的经济关系;(3)在一定的经济'基础'上生长起来的社会**政治制度**;(4)一部分由经济所直接决定的,一部分由生长在经济上的全部社会政治制

---

  ① 古列尔莫·费雷罗(Guglielmo Ferrero):《年轻的欧洲——在北方的研究和旅行》(*L'Europa giovane. Studi e viaggi nei paesi del Nord*),米兰,1897,第95页。
  ② 请参考安德鲁·阿拉托(Andrew Arato)的《经典马克思主义的二律背反:马克思主义和哲学》("L'antinomia del marxismo classico: marxismo e filosofia"),收于霍布斯鲍姆等人编辑的《马克思主义的历史》,第2卷,第702—707页。

度所决定的社会中的人的心理;(5)反映了这种心理特性的各种意识形态。"①在《社会主义和政治斗争》(Socialism and Political Struggle)和《我们的意见分歧》(Our Differences)中,普列汉诺夫提出了同样僵化的一连串阶段——俄国的革命过程不得不经历这些阶段——因此,任何"不平衡的叠合发展"(uneven and combined development)②

---

① 普列汉诺夫:《马克思主义的基本问题》(Fundamental Problems of Marxism),纽约,1969,第80页。(中译文请参见《马克思主义的基本问题》,张仲实译,叶文雄校,人民出版社1957年版,第57页。原文中把"意识形态"译为"思想体系",这里根据通用译法,改为"意识形态"。——译注)

② "不平衡的叠合发展"(也有学者译为"不平衡与综合发展",此处采用《俄国革命史》中译本的译法,译为"不平衡的叠合发展")的理论是由托洛茨基(L. Trotsky)提出的。对这一理论的集中表述出现在《俄国革命史》第1卷,托洛茨基认为:"历史的规律性与学究迂腐的公式之间毫无共同之处。不平衡性即历史发展进程最普遍的规律在后起国家的命运中显得更加显眼和复杂。在外部必然性的鞭策下,落后国家被迫实现了跨越。于是,从不平衡性这个包罗万象的规律中派生出另一个规律,由于它还没有比较合适的名称,不妨称之为叠合规律,其含义是发展道路上各个时期的相似,某些阶段的相互结合,古老的形式与最现代的形式的混合。没有这个当然是在其全部物质内容中体现出来的规律,就不能理解俄国的历史,以及所以总的来说属于第二、第三乃至第十层次的文明国家的历史。"参见托洛茨基的《俄国革命史》,第1卷,丁笃本译,商务印书馆2017年版,第17页。亦可参见托洛茨基所著《不断革命》第六章"论跳过历史阶段",蔡汉敖译,三联书店1966年版,第189—193页。托洛茨基的意思是说,历史发展不存在预先决定的目的论规律,某些文明国家虽然落后于资本主义发展的潮流,但它却有可能突破既定的规律,实现跨越式发展。关于这一理论,也可参看米歇尔·勒威的《不平衡与综合发展理论》一文,万毓泽译,https://ptext.nju.edu.cn/ba/50/c13164a244304/page.htm。——译注

都从战略领域中被清除了出去。对俄国马克思主义的所有早期的分析——从彼得·司徒卢威(Peter Struve)的"合法的马克思主义"(legal Marxism)①，经由作为中心环节的普列汉诺夫，到列宁的《俄国资本主义的发展》(Development of Capitalism in Russia)——都倾向于遗忘对特殊性的研究，并把这些东西表现为无非是本质现实的外显的或偶然的形式，即每一个社会都必须经过的资本主义的抽象发展阶段。

让我们现在对正统学说作最后的评论。正如我们已经看到的，理论坚持认为，终极目标和当下政治实践之间的日益分裂

---

① "合法的马克思主义"是兴起于19世纪90年代的一个马克思主义流派。它是以列宁为代表的正统马克思主义者对司徒卢威等人的讽刺性称呼。正统派用这个词表明，这个派别把合法的改良主义活动当作实现社会变革的唯一手段。"合法的马克思主义"从一开始就对正统的马克思主义观念采取批判态度，其思想中混合了政治自由主义和基督教哲学。这一派的主要观点可以总结以下几点：第一，在接受历史唯物主义原则的同时，又认为它与哲学唯物主义没有逻辑上的联系，倒是与唯灵论哲学、实证主义或新康德主义相一致。他们把马克思主义看作是对历史过程的科学解释，但认为马克思主义没有说明道德原则，而道德原则必须由另外的根源得出。第二，他们认为资产阶级政治自由和民主制度是有价值的，因此也对资本主义条件下的政治改良和经济改良感兴趣，在他们看来这有益于工人与农民阶级的直接利益。第三，马克思主义对他们而言是一种社会理论，而非实践武器，他们更感兴趣于马克思主义的认识价值而非政治作用。总而言之，"合法的马克思主义"被认为是修正主义的俄国变种。彼得·司徒卢威(1870—1944)，俄国社会民主主义者，"合法的马克思主义"的代表人物。参见莱泽克·科拉科夫斯基《马克思主义的主要流派》，第2卷第15章第2节"司徒卢威和'合法的马克思主义'"，唐少杰等译，黑龙江大学出版社2015年版，第344—354页。——译注

(disjuncture)将在未来的某个时刻通过**对立统一**(*coincidentia oppositorum*)的作用得到化解。然而,由于这种重组的实践不可能**完全地**留给未来,所以就必须想办法在当下开展一场反对碎片化倾向的斗争。但是,由于这场斗争需要在那时不是自发地产生于资本主义规律的接合形式,所以必然要引入一种不同于机械决定论的社会逻辑——也就是说,一个恢复**政治首创精神之自治的**空间。这个空间尽管很小,但却出现在考茨基那里:它是由工人阶级和社会主义之间的外在性关系构成的,这种关系需要知识分子的政治中介。这里有一种不能简单地用"客观的"历史决定来解释的联系。对于那些为了克服实践和终极目标之间日复一日的分裂,从而尽最大努力和无所作为相决裂并获得当下政治影响(effects)的派别来说,这个空间必然更为广阔。① 卢森堡的自发主义,以及更普遍意义上的**新左派**(*Neue Linke*)的政治战略都证实了这一点。正统学说中最具创造性的派别试图限制"必然性的逻辑"的后果,但不可避免的结果是,它们把自己的话语置于"必然性的逻辑"(它在政治实践中产生越来越小的影响)和"偶然性的逻辑"(logic of contingency,由于没有确定这种逻辑的特性,所以它无法把自己理论化)之间永恒的二元论之中。

---

① 必然性的逻辑和无所作为之间的这种关系可以通过对正统学说的批判得到清楚的理解。乔治·索雷尔(George Sorel)宣称:"在阅读民主社会主义者的著作时,人们会因为这样的事实而震惊:他们随意地支配他们的未来;他们知道世界在朝向一场不可避免的革命而运动着,他们懂得这场革命的普遍后果。他们当中有些人在自己的理论中拥有这样的信念,以至于他们在无所作为中终了此生。"索雷尔:《马克思主义批判论集》(*Saggi di critica del marxismo*),巴勒莫,1903,第 59 页。

让我们举两个由这些"开始游戏"(open the game)的局部性尝试造成的二元论的例子。第一个是拉布里奥拉的"**形态学预言**"(*morphologic prediction*)概念。他说:"(在《共产党宣言》中)历史的预见……没有像新旧启示和预言中的典型做法那样,要么暗示出一个编年史的日期,要么暗示出一个社会构型(social configuration)的预先的图景……在批判的共产主义理论中,社会的整体正是在过程的某一环节中发现了它的必然道路的根据,也正是在它的曲线的凸起处显示出自身,揭示出它的运动规律。《宣言》首次间接提到的预言不是编年性的,不具有预期的、像承诺一样的性质;它是形态学的(morphological),一个在我看来简洁地表达了一切的词语。"①拉布

---

① 拉布里奥拉:《纪念〈共产党宣言〉》("In memoria del Manifesto dei Comunisti"),收于《历史唯物主义论集》,第34—35页。(关于此处所引的拉布里奥拉的引文,现有的中译本翻译如下:"但它[指《共产党宣言》——译注]过去和现在都不像旧的天启和预言那样,包含有一个现成的时间表,或者事先描绘出一种社会组织。……在批判的共产主义学说中,整个社会在它的总的发展的某一时刻揭示出它注定要前进的原因,并通过一条明显的曲线弄清了自身,从而宣布它的运动规律。《宣言》预见的还并不是时间表,它既不是诺言,也不是预言,然而它预见到了对社会集体进行改造。"参见《纪念〈共产党宣言〉》,《关于历史唯物主义》,杨启潾等译,人民出版社1984年版,第23页。这里没有译出"形态学的"一词,但查询该文的英文本和法文本,"形态学的"这个词都是存在的,而且也没有"对社会机体进行改造"这样的内容。所以中译本的误译是明显的。这里指出问题,供读者参考。关于英译本,请参看 *Essays on The Materialistic Conception of History*, translated by Charles H. KERR, Monthly Review Press, 1966, p. 44 - 45。法译本请参看 "En mémoire du Manifeste du Parti communiste", Paris: V. Giard & E. Brière, 1897, p. 36 -37。——译注)

里奥拉在这里发动了一场双重战斗。首先针对的是对马克思主义的批判倾向①——克罗齐(B. Croce),秦梯利(G. Gentile)——他们把历史的不可预见性置于事件的非系统性这个基础上,并且只在历史学家的意识中建立了统一的秩序。对于拉布里奥拉来说,他强调历史规律的客观性。然而,这些规律是**形态学的**——也就是说,它们的有效性范围仅限于某些基本趋势。② 拉

---

① 关于拉布里奥拉对修正马克思主义的论争的介入,请参看罗伯特·拉奇纳罗(Robert Racinaro)的《世纪末的被修正的马克思主义的危机》(*La crisi del marxismo nella revisione de fine secolo*),巴里,1978。这本书中随处可见这种讨论。

② 拉布里奥拉并不否认正统马克思主义学说中关于"经济"的重要作用,他认为:"在日常意见交锋之中充满激情的嘈杂声里,在明显构成历史材料的意志表现之外,在我们资产阶级社会的法律和政治机构以外,在远离艺术和宗教给生活指出的方向的地方,存在着那种维持其他一切事物的社会基本结构,而且这种基本结构正在发生变化和改造。剖析这种基础结构的就是经济学。如果人类一次又一次局部地或根本地改变了它的非常明显的外部形式或它的意识形态、宗教、艺术等方面的表现,那么,人们首先应当到上述基本结构的经济发展中比较隐蔽地和乍看起来不明显地发生的变化里去寻找历史学家所说的唯一改变的根据和原因。如果问题涉及要区分清楚的真正的历史时期,就应当研究不同生产方式之间的差别。"(拉布里奥拉,《纪念〈共产党宣言〉》,参见《关于历史唯物主义》,前引书,第23—24页)但他反对经济决定论,也反对任何教条化的马克思主义学说,反对把人类历史理解为沿着既定道路前进的目的论过程:"人类既不是在想象的发展中创造自己的历史,也不是在一条事先已规定好的发展路线上前进。人类创造了历史,同时他们也创造他们自己的条件,也就是通过自己的劳动创造一种人为的环境,他们逐渐发展自己的技能,并在这种新的环境中积累和改造自己的活动成果。我们只有一种历史,我们不能把另一种仅仅可能的历史同这种事实上已经产生的真正历史相提并论。"(前引书,第42—43页)因此,马克思和恩格

布里奥拉的第二场战斗针对的是形形色色的教条主义,它们把普遍的趋势转换成历史生活表面上的容易直接辨认的事实。现在很清楚了,发动这场双重战斗的方式不得不带来一种二元论,在拉布里奥拉那里,这种二元论在作为叙述(narration)的历史发展和作为形态学的历史发展的对立中获得了表现;① 更一般地说,是通过削弱恩格斯的辩证范式(dialectic paradigm)的历史解释力而获得了表现。而且,这种二分法呈现出我们在卢森堡那里发现的同样的双重虚空。因为,"叙事"(narrative)要素不是作为拥有内在必然性的肯定的东西,而是作为对形态学必然性(morphological necessity)的偶然反转来和"形态学"要素产生对立的。根据巴达洛尼的说法,"(对拉布里奥拉而言)事件的真正展开可以产生错综复杂和不可预料的变化。但重要的是,对这些变化的理解应该产生在起初的假设中(阶级矛盾及其不断的简化)。因此,无产阶级并不是处在不确定的历史时间中,而是处在由资产阶级社会形态的危机所支配的特定的历史时间中"②。换句话说,"形态学

斯的《共产党宣言》不是要给无产阶级一劳永逸地提供一套解放自己的方案,相反,它"只想成为那种只有经验和岁月才能加以发展的科学和实践的第一条指导线。它只提供了无产阶级革命一般进程的方案和节奏"(前引书,第31页)。唯物史观"也不是别的东西,而是试图借助一定的方式用思维来再现经历过若干世纪的社会生活的起源和复杂化",不是像喜欢"咬文嚼字"的学究们所做的那样,用"词句的崇拜、词句的权威"使"事物的活生生的和现实的意义被曲解和化为乌有"(前引书,第52—54页)。——译注

① 参考尼古拉·巴达洛尼(Nicola Badaloni)的《葛兰西的马克思主义》(*Il marxismo de Gramsci*),都灵,1975,第27—28页。

② 同上书,第13页。

必然性"构成了一个理论－话语的领域(theoretico-discursive terrain),它不仅包括自己独有的领域,也包括从它自身中排除出去的东西——偶然性。如果全部"事件"都被概念化为"偶然的",那就等于不仅在与之相对立的形态学倾向中缺少表示其属性的特定字眼,而且等于它们根本就没有被概念化。然而,由于社会生活比马克思主义话语的形态学范畴要复杂得多(这种复杂性是拉布里奥拉的起点),唯一可能的后果就是,理论变成了与理解具体社会过程越来越不相干的一件工具。

因此,为了避免陷入完全的不可知论,有必要在某个地方引入其他的解释范畴。例如,拉布里奥拉就在他的具体分析中做到了这一点,在这些分析中,各种社会范畴不是仅凭它们的"偶然性"被概念化的,而是每一个范畴都被赋予属于它们自己的某种必然性或合法性。这些"现实的"结构复合体和作为形态学预言之对象的结构之间是什么关系呢? 第一种可能的解答是"辩证的"(dialectic),即坚持一种把复杂性设想为中介系统(a system of mediation)的一元论观点。① 但拉布里奥拉不可能采取这个答案,因为它会迫使拉布里奥拉把必然性的后果扩展到历史生活的表面,即他想把这些作用从中移置(displace)出去的那个特定领域。

---

① 按照巴达洛尼的说法,这就是拉布里奥拉本应当遵从的解决方法:"他提出来的替代方案很可能是错误的,而真正的替代方案存在于对历史形态学的深化和发展中,它在恩格斯的阐述中被过分简化了"。巴达洛尼,《葛兰西的马克思主义》,第 27 页。因此,二元论当然受到了压制,但却是以消除形态学的不确定性领域为代价的,而这种不确定性对于拉布里奥拉的理论方案来说恰恰很重要。

但是,如果不采纳这个辩证的答案,就不可能在逻辑上从形态学分析转到局部性总体(partial totalities)的独特的合法性了。因此这个转变具有某种**外部特征**(*external character*)——这就是说,对这些合法性的概念化**外在于马克思主义理论**。马克思主义理论不可能是普列汉诺夫所呈现的那种只能在封闭模式中思考的"完整而和谐的世界体系"。必然性/偶然性的二元论为结构合法性的多元主义(a pluralism of structural legalities)开辟了道路,它的内部逻辑和相互关系必须得到确定。

如果我们考察一下奥地利的马克思主义(Austro-Marxism),即我们关于"开放的正统学说"(open orthodoxy)的第二个例子,这一点甚至可以看得更清楚。在这里,我们发现了一种使出发点变得多样化,使理论范畴成倍增长,使具有明确规定性的社会领域自治化的努力,这种努力比拉布里奥拉要更为激进、更为系统。鲍威尔在他给阿德勒写的讣告中用下面的话提到了这个学派的创始:"虽然马克思和恩格斯起步于黑格尔,后来的马克思主义者起步于唯物主义,但最新的奥地利马克思主义者则以康德和马赫作为他们的出发点。"[1]奥地利马克思主义者意识到了工人阶级的统一在二元君主制中遇到的障碍,意识到了此种统一有赖于持续不断的政治首创精神这个事实。因此他们非常懂得,从列宁主义

---

[1] 奥托·鲍威尔(Otto Bauer):《什么是奥地利马克思主义?》("Was ist Austro-Marxismus"),《工人报》(*Arbeiter-Zeitung*),1927年11月3日。译文见奥地利马克思主义文选:汤姆·博托莫尔(Tom Bottomore)和帕特里克·古德(Patrick Goode)编的《奥地利马克思主义》(*Austro-Marxism*),牛津,1978,第45—48页。

传统这个与众不同的视角来看,什么叫作"不平衡的叠合发展"。"在奥匈帝国的君主制中,有着可以在欧洲,包括在土耳其找到的所有经济形式的例子……社会主义宣传的光芒照耀着这些不同的经济和政治条件中的每一个地方。这创造了一幅极具多样性的图景……手工业者、熟练工、制造业工人、工厂工人和农业工人的社会主义(他们和在任何一个特定时期内起支配作用的政治、社会或者知识运动共同经历了变化)同时发生在奥地利,而在共产国际(International)中它们却是作为一种以时间为序的发展过程(chronological development)而存在的。"①

在这幅社会局势和国家局势的马赛克中,不可能把国家同一性(national identities)设想成"上层建筑",或把阶级统一(class unity)设想成下层建筑的必然后果。的确,这样一种统一有赖于复杂的政治建构(political construction)。用鲍威尔的话说:"正是知识的力量维护了统一……今天的'奥地利马克思主义'作为统一的产物和维护统一的力量,只不过是统一的工人运动的意识形态。"②

阶级统一的时刻是一个政治时刻。我们可以称之为**关系构型**(relational configuration)或**接合形式**(articulatory form)的那种东西,其构成中心(constitutive centre)朝着上层建筑领域的方向被移置了,因此经济基础和上层建筑之间特有的区别就变得模糊不清和成问题了。奥地利马克思主义的理论干预的三种主要类型和这

---

① 见《战斗》(Der Kampf)1907—1908年第1期的社论,再版于博托莫尔和古德编辑的文选《奥地利马克思主义》,第52—56页。
② 《战斗》1907—1908年第1期的社论,第55页。

个新的战略观点紧密地联系在一起,这三种类型是:试图限制"历史必然性"的有效范围;提出以具有成熟资本主义特征的社会复杂性为基础的新的战斗阵线;努力用非化约论的方式来思考主体立场的特殊性,而非阶级立场的特殊性。第一类干预主要和阿德勒在哲学上的重新阐述以及他的新康德主义的独特形式联系在一起。对马克思主义的康德式反思产生了大量解放的效果:它扩大了社会主义的听众,因为其公设的正确性可以通过超越阶级界限的普遍性措辞提出来;它和社会关系的自然主义观念相决裂,而且通过精细地加工诸如"先天的社会性"(social a prior) 这样的概念,把严格的话语要素引入了社会客观性的构成(constitution) 中;最后,它允许马克思主义者把下层建筑(infrastructure) 设想为一个其构形(conformation) 取决于意识形式的领域,而非取决于生产力的自然主义运动。第二类干预也质疑了基础/上层建筑的区分。比如,在关于考茨基的《取得政权的道路》(*Road to Power*) 的讨论中,鲍威尔试图说明①,鉴于在垄断和帝国主义阶段,政治变革、技术-组织变革和科学变革都逐渐成为工业机器(industrial apparatus) 的一部分,若把经济设想为由某种内生逻辑(endogenous logic) 主导的同质性领域将是多么大的错误。在他看来,如果竞争规律以前是作为自然力量发挥作用的话,它们现在则不得

---

① 关于这场讨论以及奥地利马克思主义一般的政治-知识轨迹,请参看贾科莫·马拉马奥(Giacomo Marramao) 为他编辑的奥地利马克思主义文选所写的杰出的导论《两次世界大战之间的奥地利马克思主义和左派社会主义》("Austro-marxismo e socialismo di sinistra fra le due guerre", 米兰, 1977)。

不通过男男女女的精神发挥作用。因此他才强调国家和经济之间日渐增长的相互关联,这在 20 世纪 20 年代引发了关于"有组织的资本主义"(organized capitalism)的争论。关于资本主义的新构型(configuration)所制造的断裂和对抗地点的观点也改变了:这些东西现在不仅位于生产关系之中,也位于社会和政治结构的许多领域里。因此,日常斗争的分散本身就被赋予了新的重要性,既不是从进化论的意义上,也不是从改良主义的意义上去构想,①政治接合的环节也获得了新的意义(这也在其他方面,在提出党和知识分子关系的新方式上反映了出来②)。最后则是新的主体立场和随之而来的与阶级化约论的决裂,关于这一点,提一下鲍威尔讨论民族问题、伦纳(K. Renner)讨论立法机构的著作就够了。

奥地利马克思主义的理论 – 战略干预的一般模式现在应该很清楚了:自治的政治干预的实践效果被扩大了,在此范围内,"历史必然性"话语也就丧失了它的适用性并退出了社会视野(在

---

① "再也不把资本主义变成社会主义的过程视为对统一的、同质的逻辑 – 历史机制的亦步亦趋,而是把它看成生产关系和权力变化的内生性因素倍增和扩散的结果——在理论层面,这意味着从经验分析上瓦解马克思的形态学预言的重大努力;在政治层面,这意味着取代了'改良'还是'革命'这个使人困惑不解的选择。然而,它绝不包括一种进化论类型的选择,好像社会主义通过顺势疗法就能实现一样。"马拉马奥:《布尔什维克主义和社会民主党:奥托·鲍威尔和奥地利马克思主义的政治文化》("Tra bolscevismo e socialdemocrazia: Otto Bauer e la cultura politica dell' austro-marxismo"),收于霍布斯鲍姆等人编辑的《马克思主义的历史》,第 3 卷,都灵,1980,第 259 页。

② 请参看阿德勒的《社会主义和知识分子》。

自然神论的话语中,上帝的在场[God's presence]对世界的影响[effects]以完全相同的方式被大大减少了)。这反过来又需要增加新的话语方式,以便占据那个空缺的领域。但是,奥地利马克思主义者没能做到与二元论相决裂并消除"形态学的"必然性。**在世纪末的马克思主义的理论–政治天地中,只有索雷尔通过他对"混合物"**(*mélange*)**和"联合体"**(*bloc*)之间的对比,才走上了这关键的一步。我们会在下面回到这一点上。

对危机的第二个回应:修正主义

对"马克思主义危机"的正统回应试图克服"理论"和"看得见的资本主义趋势"之间的分裂(disjuncture),它靠的是毫不妥协地肯定前者的有效性和后者的人为性或暂时性。因此,得出这个结论似乎是非常简单的,即修正主义的回应是与正统回应相对立的,尤其是因为伯恩施坦本人在许多场合都坚持认为,他和德国社会民主党(SPD)自爱尔福特大会(Erfurt Congress)以来已经实现的纲领和实践之间没有重大分歧,而他干预其中的唯一目的,就是通过把理论用于运动的具体实践而实现**一种现代化**(*aggiornamento*①)。尽管如此,这样一个结论还是会使伯恩施坦的干预的重要维度变得模糊不清。尤其是,它会导致我们犯把**改良主义**

---

① 原文为意大利文,意思是:(为适应现代社会而进行的)教会改革;现代化。——译注

(reformism)认作**修正主义**(revisionism)的错误。① 工会领袖——他们是德国社会民主党内改良主义政策真正的发言人——对伯恩施坦的理论提议并未表现出多少兴趣,并且在紧接着产生的争论中严守中立,他们那时并没有公开支持正统学说。② 而且,在关于群众罢工③和战争态度的重大政治争论中,伯恩施坦的立场不仅不同于工会和党内改良主义领袖的立场,反而和他们完全相反。因此,在试图认清改良主义和修正主义的确切差异时,我们必须强调,**改良主义实践的本质是政治上的无所作为和工人阶级的社团主义局限**。改良主义领袖试图捍卫收益和直接的阶级利益,他因此倾向于把阶级设想成一个被赋予了非常明确的身份(identity)和范围的、完全孤立的部分。但是"修正主义"理论却不必然如此;当然,"革命的"理论可以通过孤立工人阶级并把现存权力

---

① "当修正主义被不加批判地置于和改良主义相同的层面上时,或者当它被简单地视为1890年以来党的社会-改良主义(social-reformist)实践的表现时,修正主义的特殊性就会遭到误解。因此,修正主义的问题必须从根本上限制在伯恩施坦个人这里,而且不能被扩展到福尔马尔或霍赫贝格那里。"参见施泰因贝格的《从倍倍尔到考茨基的德国社会主义》(*Il socialismo tedesco da Bebel a Kautsky*),罗马,1979,第118页。

② 关于修正主义和工会之间的关系,请参看彼得·盖伊(Peter Gay)的《民主社会主义的两难之境》(*The Dilemma of Democratic Socialism*),伦敦,1962,第137—140页。

③ 伯恩施坦为群众罢工辩护,把它当作一件防御武器,这激起了工会领袖伯梅尔伯格(Bömelburg)的下列评论:"爱德华·伯恩施坦有时候不知道应该向正确的方向走多远,有时候他又谈论群众罢工。这些**文人**(*litterati*)……正在损害劳工运动。"引自彼得·盖伊的《民主社会主义的两难之境》,第138页。

结构的任何问题都留给不确定的未来,从而——在许多情况下——更好地实现同样的作用。我们已经提到了考茨基的革命主义(revolutionism)的保守性。改良主义既不同于修正主义,也不同于正统的选择,而是跨越了这两者。

因此,修正主义者和正统理论家遇到的基本问题便不是改良主义的问题。也不是和平还是暴力地从资本主义过渡到社会主义的问题——关于这个问题"正统学说"没有清晰和一致的立场。**主要的分歧点是,虽然正统学说认为资本主义的新阶段特有的碎片化和分化将通过下层建筑的变化得到克服,但修正主义则坚持认为这将通过自治的政治干预来实现。**政治相对于经济基础的自治(autonomy)是伯恩施坦的论证中真正的新颖之处。实际上已经有人指出①,在伯恩施坦对经典马克思主义理论的每一项批判背后都存在一种想要在特定领域中恢复政治首创精神的意图。修正主义在它如日中天的时候,代表着打破工人阶级社团孤立(corporative isolation)的真正的努力。然而,同样真实的是,政治作为自治的层级刚一出现,就被用来证实在很大程度上是政治之反面的"改良主义"实践。这是我们必须尝试去解释的悖论。它提请我们注意伯恩施坦和经济主义——这种经济主义只有在葛兰西那里才得到了严格的克服——决裂时的某些局限。政治的自治及其界限:我们必须考察这两个环节是如何被构成的。

关键是要认识到,伯恩施坦比任何正统学说的代表人物都

---

① 帕吉:《第二国际马克思主义中的知识分子、理论和党》,见《社会主义和知识分子》,第29页。

更清楚地懂得,当资本主义进入垄断时期时,对它产生影响的变化是什么。在这个意义上,他的分析更接近于希法亭或列宁的难题性,而不是当时的正统理论家的难题性。① 伯恩施坦还懂得资本主义的重新组织(capitalist reorganization)的政治后果。这三个主要变化——企业的集中和世袭财产的集中之间的不对称;中间阶层的生存和成长;经济计划在阻止危机中的作用——只能导致社会民主主义迄今为止所依赖的假设中的一种总体变化。情况既不是经济的进化使中产阶级和农民无产阶级化并且加剧了社会的两极化,也不能指望在因严重的经济危机引起的革命爆发之后,紧接着就出现向社会主义的过渡。在这样的条件下,社会主义不得不改变它的领地和战略,关键的理论环节是和基础/上层建筑这种僵化的区分相决裂,正是这种区分阻止了任何政治领域自治的观念。在修正主义的分析中,对碎片化进行重组和克服的环节现在已经转向了后面这种情况。"科学、艺术,和相当大的一批社会关系,今天同从前的任何时期比起来,对于经济的依赖程度要小得多。或者,为了不致留下误解的余地,可以说,经济发展今天已经达到的水平容许意识形态因素特别是伦理因素有比以前更为广阔的独立活动的余地。因此,技术发展和经济发展同其他社会制度的发展之间的因果联系(the interdependency of cause and effect)变得愈来愈间接了,从而前者的自然必然性对于后

---

① 请参考科莱蒂的《从卢梭到列宁》(From Rousseau to Lenin),伦敦,NLB,1972,第62页。

者的形式的支配力就愈来愈小了。"①

只有这种和经济基础的支配相对立的政治领域的自治化,才能允许它起到重组和重新统一的作用,以便反对那些一旦放任自流就只能导致碎片化的下层建筑的诸种倾向(infrastructural tendencies)。这可以在伯恩施坦关于工人阶级的统一和分化的辩证观念中清楚地看到。在经济上,工人阶级总是显得越来越被分化。现代无产阶级不是马克思和恩格斯在《宣言》中写的那种被剥夺的群众:"恰恰是在最先进的制造业中,会发现被区别的工人(differentiated workmen)的整个等级制度,在那些集团之间只存在着有节制的认同感。"②正如库诺(H. Cunow)所认为的那样,这种利益的多样化——这在英国是最明显的——不只是基尔特主义③

---

① 伯恩施坦:《进化的社会主义》(Evolutionary Socialism),纽约,1978,第15—16页。(伯恩施坦1899年出版了《社会主义的前提和社会民主党的任务》一书,该书于1909年在伦敦出版英文节译本,改名为《进化的社会主义》。本段的中译文参见殷叙彝编《伯恩施坦文选》,人民出版社2008年版,第147—148页。——译注)

② 伯恩施坦:《进化的社会主义》,第103页。

③ "基尔特主义"(或"基尔特社会主义")亦称"行会主义"(或"行会社会主义")。"基尔特"(Guild)即中世纪欧洲的行会组织,旨在组织地方的商业和手工业贸易,维护共同体利益。基尔特社会主义是20世纪初期在英国工人运动中产生的一种改良主义思潮,是中世纪狭隘的行会观念同现代资本主义思想、工团主义和费边主义思想的混合物,代表人物有潘蒂、霍布逊、柯尔等。基尔特社会主义者否认国家的阶级性,反对无产阶级革命和无产阶级专政,鼓吹在资产阶级国家范围内实行产业民主和产业自治,把工会改造成工人和技术人员组成的产业基尔特,以此来领导和管理生产。总之,基尔特社会主义希望通过与资本家的合作来和平地进入社会制度。——译注

的历史残余,还是建立民主国家的结果。尽管在政治压迫的条件下,斗争中的统一把局部利益(sectoral interest)摆在第二位,但局部利益在自由的环境中则有再次兴盛起来的倾向。

现在,如果分化的倾向就被刻写在现代资本主义结构本身中,相反的环节,即统一的倾向又源自哪里呢?据伯恩施坦所说,这个源头就是党。因此,他谈到了"尽管在不同的职业中存在碎片化,但建立把整个阶级团结在一起的阶级斗争组织却是必要的,这个组织就是作为政党的社会民主党。在这个党中,该经济集团的特殊利益隐没了,以扶持所有那些以他们的劳动收入为生的、被剥夺了权利的人的普遍利益"①。正如我们早先看到的那样,在考茨基那里,党也代表着该阶级的普遍的环节;但是在他看来,政治统一是对通过下层建筑的运动所实现的真正统一的科学预示,而在伯恩施坦那里,政治接合(political articulation)的环节不能被化约成这样的运动。政治连接(political link)的特殊性摆脱

---

① 伯恩施坦:《今日社会民主党的理论和实践》(*Die heutige Sozialdemokratie in Theorie und Praxis*),彼得·盖伊引用,第 207 页。(该书于 1965 年出版了中译本,中译本对这段话的翻译与英译本略有出入,现将这段话的完整段落抄录于此,供读者参考:"但是即使承认了这种可能性,即工资合同会使那些缔结了工资合同的职业集团背离阶级斗争,也就是背离大规模的、强调一般社会问题和利益的运动,这又会证明什么呢?它除了越发强烈地证明必须有一个超越职业界线而把整个阶级团结起来的阶级斗争的组织之外,是不能证明任何其他东西的。这个组织恰恰就是作为政党的社会民主党。在社会民主党里,为了一切依靠党的成就的阶级以及一切缺少权利的阶级的巨大的普遍利益,职业集团的特殊利益已被打消了。"参见《今日社会民主党的理论和实践》,何疆、王禹译,三联书店 1965 年版,第 37 页。——译注)

了必然性链条;政治的不可化约的空间——在考茨基那里,这个空间仅限于知识分子的中介作用——在这里似乎被大大地扩展了。

然而,有一种几乎察觉不到的含混性,悄悄地溜进了伯恩施坦对构成阶级统一的政治中介的分析中,从而削弱了他的整个理论建构。这种含混性就是:如果工人阶级在经济领域逐渐被分化,如果它的统一是在政治层面上被自治地建构的,这种政治统一在何种意义上才算是**阶级**统一呢?这个难题并不是为正统学说提出来的,因为对于正统学说而言,经济身份和政治身份之间的不一致最终将由经济本身的进化来解决。在伯恩施坦那里,符合逻辑的结论似乎是,政治统一只能通过克服不同派别的工人的**阶级局限**(class limitations)才能被构建,所以在经济主体性和政治主体性之间应该有一个永恒的结构性裂隙。但这是伯恩施坦在他的分析中从未得出的结论。一方面,他坚持认为社会民主党必须是一个属于全体被压迫者而不只是属于工人的党,但另一方面,他又把这个统一设想为"接受工人观点并承认工人是领导阶级"的全体人员的统一。正如他的传记作者彼得·盖伊所表明的那样①,伯恩施坦从未超越这一点。结果,在他的推理过程中,连接(link)丢失了。政治和经济的统一化(unification)的**阶级**特征没有在这两个领域的任何一个当中产生出来,这个论证仍被悬置在半空。

这个结论或许太过分了,因为它假设伯恩施坦的推理像考茨基或卢森堡的推理一样,是在同一个层面上运动的,即假设他正在谈的是必然发生的历史过程的**必然**主体。但事实是,通过否认

---

① 彼得·盖伊:《民主社会主义的两难之境》,第120页。

历史受制于抽象的决定论逻辑,伯恩施坦恰好从这一层面对争论进行了转换。在他的观念中,工人的中心地位似乎反倒指出了一条具有历史偶然性的论证线索——例如,鉴于他们的集中程度和组织程度,工人阶级比其他阶级有更充分的准备去完成领导的作用。但难题仍然在于,伯恩施坦为什么把这些顶多是行情性的(conjunctural)优势说成**不可逆转的成就**(*irreversible achievements*)。同样的含混性可以在伯恩施坦的"运动就是一切,目的算不了什么"①这句名言中发现。在传统上,这句话已经被认为是一个典型的"渐进主义"口号。② 然而,在它的某些意义中——**这些意义**

---

① 伯恩施坦的这句话出自他写于1898年的《崩溃论和殖民政策》("Zusammenbruchstheorie und Colonialpolitik")一文,该文收录于1901年出版的论文集《社会主义的历史和理论》(*Zur Geaschichte und Theorie des Socialsium*)。原文为"Dieses Ziel, was immer es sei, ist mir gar nicht, die Bewegung alles"(见德文本第234页,Akademischer Verlag für Sociale Wissenschaften 出版社1901年版),意思是:"这个目的无论是什么,对我来说都是毫不足道的,运动就是一切"(见《伯恩施坦文选》,前引书,第68页)。在拉克劳和穆夫的这本书中,这句名言被写成了"the path is everything and the goal is nothing",但"path"(道路)和"Bewegung"(运动)在意思上明显有出入,这里依照德语的原文加以改正。——译注

② 我们早先区分过**改良主义**和**修正主义**。我们现在必须在**改良主义**和**渐进主义**之间建立第二个区分。区分的基本点是,改良主义是一种政治的和工会的**实践**,而渐进主义是一种关于向社会主义过渡的**理论**。修正主义不同于两者,因为它是以政治自治化为基础的对经典马克思主义的批判。这些区别很重要,如果——正如我们在文本中论述的那样——这些术语中的每一个术语都不必然暗示着其他术语,并且不必然拥有一个属于理论和政治效果的领域(这个领域可能会把这个术语引到不同的方向)的话。

在修正主义话语内部产生了理论和政治的后果——渐进主义在**逻辑上**并非必然。这个论断唯一的必然含义是,工人阶级在资本主义制度中**能够**获得具体的收益,革命因此不能被视为从完全被剥夺(total dispossession)到彻底自由这条道路上的绝对环节。这并不一定隐含着缓慢的、线性的和不可逆转的前进这种渐进主义观念,尽管伯恩施坦关于民主进步的论证线索确实把它们和一种渐进主义的观点联系了起来。我们必须再次提出把逻辑上不同的结构环节(structural moments)统一起来的那个领域的难题。

这就把我们的研究带向了伯恩施坦和正统的决定论相决裂的具体形式,带向了他为了填补因决定论的崩溃打开的那个空间而采用的概念类型。当伯恩施坦质疑一切普遍机制是否能够有效解释历史进程的时候,他的论证采用了一种独特的形式:他没有批判正统学说提出的历史因果性的类型,而是试图创造一个使主体性有可能在历史中自由游戏的空间。他接受正统学说把客观性视为机械因果性的做法,只是试图限制这种同一化(identification)的后果。[①] 他并不否认一部分马克思主义的科学性,但拒绝把它扩展到这样一种地步,即它能制造出一个覆盖整个政治预测领域的封闭体系。对正统学说的教条理性主义的批判采取了康德的二元论形式。对于伯恩施坦来说,反对把马克思主义视为封闭的科学体系有三条理由。第一,马克思主义没能成功地说明社会主义必然会紧随资本主义的崩溃而产生。其次,这之所以不能够被证明,

---

① 因此,他接受了幼稚的、技术性的经济概念,这个概念和在普列汉诺夫那里发现的经济概念归根到底是一致的。请参考科莱蒂的《从卢梭到列宁》第63页及其后。

是因为历史不是一个简单的客观过程:**意志**(will)在其中也起到了某种作用。因此,历史只能被解释为客观和主观因素互动的结果。第三,由于社会主义是**党的纲领**(party programme)并因此建立在伦理决定(ethic decision)的基础上,所以它不可能是完全科学的——不可能建立在它的对错必须被所有人接受的客观陈述的基础上。因此,伦理主体的自主性是伯恩施坦与决定论相决裂的基础。

现在——这一点很重要——伦理主体的引入无法驱散我们早先在伯恩施坦的推理中发现的含混性。伦理主体的自由决定顶多能创造一个历史中的不确定性(indeterminacy)的领域,但它不能成为渐进主义论点的基础。正是在这里,一个新的假设——人类历史的进步的、上升的特性——干预进来,从而提供了那个使经济和政治相结合的领域,同时赋予每一个具体成就以方向感。**进化**(Entwicklung/evolution)[①]概念在伯恩施坦的话语中起到了决定性作用[②]:

[①] 关于伯恩施坦的**进化**概念,请参看利德克(V. L. Lidtke)的《伯恩施坦的社会主义理论假设》("Le premesse teoriche del socialismo in Bernstein"),Feltrinelli 学会,《活动年报》,第 15 期,1973,第 155—159 页。

[②] 关于"进化"观念,可以参看伯恩施坦的下列论述,如:"我根本无法相信终极目的,因此也不能相信社会主义的最终目的。但是我坚决地相信社会主义运动,相信工人阶级的向前迈进,他们一定会通过把社会从商人地主寡头政治的统治领域改变成真正的民主制度(它的一切部门都是受工作和创造的人们的利益指引的)而一步一步地实现自己的解放。"(《社会主义的前提和社会民主党的任务》英译本,即《进化的社会主义》一书的序言) 又如:"在我看来,不断地前进比一场灾变所提供的可能性更能保证持久的成功。"(《社会主义的前提和社会民主党的任务》第一版序) 参见《伯恩施坦文选》,前引书,第 104,137 页。——译注

事实上,他的整个计划从中获得了它的一致性。政治和经济领域的统一不是在理论上规定的接合的基础上发生的,而是通过同为它们两者之基础的、由进化规律支配的倾向性运动发生的。对伯恩施坦而言,这些规律根本不同于正统学说系统中的规律:它们不仅包括对抗的过程,也包括协调的过程。但在这两种情况下,它们都被设想为**总体化语境**(totalizing contexts),可以把所有事件的意义都先天地固定下来。因此,尽管"事实"摆脱了把它们在正统观念中连接在一起的本质主义联系,但它们后来又在关于进步(它与任何可以确定的机械论无关)的普遍理论中被重新统一了。和把阶级理解为超验主体(transcendent subjects)的机械客观主义的决裂,是通过假设一个新的超验主体——伦理主体(ethical subject)——而实现的,这个伦理主体强行凌驾于逐渐摆脱经济必然性的人性(humanity)之上。① 从这儿是不可能把有关接合和领导权的理论往前推进的。

这就澄清了在伯恩施坦那里,为什么政治的自治化可以和对改良主义实践以及对渐进主义战略的接受联系起来。因为,如果一切进步都是不可逆转的——鉴于**进化**的假设——那么它的巩固就不再依靠力量之间的不稳定的接合了,同时也就**不再是一个政治难题了**。另一方面,如果全部的民主进步都取决于力量之间

---

① 我们的批判意义不应当被误解。我们并不质疑在建设社会主义政治时对伦理判断的需要——考茨基对这一点的荒谬的否定,以及他想把对社会主义的坚持化约为对社会主义的历史必然性的单纯意识这一意图,已经受到了严厉的批判。我们的论点是,从伦理判断的在场中无法推断出,这些判断应该被赋予一个在一切话语产生条件之外构成的先验主体。

的偶然关联,那么对每一个要求的正当性的抽象思考都不会成为断言其进步性的充足理由。例如,对各种力量的消极重组或许会由极左的要求或者它的反面——激进的政治首创精神在重大形势(a critical conjuncture)中的缺乏——产生出来。但是,如果全部的民主进步只取决于进步的规律,对任何斗争或形势要求的进步性的定义就都不受它和其他力量(这种力量在特定时刻起作用)的相互关系的影响。工人运动的要求被认为是公正和进步的,并且在不受它们与其他力量的相互关系的影响下得到了判断,这个事实取消了对工人阶级的社团主义局限进行批判的唯一基础。这里存在着理论的修正主义(theoretical revisionism)和实践的改良主义(practical reformism)相一致的前提:政治的首创精神扩展到大量的民主战线之中,但这种扩展从来没有与工人阶级的无所作为和社团主义形成矛盾。

如果我们思考一下关于国家的修正主义理论,就可以清楚地看到这一点。对正统学说而言,难题是直接的:国家是阶级统治的工具,社会民主党只能以传播它自己的意识形态,捍卫并组织工人阶级为目的而参与到国家的种种机构之中。这样的参与因而是以外在性(exteriority)为标志的。伯恩施坦从相反的角度来看这个难题:工人阶级逐渐增长的经济力量、社会法制的进步、资本主义的"人性化",这一切都导致了工人阶级的"国家化"(nationalization);工人不仅是无产阶级,他也变成了公民。因此,按照伯恩施坦的观点,社会组织的功能在国家内部的影响比阶级统治功能的影响还要大;国家的民主化把它自己变成了"全民所有的"国家。伯恩施坦又一次比正统学说更透彻地理解了基本事实:工人阶级**已经**处在国家的领域之中了,试图用纯粹的外在性关系来维护它只是无用的教条主义。然而,在他的话语中,这被立刻转换成了完全不合逻辑的预言:国家作为"历史进化"的必然结果将变得越来越民主。

得到了这个观点之后,我们现在可以应用一下曾在卢森堡身上做过的试验:沿着伯恩施坦论证的逻辑线索走,同时清除限制其效果的本质主义假设(在这种情况下,是作为统一趋势的关于进步的假设)。从这个试验中马上产生了两个结论。第一,国家内部的民主进步不再是累积的,而是开始取决于无法被先天决定的力量关系。斗争的目标不只是明确的收益(gains),而且是能够使这些收益得以巩固的接合力量(articulating forces)的形式。**这些形式总是可以逆转的**。在那场斗争中,工人阶级必须从它真正所在的位置出发进行斗争:既在国家*之中*,也在国家*之外*进行斗争。但是——这是第二个结论——伯恩施坦特有的犀利目光打开了令人更为不安的可能性。如果工人再也不只是无产阶级,而是公民和消费者,是在国家的文化和制度机器内部占据多元立场的人;如果所有这些立场再也不是由任何"进步规律"(当然,也不是由正统学说的任何"必然规律")所统一的话,它们之间的关系就变成了开放的接合(open articulation),它并未对自己将采取哪种既定形式提供任何先天的保证。还有一种可能性,即彼此矛盾的和相互中立化的主体立场将会产生出来。在那种情况下,民主进步将比往常更需要在不同的社会领域中增加政治首创精神——正像修正主义所要求的那样,但区别在于,每一种首创精神的意义都取决于它和他者之间的关系。对那些要素的分散(dispersion of elements)和种种对抗地点(points of antagonism)进行思考,在任何先天统一的计划之外来设想它们的接合,都远远地超出了修正主义的范围。尽管是修正主义者首先以最普遍的方式提出了这个难题,但它只有在葛兰西的"阵地战"(war of position)观念中才开始有了恰当的回应。

对危机的第三个回应:革命的工团主义

我们对修正主义的考察已经把我们带到了一个地方,在这里,悖论的是,伯恩施坦像所有正统的思潮一样(包括他的主要对手卢森堡)面对着同样的两难境地:经济基础无法在**当下**保证阶级的统一;而政治——它是可以使当下的统一被建构起来的唯一领域——也无法令人信服地确保统一主体的**阶级**性质。这种自相矛盾可以在革命的工团主义(revolutionary syndicalism)①中被更明显地觉察到,它构成了对"马克思主义危机"的第三类回应。在索雷尔那里,这种自相矛盾是以特别犀利的线条被勾画出来的,因为他比伯恩施坦或者任何正统理论家都更能意识到这场危机

---

① "工团主义"是19世纪末20世纪初流行在法国、意大利、西班牙等国的一种工人运动思潮,是国际工人运动中小资产阶级思潮,代表人物是乔治·索雷尔。工团主义的核心是工会(工团)高于一切,认为工会是团结和领导工人的唯一组织形式,其地位远远超越于国家和党之上。在斗争形式上,把经济总罢工视为消灭资本主义制度的唯一手段,主张采取"直接行动"的策略,实行罢工、怠工、抵制、示威,甚至破坏机器、原料和产品等活动。斗争目标也仅限于提高工人工资、缩短劳动时间等经济主义要求。——译注

的真实维度,更能意识到为了以一种令人满意的方式克服危机,理论必须付出什么样的代价。我们在索雷尔那里不仅发现了关于"偶然性"和"自由"的领域——它代替了必然性链条上断掉的环节——的假设,还发现了思考那个"偶然性的逻辑",思考那片新领地——在这片领地上将重建一个总体化效果(totalizing effects)的领域——的特殊性的努力。在这个意义上,提一下他的演变过程的关键环节是很有益处的。①

即便在索雷尔的马克思主义者生涯中那相对正统的初始阶段,他的分析背后的政治兴趣和理论假设的源头也都显示出非常明显的原创性,而且比考茨基或普列汉诺夫的都更为复杂。他绝不固守那个既统一了特定的社会形式,又控制着各种形式之间转变的、关于潜在历史机制(underlying historical mechanism)的既定观念。的确,索雷尔的兴趣主要集中在——因此他频繁地征引维科(G. Vico)——使社会能够保持统一并处于上升过程的道德品

---

① 在关于索雷尔的现代著作中,我们发现下列作品尤为有用:米歇尔·马吉(Michele Maggi)的《领导权在法国的形成》(*La formazione dell' egemonia in Francia*),巴黎,1977;米歇尔·沙尔扎(Michel Charzat)的《乔治·索雷尔和20世纪革命》(*Georges Sorel et la révolution au XXe siècle*),巴黎,1977;雅克·朱利亚尔(Jacques Julliard)的《费尔南德·佩洛捷和工团主义的起源》(*Fernand Pelloutier et les origines du syndicalisme*),巴黎,1971;格雷戈里奥·德·保拉(Gregorio de Paola)的《乔治·索雷尔,形而上学的神话》("Georges Sorel, dalla metafisica al mito"),收于霍布斯鲍姆等人编辑的《马克思主义的历史》,第2卷,第662—692页;以及有重大保留的作品:泽夫·施特恩赫尔(Zeev Sternhell)的《既不左也不右:法国的法西斯主义意识形态》(*Ni droite ni gauche. L'idéologie fasciste en France*),巴黎,1983。

质。由于没有任何关于肯定性(positivity)的保证,社会变革就被(作为它们自己的可能性命运之一的)否定性所渗透。特定的社会形式不仅遭到注定要替代它的、另类的肯定形式的抵抗;它也面临着自身腐朽和解体的可能性,就像古代世界的情形一样。索雷尔在马克思主义中发现的最吸引人的东西,实际上并非历史进化的必然规律的理论,而是新力量之形成的理论,这个新力量就是无产阶级,它能够作为一种黏合性力量(agglutinative force)发挥作用,这种力量将以它自己为中心重新构建更高形式的文明并取代没落的资产阶级社会。

索雷尔思想中的这个维度从一开始就出现了。然而,在他写于修正主义论争①之前的著作中,这个维度是和对正统学说所假设的资本主义发展趋势的接受连在一起的。在这些著作中,索雷尔把马克思主义视为一门"新的真正的形而上学"(new real meta-

---

① 修正主义论争发生于19世纪末20世纪初,是第二国际内部针对伯恩施坦的修正主义倾向展开的一场争论。卢森堡、李卜克内西、倍倍尔、蔡特金、考茨基、列宁、普列汉诺夫、拉法格、布拉戈耶夫等人均对伯恩施坦展开了批判。卢森堡为此写了《社会改良还是社会革命?》,考茨基则写了《伯恩施坦和社会民主党纲领》等著作。1900年9月,在第二国际巴黎代表大会上,反对修正主义的争论首次在国际会议上进行,会上围绕法国独立社会党人米勒兰入阁事件展开了斗争。以盖得、卢森堡为代表的左派坚决反对米勒兰入阁,认为这是对无产阶级的背叛,而以饶斯和安塞尔为代表的右派则认为米勒兰入阁是社会党力量壮大的表现,是无产阶级掌权的起点。考茨基谴责米勒兰,但不主张在决议中公开谴责他。最后,大会认为社会党人参加资产阶级内阁是策略问题,而非原则问题。1904年第二国际又在阿姆斯特丹召开大会,米勒兰事件再次成为讨论重点,直到这时才通过了谴责修正主义的决议案。——译注

physics)。他认为,所有真正的科学都是在"表达的载体"(expressive support)的基础上构成的,并把一种人为要素引入了分析之中。这可能就是乌托邦的或神话的错误的源头,但是在工业社会中,存在着围绕机械论的形象而出现的社会领域的逐渐统一化。马克思主义的表达的载体——劳动的社会性质和"商品"的范畴——不是随便的什么基础,因为它是塑造和构成社会关系的范式。作为对生产资料的集体利用,社会主义代表着劳动逐渐社会化和同质化的必然的顶点。这种生产主义范式(productivist paradigm)逐渐增强的统治地位依赖于资本主义的运动规律,在他职业生涯的这个阶段,索雷尔并未质疑这个规律。但即便如此,意识到自身利益的当事人(agent)——也就是将要把社会转变为更高形式的当事人——也不是由简单的客观运动构成的。这里,索雷尔的分析中的另一个要素出现了:马克思主义对他来说不仅仅是科学的社会分析;它也是团结无产阶级,并给它的斗争赋予方向性意义的意识形态。因此,"表达的载体"是作为聚集并凝结历史力量(historical forces)——索雷尔将把它称为联合体(bloc)——的要素发挥作用的。应该清楚了,相对于正统的马克思主义,这项分析已经在一个关键点上变换了领域:所谓"客观规律"(objective laws)的领域已经丧失了它作为合理的社会基础的性质,相反,它变成了诸多形式的集合体,而一个阶级正是通过这些形式把它自己构建成占统治地位的力量并把它的意志强加给社会的其余部分。然而,由于这些规律的有效性并未受到质疑,所以和正统学说之间的差距最终并不是那么大。

从修正主义论争开始,当索雷尔**整体地**(*en bloc*)接受了伯恩施坦和克罗齐对马克思主义的批判,但却是为了得出非常不同的结论的时候,分歧就产生了。在索雷尔那里最显著的东西是**激进主义**(*radicalism*),他通过这种激进主义承认了"马克思主义危机"的后果。和伯恩施坦不同,他从未打算用一种可供选择的进化论观点来代替正统的历史理性主义,某种文明形式会解体的可能性也总是在他的分析中保持着开放状态。**总体**(*totality*)作为奠基性的理性基质(founding rational substratum)已经被消除了,现在存在的只是**混合物**(*mélange*)。在这些环境下,人们如何才能思考重组过程的可能性呢?索雷尔的答案集中在各社会阶级身上,它们再也不在客观系统中发挥结构定位(structural locations)的作用了,而是在他所说的"**联合体**"(*bloc*)中充当重新汇聚的集合点。社会统一的可能性因此被托付给某些集团的意志,它们通过这种意志把自己的经济组织观念强加给别人。受到尼采特别是柏格森(H. Bergson)影响的索雷尔哲学实际上是一种行动和意志,其中,未来是不可预见的并且以意志为转移。而且,斗争的力量是在全部形象(images)或者预示了神话理论的"语言象征"(language figures)的层面上发现了它们的统一。然而,作为靠"政治理念"(political idea)黏合起来的历史力量,阶级的巩固取决于它们和敌对势力的对抗。一旦阶级身份不再以下层建筑的统一过程(在这个层面上只有**混合物**)为基础,工人阶级的身份就开始取决于与资本家阶级的**分裂**,这种分裂只有在和资本家的斗争中才能完成。对于索雷尔来说,"战争"因此变成了工人阶级身份的条件,寻找和资产阶级的共同领域只能导致工人阶级自身的削弱。这种关于**分裂**的意识是一种法律意识(juridical consciousness)——索雷尔把革命主体性的建构视为一个过程,在这个过程中,无产阶级懂得了一整套反对阶级敌人的权利,并且建立了一整套巩固这些权利的新制度。① 但是索雷尔,一个热心支持德雷福斯(A. Dreyfus)的人,并没有看到在政治和经济系统内部,在工人阶级立场的多元性之间的必然矛盾:他是个虔信民主和无产阶级政治斗争的忠实信徒,他甚至认为,工人阶级尽管在**经济上**和中间部分没有任何联系,却有可能变成它们政治重组的集合点。

在索雷尔的演变中我们看到一个清晰的模式:就像对正统学说的无所作为进行斗争的所有倾向一样,他被迫把阶级统一的构成性环节(constitutive moments)移置到政治层面上;但由于他和"历史必然性"范畴的决裂比其他倾向中的决裂更彻底,所以他也感到必须详细指出给政治统一奠定基础的那种联系。当我们转到他思想的第三阶段时,这一点甚至会看得更清楚,这个阶段对应着支持德雷福斯的同盟胜利之后产生的大幻灭。米勒兰②那种自成一格的社会主义被整合进体制之中;腐败横行;无产阶级的身份不断丧失;在索雷尔眼中唯一可能拥有英雄般的未来,并改造日渐衰败的资产阶级文明的阶级也丧失了能量。索雷尔随即变成了民主的死敌,把它视为主体立场的分散和碎片化的罪魁祸

---

① 请参看什洛莫·桑德(Shlomo Sand)的《索雷尔思想中的阶级斗争和法律意识》("Lutte de classes et conscience juridique dans la pensée de Sorel"),《精神》(*Esprit*)第3期,1983年3月,第20—35页。

② 亚历山大·米勒兰(Alexandre Millerland,1859—1943),法国右翼社会党人,19世纪90年代中期改良主义的领袖。1899年加入了卢梭(Waldeck-Rousseau)的"共和国保卫派"政府并担任商业部长,成为第一个加入资产阶级内阁的社会主义者。他的入阁在当时的第二国际内部激起了巨大的争论。1904年被社会党开除,随后自己组建独立社会党,并在政府先后担任公共工程部长、陆军部长和总理等职务,1920—1924年出任法兰西第三共和国总统。——译注

首,马克思主义在世纪之交不得不与这种分散和碎片化作斗争。因此,无论付出何种代价,都有必要修复这种分裂,重建作为统一主体的工人阶级。众所周知,这导致了索雷尔对政治斗争的拒绝,以及对总罢工(general strike)的工团主义神话的肯定。"(我们)知道,总罢工确实就如我所说的那样:它涵盖了全部的社会主义**神话**(myth)。也就是说,它是一些形象的组织——这些形象能够本能地唤起和社会主义反抗现代社会的各种战争表现相对应的情感。罢工在无产阶级中引发了他们所拥有的最神圣、最深邃和最动人的情感;总罢工把他们所有人都组织在一幅协调的画面里,通过把他们召集在一起,赋予他们每个人以最大的强度;引发了他们对特定冲突的痛苦记忆,它用一种有强度的生命渲染了所有展现在意识中的组合的细节。我们因而获得了那种语言无法完全明确赋予我们的、关于社会主义的直觉(intuition)——我们整个地获得了这种直觉,而且瞬间就能觉察到它。"①

工团主义的"总罢工"或者马克思那里的"革命"是一个神话,因为它发挥着无产阶级身份的意识形态凝聚点(an ideological point of condensation)的作用,这种身份是在主体立场的分散(the dispersion of subject positions)的基础上构成的。它是当政治斗争一旦被放弃,当垄断经济和帝国主义——索雷尔认为它包括了一个再封建化(refeudalization)的过程——一旦被认为强化了解体倾向的时候

---

① 索雷尔:《关于暴力的反思》(*Reflection on Violence*),纽约,1961,第127页。(中译文参见《论暴力》,乐启良译,上海人民出版社2005年版,第100页。译文根据法国 Entremonde 出版社 2013 年出版的 *Réflextions sur la Violence* 作了改动。——译注)

仍然保持不变的一类重组性联系(recomposing links)。更一般地说,人们在索雷尔的论断(社会有一种趋于衰败的"自然"倾向,而走向伟大的倾向则是"人为的")中认出了**反自然**(anti-physis)的古老主题。因此,暴力是能够使马克思所描述的对抗保持活力的唯一力量。"如果资本家阶级朝气蓬勃,就会竭尽全力去保护自己;它那坦率而又一贯反动的态度至少像无产阶级的暴力一样,能大大地激化阶级对立,而这种对立正是一切社会主义的基础。"①从这个角度来看,它几乎和总罢工能否被实现无关:它所起到的是一种调节原则(a regulating principle)的作用,使无产阶级能够把社会关系的**混合物**思考为围绕清晰的界限组织起来的东西;总体的范畴作为对现实的客观描述被清除了,但又作为建立了工人意识之统一的神话要素被重新引入。正如德·保拉指出的那样②,一开始就承认其人为性的"认识工具"(cognitive instrument)这个概念——或"表达的载体"——已经被扩大了,以至于把虚构(fictions)也包含在内。

对于索雷尔来说,把社会一分为二的可能性是固有的,但这种可能性不是作为社会结构的事实,而是作为支配着集团冲突的"道德因素"(moral factors)层面的建构而存在着。在这里,我们面对面地遇到了那个难题,即我们发现,马克思主义倾向无论何时都力图和经济主义决裂并在某个另外的层面上建立阶级统一。为什么这个在政治或神话上被重构的主体必须是一个**阶级**主体

---

① 索雷尔:《关于暴力的反思》,第182页。(中译文参考了乐启良先生的译本。——译注)

② 德·保拉:《乔治·索雷尔,形而上学的神话》,收于霍布斯鲍姆等人编辑的《马克思主义的历史》,第2卷,第688页。

呢？虽然卢森堡或拉布里奥拉和经济主义相决裂的不充分性(inadequacy)为出现在他们话语中的双重虚空的不可见性(invisibility)创造了条件,但在索雷尔那里,他的反经济主义的彻底性却使这种虚空一目了然。以至于他的某些追随者——他们已经放弃了用革命来恢复工人阶级的希望——使自己沉湎于寻找其他替代性神话,来保障反抗资本主义堕落的斗争。众所周知,他们在民族主义中找到了这种神话。索雷尔的**一部分**知识遗产正是通过这条道路推动了法西斯主义的兴起。因此,在 1912 年,他的信徒爱德华·博尔斯(Edouard Berth)才能够宣称:"实际上,既平行又共时的民族主义和工团主义的双边运动理应导致对金元帝国的完全驱逐,并领导崇高的价值战胜卑鄙的资产阶级物质主义——当今的欧洲正在这种物质主义中闷得透不过气来。换句话说,这种对反抗金钱的力量与鲜血——它们的第一个征兆已经被帕雷托(V. Pareto)揭示出来了,索雷尔在他的《关于暴力的反思》中,莫拉斯(C. Maurras)在他的《如果政变是可能的》(*Si le coup de force est possible*)中已经给出了它们的信号——的召唤会随着财阀统治的完全失败而告终,这是必然的。"①

当然,这只是源自索雷尔的分析的**一个**可能的衍生物,如果得出结论说这是必然的结果,那么这在历史上是错误的,在分析上则是毫无根据的。② 在历史上错误,是因为索雷尔的影响使它

---

① 由施特恩赫尔引用,参见《既不左也不右:法国的法西斯主义意识形态》,第 105 页。

② 正是这一点削弱了施特恩赫尔的分析(《既不左也不右:法国的法西斯主义意识形态》),虽然他的信息很丰富。但他所呈现的历史似乎是围绕着

本身在许多方面都能被感知到——例如,它在葛兰西思想的形成中就很重要。在分析上没有根据,是因为这样一种目的论解释假设,从**阶级**(*class*)到**国家**(*nation*)的转变必然取决于索雷尔思想的特定结构,尽管后者的最特殊、最具原创性的环节恰恰是以神话方式构成的主体的不确定性和非先天性。而且,这种不确定性并非理论的虚弱,因为它承认社会现实本身就是不确定的(**混合物**),任何统一都会启动**联合体**的重组**实践**。在这个意义上,没有任何**理论**原因能解释为什么神话的重构不应该在法西斯主义的方向上运动,但也同样没有什么原因可以排除它在另一个方向上的进步——比如索雷尔热烈欢迎的布尔什维克主义。关键的一点在于——正是这一点使索雷尔成了第二国际最深邃、最具原创性的思想家——社会当事人特定的身份变得不确定,而对它的一切"神话式"固定(mythical fixation)都取决于斗争。从这个角度来看,当"领导权"概念从俄国社会民主党那里产生的时候——正如我们看到的,它也预设了一种偶然性的逻辑——还不是很激进。无论列宁还是托洛茨基都未能质疑社会当事人拥有某种阶级性质的**必然性**。只有通过葛兰西,这两个传统才融合在他的"历史联合体"(historical bloc)的概念中,在这里,源于列宁主义的"领导权"概念和源自索雷尔的"联合体"概念在一种新的综合中相遇了。

一种极其简单的目的论而被组织起来的,根据这种目的论,和唯物主义或实证主义观点的每一次决裂都只能被认为是法西斯主义的先驱。

第二章
领导权：一种新的政治逻辑的艰难诞生

Hegemony: The Difficult Emergence
of a New Political Logic

此刻,有必要澄清出现在第二国际本质主义话语中的双重虚空(double void)和特殊的阶段错位(dislocation of stages)——领导权的难题性将构成对这种错位的政治回应——之间的关系。就让我们从详细说明双重虚空的那些特点来入手吧,这些特点将有可能使它和领导权的缝合(hegemonic suture)形成对比。① 首先,

----

① 我们经常会使用的"缝合"(suture)的概念取自精神分析。它的确切表述应归功于雅克－阿兰·米勒(Jacques-Alain Miller)(《能指逻辑的缝合要素》["Suture elements of the logic of signifier"],《银幕》[*Screen*],1977/1978 冬季,第 18 卷,第 4 号,第 24—34 页),尽管它在拉康的整个理论中都暗地里起着作用。它被用来指称以主体的话语链为基础的主体的生产;也就是说,主体和他者(Other),即象征(the symbolic)之间的非一致性的生产。这种非一致性阻止后者闭合成一个完整的在场(因此,作为**边缘**的无意识的构成操纵着主体和他者之间的连接/分化)。"缝合是对主体及其话语链之关系的命名;我们会看到,缝合在那里是作为缺失的要素并以替身的形式(the form of stand-in)崭露头角的。因为当缝合在那里缺失的时候,它并非完全不存在。缝合,通过延伸(extension)——它是缺失(lack)和一个结构(缺失是属于这个结构的一个要素)的一般性关系——发挥作用,因为它暗示着一种属于替代的位置。"(米勒,第 25—26 页)然而,这个缺失的环节只是一个方面。在第二个方面,缝合意味着一种填充(filling-in)。正如斯蒂芬·希思(Stephen Heath)指出的那样,"缝合不仅命名了一种缺失的结构(a structure of lack),还命名了主体的一种可获得性(an availability of the subject),某种闭合(closure)……因此,毫不奇怪的是……拉康自己对'缝合'这个术语的使用赋予了一种'伪认同'

虚空是以一种二元论形式出现的:它的奠基性话语(founding discourse)并不打算为社会地形学的**内部**作用力(efficacity)确定不同的等级,而是打算给**每一种**地形学的结构化(topographical structuration)的接纳能力和决定能力设限。因此,就有诸如此类的表述:"下层建筑并不决定一切,因为意识或意志也在历史中进行干预";或者"一般的理论无法解释具体的局势,因为每一个预言都具有形态学的性质"。这个二元论是通过一个假设而被建构起来的,这就是对未被确定的不确定之物的假设(a hypostasis of the indeterminate qua indeterminate):摆脱了结构决定作用(structural determination)的实体被理解为结构决定作用的否定的反面。正是这一点,使二元论成为一种边界关系(a relation of frontiers)。然而,如果我们仔细观察,这个回答却根本没有和结构决定论相决裂:它仅仅导致对其后果的限制。例如,完全有可能既证明存在着摆脱了经济决定论的广大的社会生活领域,又证明在经济决定论的后果发挥作用的有限领域中,经济行为必须依靠决定论的范

(pseudo-identification)的意义,把它定义为'想象和象征的功能'(function of the imaginary and the symbolic)……关键之处是显而易见的:'我'(I)是一种区分(division)并且把所有同样的东西联结起来,替身是结构中的缺失,但同时也是凝聚和**填充**的可能性"(希思:《关于缝合的笔记》["Notes on Suture"],《银幕》,第55—56页)。在我们把缝合概念扩展到政治领域的过程中,我们要力图强调的就是这个双重的运动。领导权实践发挥作用的领域是由社会的开放性和所有能指最终的非固定性所决定的,就此而言,领导权实践是缝合的(suturing)。这种原始的缺失恰恰是领导权实践试图填充的。一个被**完全**缝合的社会将是一个使这种填充达到其最后结果的社会,因此它会设法把它自己与一种封闭的象征秩序的透明性等同起来。正如我们将要看到的那样,这样一种社会的闭合是不可能的。

式来理解。但是,这个论证有一个明显的难题:为了证实有些东西是被**绝对地**决定的,并且为了在它和不确定之物之间划定清晰的界线,仅仅确立这种决定作用的**特殊性**是不够的;它的**必然性**也必须被断定。因为这个原因,那个被信以为真的二元论就成了虚假的二元论:它的两极不在同一个层面上。在把自己的特殊性确立为必然性的过程中,确定之物给不确定之物的变化(variation of the indeterminate)设了限制。不确定之物因而被化约成仅仅是对确定之物的**增补**(supplement)①。

第二,正如我们已经看到的,这个显而易见的二元论回应了一个事实,即结构决定作用没有为那种可以让反对碎片化倾向的斗争立即被发动起来的政治逻辑提供基础。一目了然的是,能让这样一种逻辑的特殊性得到思考的唯一领域已经被从画面上清除了:因为一切可以在理论上被规定的特殊性都被提交给了下层建筑的领域和作为结果而产生的阶级系统——任何其他的逻辑都消失在了偶然变化的一般领域中——或者被提交给了摆脱了一切理论规定性(theoretical determination)的实体,比如意志或伦理的决定(ethical decision)。

第三,也是最后一点,在第二国际的话语中,社会当事人的**阶级**统一依赖于镜子游戏(mirror play)的更为虚弱的基础:经济的

---

① 德里达已经在这个意义上谈论了"增补的逻辑"(logic of supplement)。当然,如果"确定"之物(the determinate)的特殊性和必然性之间的联系被破坏了,"不确定"之物(the indeterminate)的增补也就消失了。我们已经看到,这就是发生在索雷尔的神话身上的事。然而,在那种情况下,使二元论的产生成为可能的那个唯一的领域也消失了。

碎片化无法构成阶级统一,也无法把我们引向政治的重组;而政治的重组也不能确立社会当事人的**必然的**阶级性质。

叠合发展与偶然事物的逻辑

让我们现在比较一下第二国际理论话语中出现的全部裂缝和领导权概念试图缝合的错位。佩里·安德森已经研究了领导权概念在俄国社会民主党中的产生[①]——共产国际的理论家把它从那里拿过来,并通过他们又传到了葛兰西那里——他的研究结果是清楚的:领导权概念填补了危机留下的虚空的空间,根据普列汉诺夫的"阶段论"观念,这场危机理应是正常的历史发展的危机。由于这个原因,对某项任务或对全部政治力量的领导权化(hegemonization)就属于历史偶然性的领域。在欧洲社会民主党中,主要的难题是工人阶级立场的分散,以及马克思主义理论所假设的这些立场间的统一性的破裂。正是资产阶级文明的成熟程度,把自己的结构秩序反射到了工人阶级的内部,同时破坏了后者的统一。相反,在领导权理论中,正如它在俄国背景下被提出来时那样,未经充分发展的资产阶级文明的局限迫使工人阶级突破自我,担负起不属于自己的任务。因此,难题再也不是保证阶级的统一,而是使工人阶级斗争在这样一个历史领域中的作用

---

① 佩里·安德森:《安东尼奥·葛兰西的二律背反》,《新左派评论》,第100期,第15页及其后。

力最大化,在这个领域中,偶然性为了承担它自己的任务,从资产阶级的结构性弱点中产生了出来。

让我们考察一下导致"领导权"概念产生的这些步骤是如何被结构起来的。在普列汉诺夫和阿克雪里罗德(L. Axelrod)的著作中,"领导权"这个术语被引入进来以描述一个过程,即俄国资产阶级无力完成它争取政治自由的"正常"斗争,这就迫使工人阶级为了实现自由而果断地进行干预。因此,这项任务的阶级性质和完成它的历史当事人之间有一种分裂。这就创造了一个不确定性的空间(a space of indeterminacy),其范围将有相当大的变化——它们在普列汉诺夫那里是最小的,在托洛茨基那里却扩展至最大。但是无论怎样,这个空间都将是由此分化出各种革命方向的关键点。俄国革命——正如葛兰西所说的那样,这是一场"反《资本论》的"(against *Capital*)革命①——必须通过把这个以领

---

① 《反〈资本论〉的革命》系葛兰西1917年11月24日写的一篇关于俄国革命的政治时评,葛兰西在文章中鲜明地指出了俄国革命的独特之处:"俄国革命是一场反《资本论》的革命。在俄国,马克思的《资本论》更像是资产阶级的书,而不是无产阶级的书。它是对一种必然性的批判性论证,这种必然性就是事件必须要按照某种过程在俄国发生:在无产阶级能够思考它自己的反抗、自己的要求和自己的革命之前,资产阶级不得不发展、资本主义时代不得不开始、西方文明模式也不得不被引入俄国。但事件总是超出意识形态。事件突然爆发,超出了那个批判性的纲要,按照这个纲要,俄国历史将依据历史唯物主义的经典来发展。布尔什维克已经声明弃绝了卡尔·马克思(当然,这里的'弃绝'只是就超越了马克思主义一般规律的意义而言,并不是真正地弃绝了马克思主义——译注),并已经展示了现实的成就,那就是历史唯物主义的经典并不像它可能被想得那样铁板一块,它**已经**获得了反思。"参见 Antonio Gramsci, *Pre-Prison Writings*, translated by Richard Bellamy and Virginia Cox, Cambridge Universty Press, 1994, p.39。——译注

导权斗争为特点的不确定性的空间扩展到最大,以证明其战略的合理性。因此,在**必然的内部**(*necessary interior*)(它和"正常"发展过程中的阶级任务相适应)和**偶然的外部**(*contingent exterior*)(和社会当事人的阶级性质相异的全部任务,当事人必须在某个时刻承担这些任务)之间产生了对立。

在正统范式的这些历史错位和我们在西欧的情形中发现的那些错位之间有很大的不同。在这两个错位中都产生了**移置**(*displacement*);虽然在西欧,这涉及在同一个阶级内部从经济层面向政治层面的移置,但在俄国,移置更大,因为它发生在不同的阶级之间。在西欧——除了奥地利马克思主义①之外,在那里,国家局势的多样性(multiplicity)被表现为**阶段**的错位——我们面临着共时性范式(synchronic paradigm)的诸结构环节的分裂(dissociation)。因此,对这种分裂的思考不能像在俄国社会

---

① 奥地利马克思主义(Austro-Marxism)这个概念是 1914 年由美国社会主义者路易·布丹(Louis Boudin,1874—1952)提出的,并为人们所普遍接受。奥地利马克思主义的代表人物有马克斯·阿德勒、奥托·鲍威尔、鲁道夫·希法亭等。他们把自己定位为非教条的马克思主义者,在《马克思研究》(*Marx-Studien*,1904)第 1 卷序言中,该卷编辑阿德勒和希法亭就宣称他们忠于马克思主义,但是没有必要关心字句上的忠诚。在理论主张上,他们强调马克思和早期思想家,特别是康德的联系,同时也试图把马克思主义和非马克思主义的哲学与社会学思想,尤其是从新康德主义中涌现出来的思想调和在一起。相比马克思主义的新颖性,他们更愿意强调马克思主义和社会主义思想是欧洲文化传统的一个组成部分,以及它们和欧洲各种哲学和社会思想流派的密切关系。参见科拉科夫斯基的《马克思主义的主要流派》,第 2 卷,前引书,第 229—230 页。——译注

民主党中那样采取一种叙事(narrative)的形式。最后,虽然范式的错位和危机在其他情况下是消极现象,但在俄国,它变成了积极的现象:资产阶级的任务和它完成任务的能力之间的不协调是无产阶级夺取政治权力的垫脚石。由于同样的原因,欧洲的错位形式可以通过求助于必须被克服的否定性范畴——短暂性和偶然性——而被完全地概念化;但在俄国,由于错位把自己表现为允许工人阶级前进的肯定性形势(positive conjunctures),即一种将自己渗透进历史的方式,所以,对工人阶级和它在某个特定时刻必须承担的异己性任务(alien tasks)之间的新型关系进行描述就变得很有必要。这种不协调的关系就被称为"领导权"。

我们现在必须考察领导权关系在俄国社会民主党话语中的特殊性。实际上,"领导权"在这里不仅指一种关系,还指一个由两种非常不同的关系之间的张力所主导的空间:(a)领导权任务(hegemonized task)及其"自然的"阶级当事人之间的关系;和(b)领导权任务和领导这项任务的阶级(the class hegemonizing it)之间的关系。如果这两种关系在不严格的概念形式下的并存足以为"领导权"这个术语提供一个参照空间(referential space),那么,对它们的逻辑接合(logical articulation)的明确规定就成了把"领导权"转换成理论范畴的**必要条件**。但是,在这种情况下,人们只能仔细地考察这两种关系,以便看出它们并不是在任何地方都以逻辑的方式被接合起来。

首先,在反对专制主义(absolutism)的斗争中,没有任何一项俄国社会民主党的分析暗示说:当资产阶级的任务被无产阶级承担的时候,它们就不再具有资产阶级性质了。阶级身份建立在生产关系的基础上:对于正统学说而言,正是在这个原初的结构(primary structure)中产生了工人阶级和资产阶级的对抗。这个原初的结构将它自身像叙事那样组织了起来——鉴于它的运动是矛盾的并且倾向于自我消除,我们可以称它为**第一叙事**(*first narrative*)。在对这个叙事的组织中,资本主义的发展规律是情节,人物是无产阶级和资本家阶级,它们具有被分配停当的角色。现在,这段历史的明晰性被一个异常现象的出现破坏了:资产阶级不能完成它的角色,这个角色必须由其他阶级来接管。我们可以把这种角色的替换称为**第二叙事**(*second narrative*)——用托洛茨基的话说,即不断革命(the permanent revolution)。这两种叙事之间的结构关系是什么呢?简要地通读一下战略上的争论就足以使我们自己相信,它们的接合发生在以第一叙事的主导地位为标志的理论领域中。有三种思考足以证明这一点。(1)人物角色的出场顺序没有被第二叙事改变:如果资产阶级不能完成"它的"任务,这些任务必然转交给无产阶级——不过,只有当人们认为建立在第一叙事层面上的整个演进图式理所当然的时候,这种转移的必然性才是显而易见的。(2)任务的阶级性质不因任务被这个或那个阶级承担这一事实而得到改变——民主任务是资产阶级性质的,即便当它们的历史当事人是工人阶级的时候也是如此。(3)社会当事人特有的身份是由他们在第一叙事中的结构位置决定的。因此,在两个叙事之间有一种不对等的关系:领导权关系**增补**了阶级关系。运用索绪尔(F. de Saussure)的区分,我们可以说,领导权关系总是**言语**(*parole*)的事实,而阶级关系则是**语言**(langue)的事实。①

领导权任务和使这项任务产生效果的当事人的意义和身份完全被包含在上面所定义的关系(a)中。因此,关系(b)的两个组成部分之间的关系只能是一种**外在性**(exteriority)的关系。现在,外在性关系可以从两个层面来思考:作为**外在性**的关系和作为外在性的**关系**。第一个方面没有呈现出任何困难:如果一个关系的各组成部分的同一性(identity)完全构成于这个关系之外,这个关系就是外在性关系。至于关系的方面,为了使这个关系可以成为严格的外在性,必然不能把任何概念的特殊性(conceptual specificity)归因于它(否则,这种特殊性将成为一个在结构上可定义的环节。由于这将需要一门特殊的理论来解释这个环节和构成阶级本身的其他结构性环节的接合形式,所以阶级身份将不可避免地被更改)。换句话说,外在性关系只能被认为是**纯粹的偶然**(pure contingency)。这就解释了为什么在第二国际话语中发现的伪造的二元论在领导权理论中由于同样的原因被再次生产了出来。关系(a)和关系(b)不能通过概念被接合,仅仅是因为后者无论如何都不具备明确的概念特殊性(conceptual specificity),因而被化约为一个有关当事人关系的偶然变化的领域,这些关系建立在这个

---

① 在索绪尔的语言学中,"语言"指的是语言系统的规则,它具有稳定、抽象的特性;"言语"则指的是生活中具体的语言实践,它具有灵活、多变的特性。这里把"领导权关系"比作"言语",把"阶级关系"比作语言,是为了表明阶级政治学说已经被正统马克思主义抽象化、教条化、规律化,"领导权关系"正是要破除这种状态,使阶级斗争摆脱既定规律的束缚,朝着灵活多变的方向迈进。——译注

领域自身之外。但是,在俄国社会民主党内,从普列汉诺夫和阿克雪里罗德到列宁和托洛茨基,可以被证明的是,有一种明确的、越来越复杂的领导权理论!这是正确的,但它不是一个反驳我们论证的理由。因为这样的明确性和复杂性指的是使阶级间的领导权关系成为可能的**局势的类型学**(typology of situations),指的是在特定形势(conjuncture)中行动的社会集团之间的**关系变化**(variety of relations)。不过,**领导权联系本身的特殊性**从未被讨论过,或者说得更明确一点,有一种巧妙的障眼法使它无法被看见。

为了看到这个障眼法是如何产生的,我们不应该关注那些主导着历史过程的"正常"发展形式的途径,和处于明显的边缘位置上的领导权环节(hegemonic moment)(这就是普列汉诺夫的情况,他把工人阶级的干预看成迫使资产阶级完成它自己任务的一种手段)。更具相关性的是其他的途径,其中,任务的领导权转移(hegemonic transference)构成了革命的真正实质,因此,使领导权联系的特殊性变得不可见也就相对更难。在这个意义上,托洛茨基的文本具有典型的明晰性,因为它们极力强调俄国的发展和西欧资本主义进程相对立的特殊性。众所周知,在1905年俄国革命前后发表的大量著作中①,托洛茨基提出了直接向社会主义过渡的工人阶级政府的可能性,它既反对孟什维克在沙皇统治崩溃

---

① 关于托洛茨基的不断革命论点的最初形成,请参看布罗萨(A. Brossat)的《不断革命的起源:青年托洛茨基的思想》(Aux origines de la révolution pennanente: la pensée politique du jeune Trotsky),巴黎,1974;还有勒维(M. Löwy)的《叠合的不平衡发展的政治》(The Politics of Combined and Uneven Development),伦敦,1981,第二章。

后建立资产阶级民主共和国的观点,也反对布尔什维克关于工农政府的观点(这个政府将把它的改革限制在资产阶级的民主模式上)。这种可能性被刻写在俄国历史发展的特殊性中:资产阶级和城市文明软弱无力;国家(它作为军事官僚机器,脱离各阶级而变得自治)的不成比例的增长;因"后发优势"(privilege of backwardness)导致的资本主义先进形式的插入;俄国无产阶级由于没有把它和复杂的市民社会联系起来的传统,因而缺乏经验;等等。由于资产阶级来得太迟了,以至于无法承担反对专制主义的任务,无产阶级成了完成这些任务的关键力量。阶段论范式(stagist paradigm)中的这种错位,以及由此引发的领导权交接的更替是托洛茨基的革命理论的真正主轴。

当革命真正的可能性围绕着领导权关系旋转时,领导权关系似乎无法再被赋予比这更高的中心地位了。但是,我们应该更加仔细地看看这个中心地位在托洛茨基的话语里所采取的形式。他的分析在两个基本点上都面临着社会关系的特殊性,正是这种特殊性试图去抵抗严格的阶级化约论,即抵抗关系(a)的必然性质;但是在这两点上,他都从可以确定这种特殊性的理论进步中退缩了。第一点涉及资产阶级的结构性弱点和国家在俄国社会历史形态中所起的独特作用之间的相互关系。面对布尔什维克历史学家波克罗夫斯基(M. N. Pokrovsky)提出的理论挑战——波克罗夫斯基从粗陋的经济主义观点出发,坚持认为给国家赋予如此的重要性,就是要把它和它的阶级基础分离(detach)开来——托洛茨基没能成功地运用国家在不同的资本主义社会结构中的相对自治的理论分析进行回应,而是求助于和理论的灰色相对立的生活的常青:"波克罗夫斯基同志的思想被严格的社会范畴钳制住了,他用这些范畴代替了活生生的历史力量……没有'独特特征'(special features)的地方就没有历史,而只有一种冒牌的唯物主义几何学(pseudo-materialist geometry)。如果不研究经济发展的活生生的、变动的事物的话,注意一些显而易见的征兆并让它们迁就某些现成的陈词滥调就足够了。"① 因此,由国家相对于社会各阶级的自治化构成的"独特特征"被置于从一开始就严格限制其效果的领域——我们正在讨论的是些**外围事物**(circumstances),它们属于一个显然是事实性的秩序(factual order),而且能够被整合进一个**故事**(story)中——因而能够被整合到托洛茨基的分析的主导性叙事语调里,但它们不能用概念的方式来理解。

如果**所有的**社会决定作用(social determinations)都屈从于同样的处理的话,结果也不一定就是消极的,因为托洛茨基不得不在同样的俄国特殊性的层面上叙述那个过程——经济正是通过这个过程成功地而且是归根到底地决定了其他所有社会关系。但是这并没有发生;尽管有关于特殊性的叙述,但那些被认为是所有资本主义社会形态所共有的特征却不屈从于叙事的处理(narrative treatment)。对于托洛茨基而言,经济归根到底决定着历史的进程是被建立在像波克罗夫斯基那样的超历史(extra-historical)层面上的东西,而且是以教条主义的方式建立起来的东西。"本质"的秩序不可避免地遇到了"外围事物"的秩序,两者都在同样的社会当事人(social agents)身上被再生产了出来。在他们内部可能发生历史变化的东西,被化约成了使他们偏离正常

---

① 托洛茨基:《1905年》(*1905*),伦敦,1971,第333,339页。

范式的全部特征——俄国资产阶级的软弱,俄国无产阶级的毫无经验,等等。但是,这些"独特特征"无论如何都没有削弱这个范式的有效性:只要社会当事人确定了他相对于这个范式的基本身份,只要"独特特征"仅仅把自己表现为在实现预先在"本质"层面上设立的阶级目标时的经验优势或劣势,这个范式就继续产生它的后果。

这在第二个基本点上被清楚地揭示了出来,在这里,托洛茨基的分析触及了阶级化约论观念的限度,即领导权分析的限度。正如我们早先看到的那样——这也可以适用于托洛茨基的分析——在历史任务的"自然的"阶级当事人和实施任务的具体当事人之间存在分裂。但我们也看到,对于承担任务的当事人来说,任务的阶级性质不因这种分裂而改变。因此,当事人和被承担的任务不同一;它和那个任务的关系仍然处于和外围事物有关的计算的层面上,即便当有可能涉及"外围事物"的某些划时代的方面(epochal dimensions)的时候也是如此。任务的分裂是一种不影响其性质的经验现象;当事人和任务的联系也是经验性的,而且在当事人身份的"内"与"外"之间产生出一种永久的分裂(schism)。我们在托洛茨基那里从未发现这样的想法:群众的民主的和反专制主义的身份构成了特殊的主体立场,不同阶级都可以与之接合并通过这种做法改变他们自己的性质。未完成的民主任务只是工人阶级向着他们严格的阶级目标前进的一块垫脚石。通过这种方式,托洛茨基不仅为领导权联系(hegemonic link)——它将像被施了魔法一样系统地消失,因为它的实际的或外围的特征避开了任何概念的建构——的特殊性创造了条件,也为它那将被弄得不可见的消失创造了条件。的确,领导权关系嵌入了关于调整(adjustments)和重组(recompositions)的**叙事**中,嵌入了不能被归纳在重复原则之下的序列中,这种嵌入似乎给那个概念上的短暂在场赋予了一种**意义**。因此,俄国的特殊性借以被表现出来的历史叙事形式扮演了一种含混的角色:一方面,它把这些特殊性限制在和外围事物相关的领域;而另一方面,这些特殊性即便在微弱的叙事形式下也能得到思考这个事实又赋予了它们一种组织原则,一种确定的**话语的在场**(discursive presence)。不过,这是一种极为短暂的在场,因为领导权的长篇叙事(the saga① of hegemony)非常迅速地得出了结论:对于托洛茨基或者列宁来说,根本没有任何能够确保苏维埃国家生存的特殊性,除非欧洲爆发社会主义革命,除非发达工业国胜利的无产阶级援助俄国革命。在这里,俄国内部的阶段错位的"反常性"跟西方的"正常"发展衔接上了;我们称之为"第二叙事"的东西被重新整合到了"第一叙事"之中;"领导权"很快地发现了它的限度。

"阶级联盟":在民主和权威主义之间

这个外在于当事人阶级身份的、关于领导权联系的观念当然不是托洛茨基主义所独有的,而是整个列宁主义传统的特征。对列宁主义而言,领导权涉及**阶级联盟**(class alliance)内部的**政治领**

---

① saga 即萨迦,是关于中世纪冰岛和挪威历史事件、历史人物、逸事传闻等的北欧传说,后来引申为长篇记叙、长篇故事、长串事件等意义。——译注

导(*political leadership*)。领导权联系的政治性质是根本的,它实际上意味着领导权联系得以确立自身的领域不同于社会当事人得以被构成的领域。由于生产关系是阶级构成的特殊领域,所以阶级在政治领域中的在场只能被理解为**利益的代表**(*representation of interests*)。它们在一个反抗共同敌人的联盟中,通过代表自己的政党团结在一个阶级的领导之下。然而,这种偶然的统一并不影响构成联盟的诸阶级的身份,因为它们的身份是围绕着最终完全不一致的"利益"构成的("共同罢工,独立游行")。在"利益"形式下按照理性而设想的社会当事人的身份,以及与被代表者相关的代表手段的透明性,是使领导权联系得以建立的两个条件。这个外在性是那些悖论性局势(paradoxical situations)的基础,共产主义战士通常可以发现自己置身于这些局势之中。他经常为争取民主自由的斗争冲锋陷阵,但他不能认同民主自由,因为一旦"资产阶级民主"阶段完成之后,他就是第一个废除这些自由的人。

在这一点上,关键要注意领导权在列宁主义话语中的中心地位产生的含混性和矛盾性后果。一方面,这个概念无疑和列宁主义传统中更具权威性和否定性的倾向联系在一起,因为它假定在群众内部,领导者和被领导者之间有明显的分离(这种分离在考茨基派正统学说的革命战略中显然是缺席的,在这个正统学说中,政治领导和社会基础之间的完全一致没有给领导权的重组留下任何必然性)。但是,在另一方面,领导权关系又使一种政治观念成为必需之物,这种观念比在第二国际传统中发现的一切都**可能更为民主**。任务和要求——在具有阶级偏见的经济主义(classist economism)中,它们本来对应着不同的阶段——现在被视为共存于相同的历史形势之中。这就承认了对抗和断裂点的多元性在当下的政治有效性,革命的合法性再也不是专门地集中于工人阶级身上了。"群众"(masses)和"阶级"(classes)之间因而产生了结构性错位(structural dislocation),因为把前者和占统治地位的那部分人分开的界限不能和阶级剥削相提并论。叠合的不平衡发展变成了一个领域,这个领域第一次让马克思主义关于社会斗争性质的观念变得复杂起来。

我们将怎么解释这个矛盾呢?即在群众斗争的民主维度被扩大的特定时刻,一种比以前更具有先锋队性质,更加反民主的观念却在社会主义政治实践中坚持着自己的主张。很简单,通过一个事实就可以解释,这个事实就是:马克思主义赋予工人阶级的本体论特权(ontological privilege)被从社会基础转移到了群众运动的政治领导上。在列宁主义的观念中,工人阶级及其先锋队在将自己的阶级身份与在政治上经过领导权实践重组过的多元民主要求融合在一起时,并没有改变自己的阶级身份;相反,他们把这些要求当作不同的阶段(stages),当作追求他们阶级目标的必要但短暂的步骤。在这样的条件下,"先锋队"和"群众"之间的关系不得不具有了一种主要是外部的和操纵的性质。因此,在民主要求变得更加多样,群众斗争的领域变得更加复杂的情况下,继续和"工人阶级客观利益"保持一致的先锋队必定要逐渐扩大它自己的身份和它试图领导的那部分人的身份之间的裂隙。在严格的阶级论观念中,群众运动的民主潜力的扩大导致了越来越权威的政治实践。虽然群众运动的民主化取决于超出阶级界限的断裂点的激增,但政治权威主义还是会在某个时候浮现出来,那就是为了给**阶级**领导权的必然性打基础,从而在群众运动内部区分出领导者和被领导者的时候。如果这个区分以斗争——其目的是争取整个运动所共享的目标——中的自我组织的更加强大的实践能力为基础,其结果就不一定是权威主义的。但是,正如我们已经看到的,这个区分实际上是以非常不同的方式被提出的:一部分人**理解**历史的潜在运动,因而也理解把群众统一为整体这个要求的暂时性。赋予工人阶级的中心地位不是实践性的,而是**本体论的**中心地位(ontological centrality),它同时也是**认识论特权**(epistemological privilege)的所在地:正如"普遍的"阶级一样,无产阶级(或者确切地说,无产阶级的党)是科学的宝库。此时,阶级身份和群众身份之间的分裂就成了永恒的。这种权威主义转向(authoritarian turn)某种程度上从马克思主义正统学说一开始的时候就出现了;也就是说,从受到限制的行动者——工人阶级——被提升到"普遍阶级"的地位那个时候开始就存在着。如果第二国际的理论家们没有任何人向这种权威主义方向前进,这是因为对他们而言,工人阶级的政治中心地位必须要和其他社会阶层的无产阶级化相一致,这样一来,**阶级**和**群众**之间就没有了任何分裂的空间。然而,使权威主义转向变得不可避免的必要条件是:尽管对权力的夺取理应被设想为比工人阶级更宽泛的群众的行动,但工人的中心地位却**以经典的方式**被高举为一项原则。

现在,让我们把我们论证中的几个环节串联在一起。为什么领导权概念所容纳的两种关系——领导权任务和领导这一任务的阶级之间的关系,以及领导权任务和作为该任务的"自然"当事人的阶级之间的关系——之间的紧张永远不能在有效的概念表述中得到解决?问题的答案变得更加清楚了。维持工人阶级在经济主义阶段论领域——这是能够把它构成为"普遍阶级"的唯一领域——的统一和身份的条件是:领导权任务不应该改变领导权阶级的身份,而应该与它建立一种仅仅是外部的和事实的关系。而且,证实这种关系的外部特征的唯一途径就是系紧领导权任务及其"自然的"阶级当事人之间的纽带。因此,领导权关系的领域是一个本质上的实用主义话语(pragmatic discourse)的领域。列宁主义和共产国际引入马克思主义的所有术语学创新都属于军事语汇(战术联盟,战略路线,前进几步和后退几步);它们都没有涉及真正的对社会关系的组织(structuring),而葛兰西后来则用他的历史联合体(historical bloc)、完整的国家(integral State)等概念处理了这些关系。

现在,领导权概念所包含的这两种关系之间的张力和我们在领导权的民主实践与权威主义实践之间发现的那种含混性便没有什么区别了。领导权阶级和民主任务或民主要求之间的关系只有当这个任务和一个不同的阶级联系在一起,和进化论范式内部的一个必然阶段联系在一起的时候,才呈现出一种外部的、操纵的性质。因此,只有把这种联系破坏掉,只有当使群众内部出现领导者和被领导者严重脱节的条件消失了,民主的潜力才能被发挥出来。此时,我们必须提出使最初的含混性在领导权的民主实践或权威主义实践中得到克服的条件。

民主实践(democratic practice)。正如我们已经指出的,领导权重组(hegemonic recomposition)的领域具有扩大民主和深化社会主义政治实践的潜能。没有领导权,社会主义实践就只能关注工人阶级的要求和利益。但是,阶段的错位迫使工人阶级在**群众**的领域中行动,就此而言,工人阶级必须放弃它的阶级聚居集团(class ghetto),并使自己变成把各种对抗和超出它本身的各种要求接合起来的接合者。从我们所说过的一切来看,显然,只有承认民主任务没有必然的阶级性质,只有阶段论被彻底抛弃,对群众民主实践的深化才能完成,这种深化避开了先锋队的操纵,避开了对领导权阶级和民主任务的关系的外部描绘。有必要同"民主任务和一个资产阶级阶段联系在一起"这种观点决裂——只有在这时,阻止社会主义和民主永久性接合的障碍才能被消除。由此产生出四个基本的结论。第一,特定的阶级身份被它们自己所承担的领导权任务(hegemonic tasks)改变了:内部和外部之间严格的分界线失效了。第二,由于群众的民主要求丧失了它们必然的阶级性质,领导权的领域就再也不能把以阶级间的零和游戏为基础的后果最大化了;"阶级联盟"(class alliance)的概念也就明显不充分了,因为领导权正是以对社会当事人身份的建构为前提的,而不只是在预先构成的当事人中间达成"利益"的理性主义的一致。第三,鉴于所谓的"代表"更改了被代表者的性质,所以政治领域再也不能被认为是"利益的代表"了(实际上,作为透明性的"代表"概念变得站不住脚了。这里被质疑的实际上是基础/上层建筑这个模式本身)。最后,当社会当事人的身份不再专靠它们对生产关系的嵌入来构成时,并且当它们成为许许多多主体立场间的不确定的接合时,社会当事人和阶级之间的认同(identification)就会暗中受到挑战。

权威主义实践。这里的状况正相反。每一个要求或任务的阶级性质都不得不被先天地固定下来。有资产阶级民主的要求,小资产阶级的要求,等等,它们的相对进步性是通过一种政治计算确定的,这种政治计算凭借传统的阶段模式和由这些阶段的不平衡的叠合(uneven combination)所造成的变化来分析所有形势。

显然,在工人阶级的领导权任务及其阶级身份之间存在着完全的分离。军事的政治观念支配了整个战略计算。但是,由于现实中的无产阶级当然不会和它的"历史利益"完全一致,所以阶级的物质性和代表其"真正身份"的政治层级之间的分裂(dissociation)就变成了永恒。从列宁的《怎么办?》到共产党在共产国际控制下的布尔什维克化,这条分界线变得越来越僵化,而且在共产主义政治逐渐转向权威主义的过程中被反映了出来。重要的是搞清楚,是什么让这一转向不可避免。我们并不打算否认在工人阶级的社会主义规定性(socialist determination)中需要政治的中介;更不会把这种需要同以工人阶级自发的社会主义规定性这一神话为基础的工人主义(wokerism)对立起来。但关键在于**如何理解**这个政治联系的性质;列宁主义显然不打算通过斗争来建构一种未经任何历史必然规律预先决定的群众身份。相反,它坚持认为有一个"自为"(for itself)的阶级,而只有被启蒙了的先锋队才能成为这个阶级——因此,先锋队对工人阶级的态度是纯教育性的(purely pedagogical)。权威主义政治的根源存在于科学与政治的这种交织中。结果,把党思考成阶级的代表就再也不成问题了,当然,代表的不是有血有肉的阶级,而是由它的"历史利益"构成其圆满实现的那个阶级。虽然领导权的民主实践逐渐开始质疑代表过程的透明性,但权威主义实践还是打好了基础,使代表关系变成了基本的政治机制。一旦所有的政治关系都被设想为代表关系,不断发展的替代主义(substitutionism)就会从阶级转向党(无产阶级的客观利益的代表),从党转向苏维埃国家(全世界共产主义运动的利益代表)。一种军事的阶级斗争观念因此终结于末世论的史诗之中。

正如我们已经看到的,阶级统一朝向政治领域的这种转移,其根源要追溯到第二国际的正统学说。就像在考茨基主义中一样,列宁主义中政治环节(political moment)的构成性特征并未给上层建筑赋予主要的作用,因为党被赋予的特权不是"地形学的"(topographical),而是"认识论的"(epistemological):在建构社会关系的过程中,它所依据的不是政治层面的作用力,而是特定的阶级视角所享受的科学垄断。这个垄断在理论层面确保了对看得见的资本主义趋势及其潜在发展之间的分裂的克服。考茨基主义和列宁主义的区别在于:对于前者而言,这个分裂是纯粹暂时的阶级内部的分裂,对它的克服被刻写在资本主义积累的内生性倾向之中;而对于列宁主义来说,这个分裂是"阶级"和"群众"之间结构性错位的领域,它永远规定着帝国主义时代政治斗争的条件。

最后一点是关键:领导权任务逐渐成为共产主义战略的核心,因为它们和世界资本主义制度的发展状况联系在了一起。对列宁来说,世界经济不是简单的经济事实,而是政治现实:它是帝国主义的链条。断裂点并没有出现在那些从生产力和生产关系的矛盾这个角度来看最发达的环节上,相反,却出现在那些积累了最大数量矛盾的环节上,那些拥有最大数量的倾向和对抗——以正统观点来看,它们属于不同的阶段——的环节上,它们融合成了断裂的统一(a ruptural unity)。① 然而,这就暗示着,革命过

---

① "奇迹在自然界和历史上都是没有的,但是历史上任何一次急剧的转折,包括任何一次革命在内,都会提供如此丰富的内容,都会使斗争的配合和斗争双方力量的对比出现如此料想不到的特殊情况,以致在一般人看来,许多事情仿佛是奇迹。……革命胜利所以那样彻底,只是因为在当时那种异常

程只能被理解为不同要素的政治接合:没有外在于单纯的阶级对抗的社会复杂性,就没有革命;换句话说,没有领导权,就没有革命。当人们在垄断资本主义阶段遇到昔日的团结日渐崩解,社会关系被普遍政治化的时候,这个政治接合的环节就变得越来越根本。列宁清醒地意识到了一种朝向新型资产阶级群众政治的转变(他给这种政治贴上了劳合－乔治主义[Lloyd Georgism]的标签)①,这种

奇特的历史形势下有两个**完全不同的潮流**,两种**完全异样**的阶级利益,两种**完全相反**的政治社会倾向**汇合起来了**,并且是十分'和谐地'汇合起来了。"列宁:《远方来信》("Letters from Afar"),第一封信,《第一次革命的第一阶段》("The First Stage of the First Revolution"),《文选》(Collected Works),第23卷,第297,302页。(中译文见《列宁全集》,第29卷,人民出版社1985年版,第9,15页。——译注)

① "政治民主制的机构也是循着这一方向运转的。在我们这个时代不能没有选举;没有群众是行不通的,而在印刷发达和议会制盛行的时代,要让群众跟自己走,就必须有一套广泛施展、系统推行、周密布置的手法,来阿谀奉承、漫天撒谎、招摇撞骗、玩弄流行的时髦字眼、信口答应工人实行种种改良和办种种好事——只要他们肯放弃推翻资产阶级的革命斗争。我把这套手法叫作劳合－乔治主义,因为英国的大臣劳合－乔治是在一个拥有'资产阶级工人政党'的典型国家里玩弄这套手法的一位最高超最狡猾的代表。劳合－乔治是一个第一流的资产阶级生意人和滑头政客,是一个颇有声誉的演说家,他善于在驯良的工人听众面前乱吹一通,甚至讲一些最最革命的词句,他善于向驯良的工人大施恩惠,如许诺实行社会改良(保险等),他出色地为资产阶级服务,并且正是在工人中间替资产阶级服务,正是在无产阶级中间传播资产阶级影响,即在一个最有必要而最难于在精神上征服群众的地方传播这种影响。"列宁:《帝国主义和社会主义运动中的分裂》("Imperialism and the Split of Socialism"),《文选》,第23卷,第117—118页。(中译文见《列宁全集》,第28卷,人民出版社1985年版,第81—82页。——译注)

转变深刻地改变了阶级斗争的历史场域。这种未知的接合的可能性(它改变了可以容许的甚至可以思考的社会与政治身份)逐渐消除了经典阶段论的逻辑范畴的明晰性。托洛茨基得出结论说,叠合的不平衡发展是我们这个时代的历史现状。这只能意味着领导权任务的不停扩张——它和纯粹的阶级任务是相互对立的,后者的领域就像驴皮一样在缩小①。但是,如果所有的历史进程都涉及诸要素的"非正统的"叠合,什么才是正常的发展呢?

共产主义话语开始逐渐受到领导权特征的支配,在帝国主义时代的新的历史领域中,每一种政治首创精神都获得了这种领导权特征。但结果,它却倾向于以矛盾的方式在我们所说的民主的和权威主义的领导权实践之间来回摇摆。在 20 世纪 20 年代,经济主义的阶段论到处发号施令,而且随着革命前景的黯淡,阶级路线变得更加僵化。由于欧洲革命纯粹是通过工人阶级的中心地位来设想的,由于共产党代表了(re-presented)②工人阶级的"历史利益",所以这些政党的唯一功能就是保持无产阶级的革命意识,反抗社会民主党的统合主义倾向(integrationist tendencies)。因而,在"相对稳定"的时期,有必要通过更加强烈的不妥协来巩固阶级壁垒。因此,1924 年提出了将共产党布尔什维克化(Bol-

---

① "像驴皮一样缩小",典出巴尔扎克的小说《驴皮记》。在这部小说中,贵族青年瓦朗坦破产后投身社交界,输掉了最后一枚金币,陷入穷途末路。正当他心灰意冷准备投水自杀时,一位古董商给了他一张神奇的驴皮,这张驴皮能够实现任何愿望,但只要实现一个愿望,驴皮就会相应地缩小。——译注

② "代表"在这里也可译为"再现了"。——译注

shevization)的口号。① 季诺维也夫(G. Zinoviev)的解释如下:"布尔什维克化就是坚韧不拔的斗争意志、争取无产阶级的领导权,就是对资产阶级、对社会民主党反革命领袖们的炽烈的仇恨,对中派和中派分子、对半中派分子和和平主义者、对资产阶级思想的所有

---

① "布尔什维克化"运动是1924年共产国际第五次代表大会上提出的口号。提出这一口号是因为,共产国际在建立过程中吸收了曾参加过第二国际的大批政党,还有工团主义和半无政府主义集团,这就导致共产国际各支部在思想上受到社会民主主义、工团主义和无政府主义思想的影响。为了肃清这些思想,保持共产国际在思想和理论上的统一,遂提出了"布尔什维克化"的口号,意思是要按照正统的列宁主义的模式来统一共产国际各支部。季诺维也夫就指出:"列宁主义不仅在它还是纯俄罗斯现象的时候,而且在它在共产国际中成为国际现象的时候,始终都将其最主要的打击理所当然地针对着我们自己队伍中的'右派'、中派和社会民主主义残余。"(参见季诺维也夫在共产国际五大第三次会议上所作的《关于共产国际执委会的活动和策略的报告》,1924年6月19日,《国际共产主义运动历史文献》,第37卷,中央编译出版社2013年版,第67页)。在此次会议上通过的《策略提纲》第14节,即"党的布尔什维克化和成立统一的全球共产党"一节中对"真正的布尔什维克党"的特点总括如下:第一,党应当是真正群众性的党;第二,党应当具有机动能力,不应该搞教条主义和宗派主义;第三,党应当本质上是个革命的、马克思主义的党;第四,党应当是一个统一的政党,不允许派别、流派和集团的坚如磐石的党;第五,党应当在资产阶级军队中坚持不懈地定期开展宣传和组织工作。总之,"党的布尔什维克化,就意味着将俄国布尔什维克主义中过去和现在国际的和具有普遍意义的东西移植到我们的各支部来。只有当共产国际的主要支部都真正变成布尔什维克党,共产国际才能不是在口头上,而是在实际上变成统一的、满怀列宁主义思想的全世界的布尔什维克党"(参见《策略提纲》,《国际共产主义运动历史文献》,第39卷,中央编译出版社2015年版,第185—186页)。——译注

败类们的仇恨……布尔什维克化就是行动中的马克思主义;就是忠于无产阶级专政的思想、列宁主义的思想。"① 由于革命进程的更新不可避免地紧跟在恶化的经济危机之后,所以政治分期(political periodization)就是对经济的一种单纯的反映;稳定时期留给共产党的唯一任务,就是围绕着完全带有阶级论和"断裂论"色彩的身份来积蓄力量,当危机来临时,这种身份将给新的革命创举开辟道路("统一战线"政策以一种独具特色的方式被重新解释为自下而上的统一战线,而且被当成揭发社会民主党领袖的机会②)。在这些条件下,对其他社会和政治力量的操纵手段不可能不获得优势。

---

① 《共产国际第五次代表大会。1924 年 6 月 17 日—7 月 8 日速记稿》(*Pyatyi vsemirnyi Kongress Komunisticheskogo Internatsionala. 17 iuniya-8 iuliya 1924 g. Stenograficheskiiotchet*),第一册,莫斯科 - 列宁格勒,1925,第 482—483 页。引自哈耶克(M. Háyek)的《共产党的布尔什维主义》("La bolscevizzazione dei partiti comunisti"),收于霍布斯鲍姆等人编辑的《马克思主义的历史》,第 3 卷,第 468 页。(季诺维也夫的这段话出自他在 1924 年 6 月 26 日共产国际第五次代表大会第十五次会议上就他在 6 月 19 日第三次会议上提交的《关于共产国际执委会的活动和策略的报告》所作的结束语。中译文请参见《国际共产主义运动历史文献》,第 38 卷,中央编译出版社 2015 年版,第 71 页。——译注)

② 这一点是季诺维也夫在共产国际五大所作的报告中论及法国社会民主党时提到的。季诺维也夫说:"现在我们应当稍稍按照新的方式运用统一战线策略。法国社会民主党一度想大耍滑头,它不公开加入政府,但它却投票赞成预算,赞成占领鲁尔,等等。它就是政府的一部分。……我们必须实行聪明的统一战线策略。在社会民主党正式成为资产阶级的'第三'党之际,**自上而下**的统一战线的兴盛当然不会有。有社会民主党**上层人物**与资产阶级进行政治上的政府层面的配合,这种情况最适宜于我们争取社会民主党的

与这种化约论的或者操纵性观念的决裂——或者这种决裂的开端,因为它从来没有在共产主义传统中被克服过——是和欧洲法西斯主义的经验以及反殖民主义革命的时代联系在一起的。在第一种情况下,自由民主国家的危机和关于权利的右翼激进-民粹意识形态的兴起挑战了民主权利观,以及天生属于"资产阶级"的自由;与此同时,反法西斯主义斗争创造了一种人民的和民主的群众主体性,它可以暗地里与社会主义的身份融合在一起。根据我们早先的分析,把领导权任务及其"自然的"阶级当事人统一起来的那个联系开始消失了,而把那个任务和领导权阶级的身份融合起来则成为可能。通过这个新的角度,领导权被理解为围绕新的阶级核心对国家进行的民主重建。这种倾向后来将被国家抵抗纳粹占领的种种经验所强化。但是,从季米特洛夫(G. Dimitrov)为共产国际第七次代表大会所作的报告开始,共产党的政策发生了改变,在这次大会上,"阶级反对阶级"(class against class)的"第三时期"(Third Period)路线①被正式地放弃了,并且首

'下层'工人与我们共同斗争,先是经济上的然后是政治上的斗争。如果我们能做到这一点,那么我们便将拥有极为理想的局面。社会民主党的上层人物应邀与资产阶级实行政府层面的配合,这时候我们就应当通过经济斗争自下而上与社会民主党的和非党的工人加强联系,并邀请他们与我们相互配合。那时候社会民主党便会在这两种配合之间被研磨得粉身碎骨。"(参见季诺维也夫在共产国际五大第三次会议上所作的《关于共产国际执委会的活动和策略的报告》,1924年6月19日,《国际共产主义运动历史文献》,第37卷,中央编译出版社2013年版,第109页)拉克劳和穆夫在这里是说,统一战线被共产国际窄化,统一的对象被局限在了工人阶级内部。——译注

① "第三时期"路线是在共产国际第六次代表大会上提出的,其时间跨度

次引入了人民阵线(popular fronts)①的政策。②在绝对地保留作为

为1928—1931年。共产国际认为,1919—1923年是在世界革命打击下的资本主义陷入危机的时期;1924—1927年是资产阶级和资本主义暂时稳定的时期;而在所谓"第三时期"中,生产力的增长和资本主义世界市场的萎缩之间的矛盾将导致危机,引起资本主义国家之间的战争、进攻苏联、反对帝国主义和帝国主义压迫的民族解放战争以及阶级冲突普遍尖锐化,广大无产阶级将变得更加激进,这些因素将强化资本主义危机,结束资本主义的稳定阶段。因此,"第三时期"路线重申了1928年2月共产国际第九次执委会全体会议上提出的"阶级反对阶级"策略,不仅宣告将进行一场反对社会民主主义的阶级斗争,而且还暗示社会民主主义和法西斯主义是资产阶级统治的两个工具,还影射了社会民主主义软化无产阶级并把它引入歧途,而法西斯主义则为了反革命的目的去发动小资产阶级。参见格鲁伯的《斯大林时代共产国际内幕》,达洋译,中国展望出版社1989年版,第103—104页。——译注

① 1935年7月25日至8月25日,共产国际第七次代表大会在莫斯科召开,共产国际执委会总书记季米特洛夫作了《法西斯的进攻和共产国际在争取工人阶级的统一、反对法西斯斗争中的任务》的报告。报告的核心是只要实现了工人阶级的统一,并在此基础上建立以工人阶级为首的包括农民、城市小资产阶级、知识分子和其他反法西斯力量在内的广泛的人民阵线,就能够取得反法西斯的胜利。季米特洛夫认为:"我们要与最广大的群众打成一片,以便进行反对阶级敌人的斗争。我们要找到方法和途径,以彻底克服革命先锋队脱离无产阶级和一切劳动人民而孤立的现象,同时也要克服工人阶级本身反对资产阶级、反对法西斯主义的斗争脱离它的天然同盟者而孤立的危险。我们要吸引日益广大的群众参加到革命的阶级斗争中来,以他们的切身利益和需要为起点,以他们的经验为基础,领导他们去进行无产阶级革命。"参见季米特洛夫的《法西斯的进攻和共产国际在争取工人阶级的统一、反对法西斯斗争中的任务》,《国际共产主义运动历史文献》,第57卷,中央编译出版社2013年版,第457页。——译注

② 请参考拉克劳的《马克思主义理论中的政治和意识形态》(*Politics and Ideologies in Marxist Theory*),伦敦,1977年,第138页及其后。

纯粹外在的阶级联盟的领导权概念的同时,新的战略把民主设想为共同的基础,它不接受社会的任何一个部分的排他性同化(exclusive assimilation)。在这些条件下,越来越难维持领导权任务和阶级身份的严格分离。大量的表达——从毛泽东的"新民主"(new democracy)到陶里亚蒂(P. Togliatti)的"进步民主(progressive democracy)"和"工人阶级的民族任务"(national tasks of working class)——都试图把它们自己放置在一个很难在马克思主义范围内用理论界定的领域,因为"人民"和"民主"都是群众斗争层面上的有形事实,但不可能具有严格的阶级属性。在共产党领导下发生的边缘世界的革命给我们呈现了类似的现象:从中国到越南或古巴,人民群众的身份是比阶级身份更宽泛的另一种身份。"群众"和"阶级"之间的结构性分裂(structural split)——我们看到,从列宁主义传统刚一开始的时候,这个分裂就慢慢滋长了出来——在这里产生了它的全部效果。

在这一点上,共产主义话语遇到了一对关键的难题。人们应该如何描述在不同于阶级领域的群众领域中产生的对抗的多元性呢?一旦领导权力量把群众的民主要求整合到它自己的身份中,它又如何保持严格的无产阶级特性呢?对第一个问题的主要回应是,实施一整套话语战略,使阶级间确立的关系超越它们特殊的阶级性质,同时**在形式上**仍然停留在阶级论的领域之中。例如,请思考一下列举(enumeration)在共产主义话语中的作用。列举从来不是清白的操作;它涉及对意义的重要移置。共产主义的列举发生在一个在统治者和人民之间制造对抗的一分为二的空间中;两者的身份是在对构成它们的诸阶级部分(class sectors)进行列举的基础上被建构起来的。例如,在属于人民的部分这一边包括工人阶级、农民、小资产阶级、民族资产阶级的各进步派别，等等。但是，这种列举没有只证实某些阶级或阶级派别在人民这一极上个别的、字面的**在场**(literal presence)；列举也断定了它们在共同对抗统治者这一极时所具有的**同等性**(equivalence)。同等性关系不是各对象之间的同一性(identity)关系。同等性从来都不是重言式的，因为它在确定的对象之间建立的可替代性(substitutability)只有对特定的结构语境中的确定位置才有效。在这个意义上，同等性把使对象成为可能的同一性从对象本身移置为对象的表象或在场。然而，这就意味着在同等性的关系中，对象的同一性是分裂的：一方面，同一性维护自己"字面的"意义；另一方面，同一性把自己在语境中的位置（对于语境中的位置来说，它是一个替代性要素）象征化了。这恰恰就是在共产主义的列举中真正发生的事情：从严格的阶级论观点来看，鉴于每个人都有不同的甚至是彼此对抗的利益，所以在人民这一极的各个部分中无论如何都没有任何同一性；但是，在人民与统治者这一极相互对立的语境下，在它们之间建立的同等性关系建构了一个无法被化约为阶级立场的"人民的"话语立场。在第二国际的马克思主义话语中，没有任何对同等性的列举。对考茨基来说，每一个阶级都在资本主义的发展逻辑内部占据着特殊的差异性立场；马克思主义话语的构成性特征之一恰恰是消解了"人民"这个无定形的、不精确的范畴，并且把所有对抗都化约成将其字面意义表露无遗的、没有任何同等性维度的阶级对抗。至于"叠合的不平衡发展"这一话语，我们已经看到，阶段的错位和领导权的重组仅仅被认为是阶级之间更为复杂的运动，它的现实性为有关例外性的叙事营造了空间，却没有为对特殊性的概念化留下余地。在卢森堡那里，我们更接近于象征的－同等的分裂（symbolic-equivalential split），它颠覆了每一场具体斗争的字面意义；但是正如我们看到的，她把必然的阶级性质划归给作为结果而产生的社会当事人，这种划归行为给同等性的扩张逻辑设置了严格的限制。只有在人民阵线时期的列举实践中，"人民"（people）——19世纪政治和社会斗争的核心力量——才第一次羞怯地重新出现在马克思主义的话语性领域之中。

根据我们已经说过的来看，显然，让作为政治力量的"人民"出现在共产主义话语中的条件是同等性关系，这种关系分裂了阶级身份，从而构成了新型的两极分化（polarization）。现在，这个过程完全发生在领导权实践的领域。共产主义的列举不是对现实局势的确认，而是具有述行性特征（performative character）。对所有社会组成部分的统一不是一个事实（datum）：它是以政治方式制订的一项计划。因此，对这样一个集合体（ensemble①）的领导权化（hegemonization）并不涉及单纯形势上的或者短暂的一致；它不得不建立一种结构全新的关系，这种关系并不同于阶级关系。这表明，"阶级联盟"的概念不适合描述领导权关系，正如清点砖头不适合用来说明一栋建筑物一样。尽管如此，鉴于它的内

---

① 在本书中，ensemble 翻译为"集合体"。这个词在字典中有"总体""整体""全体"等意思，为了和"总体"（totality）、"整体"（whole）相区分，采用了"集合体"这样的译法。另外，在本书的某些语境中，对"an ensemble of..."这种结构径直译为"全体（或全部）……""整个……"，如 an ensemble of angents 译为"全体当事人"，an ensemble of British relations of production 译为"整个英国生产关系"。——译注

部逻辑,同等性关系不能只通过其各项的偶然的可替代性来展示它的在场;它必须产生某种**一般等价物**(general equivalent),使关系本身通过这种等价物以象征的方式被具体化。正是在这一点上,即在我们正在考察的政治情形中,民族－人民的(national-popular)或者人民－民主的(popular-democratic)象征才浮现出来,以构成不同于那些阶级立场的主体立场;领导权关系随即明确地丧失了其事实的和短暂的性质,相反,它变成了每一个政治－话语形态的稳定的部分。在这个意义上,毛泽东对矛盾的分析确实有伟大的价值,这种价值就是把社会斗争领域呈现为矛盾的激增,但不是把所有这些矛盾都回溯到阶级原则。

共产主义话语面对的其他一系列难题和掌握领导权的那一部分人如何维持阶级身份的问题有关。用最一般的方式来表述的话,这个问题就是:如果在新的观念中,领导权关系改变了掌握领导权的那一部分人的阶级身份,如果帝国主义时代的社会斗争条件需要让这些斗争发生在一个由重组的实践(recomposing practices)主导的日渐复杂的领域,由此难道不是可以推断出,领导权主体的阶级身份受到了质疑吗?要达到什么样的程度,我们才能继续谈论作为各种主体立场的接合原则的阶级核心呢?在这里,有两个答案——确切地说,是两种获得答案的方式——是可能的。最终它们都取决于我们早先描述过的两种领导权观念——民主的和权威主义的。对它们当中那个体现了大多数共产主义传统特征的构想而言,答案可以在**令人作呕的**(*ad nauseam*①)代表模式的扩张中找到。每一个层级都是另一个层级的代表,直至抵

---

① 原文为拉丁文。——译注

达那个被认为赋予了整体以意义的最后的阶级核心。这个答案显然否认了政治关系——这些关系是一个空的舞台,在它们之外形成的角色(阶级)在这个舞台上展开他们的斗争——的所有费解之处和不透明性。更进一步说,以这种方式被代表的阶级只能是"自为"(for itself)的阶级,只能是体现在党的"科学"世界观中的目的论景观;也就是在**本体论上**被赋予特权的当事人。通过这种方式,和代表实践相关的所有具体难题都被草草地清除了。另一个答案则接受了社会当事人深陷其中的关系的结构多样性,并且用**接合**原则代替了代表原则。因此,这些当事人之间的统一并非对潜在的共同本质的表现,而是政治建构与斗争的结果。如果作为领导权力量的工人阶级成功地以它本身为中心接合了大量的民主要求和斗争,这并不是因为有任何先天的结构特权,而是因为这个阶级的政治首创精神。因此,在阶级立场的基础上,某个确定的领导权形态**实际上**是被接合起来的,只有在这个意义上,领导权主体才是阶级主体;但是在那种情况下,我们将讨论具体的工人,而不是由他们的"历史利益"构成的圆满实现的工人①。在第三国际的世界中,作为接合的政治概念和领导权概念以及这个概念的所有含混性和局限性,只有在一位思想家那里找到了理论上的成熟表述。当然,我们指的正是安东尼奥·葛兰西。

---

① 这里,后一个"工人"指的是那种在概念上完全由自己的历史利益所定义的抽象的"工人"。——译注

葛兰西分水岭

葛兰西思想的独特性通常以两种互不相同且明显矛盾的方式显现出来。在一种解释中,葛兰西是杰出的意大利理论家,他的概念创新和意大利特有的落后状况息息相关:建设一个统一民族国家的复兴运动(Risorgimento)计划的失败;工业的北方和农业的南方之间严重的地域分裂;由于梵蒂冈问题,无法把信仰天主教的群众整合到国家的政治生活之中;资本主义的不充分的、矛盾的发展;等等。简言之,葛兰西是一位原创的理论家和研究"不平衡发展"的政治战略家,但他的概念却和发达资本主义的条件几乎不相关。另一种不同的解读把他呈现为一位西方的革命理论家,[1]他的战略观念的基础是发达的工业文明的复杂性及其社会和政治关系的浓缩性(density)。在他的解释者中,有一位走得太远了,以至于把他视为一位研究1929年世界危机之后资本主义重建,研究在政治与经济日渐纠缠的背景下群众斗争复杂性的理论家。[2]

---

[1] 请特别参考比西-格卢克斯曼(Buci-Glucksmann)的《葛兰西和国家》(*Gramsci and State*),伦敦,1980。

[2] 乔瓦尼(B. de Giovanni)的《列宁和葛兰西:国家,政治和党》("Lenin and Gramsci: State, Politics and Party"),收录于穆夫编辑的《葛兰西和马克思主义理论》(*Gramsci and Marxist Theory*),伦敦,1979,第259—288页。关于对乔瓦尼观念的批判,请参看穆夫为那本书写的导论。

实际上，葛兰西的理论创新处在更普遍的层面上，以至于这两种解读都是可能的，但又都是局部有效的。和他那个时代的其他任何一位理论家相比，葛兰西都更大地扩展了政治重组（political recomposition）和领导权的领域，同时提供了对领导权联系的理论化，这种联系显然超越了"阶级联盟"这个列宁主义范畴。由于在发达工业国和资本主义的边缘地带，政治斗争的条件离正统的阶段论所设想的那些条件越来越远，所以葛兰西的范畴同样适用于这两种情况。因此，它们的意义应该被放在马克思主义的一般理论的层面，而不能被归于特殊的地理环境。

但是，他的出发点是严格的列宁主义理解方式。在葛兰西使用领导权概念的第一个文本，即《关于南方问题的札记》（1926）中，他说："无产阶级可以成为领导的和占统治地位的阶级，以至于它成功地创造了一个联盟的系统，这个系统可以让无产阶级动员绝大多数的劳动人口反抗资本主义和资产阶级国家。这意味着，在存在于意大利的现实的阶级关系中，无产阶级成功地获得了广大农民群众的同意（consent）。"[①]这种领导角色的前提条件是工人阶级不应该继续局限于狭隘地捍卫其社团利益，而是应该保护其他社会组成部分的利益。然而，这种逻辑仍然只是预先构成的局部利益的逻辑，它和阶级联盟的观念是完全兼容的。就像在列宁那里一样，领导只是政治的（political）而不是"道德和知识的"（mortal and intellectual）领导。

---

① 葛兰西:《关于南方问题的札记》（*Notes on the Southern Questions*），收于《政治著作选:1921—1926》（*Selections from Political Writings 1921 - 1926*），霍尔（Q. Hoare）编译，伦敦，1978，第443页。

正是在这个从"政治"层面走向"知识和道德"层面的运动中，朝着超越"阶级联盟"的方向发展的领导权概念的关键性转移发生了。因为，尽管政治领导可以以利益的偶然一致为基础（在这种一致中，参与其中的各个社会组成部分保持着它们各自独立的身份），道德和知识上的领导却需要一个由众多社会组成部分所共享的"思想"及"价值"集合体（ensemble）——或者，用我们自己的术语来说，就是某些跨越了诸多阶级的主体立场。根据葛兰西的说法，知识和道德的领导构成了一种更高级的综合，一种"集体意志"（collective will），它通过意识形态变成了统一"历史联合体"（historical bloc）的有机黏合剂。所有这些都是新概念，它们起到了替代列宁主义观点的效果：和领导权联系相关的特殊性再也不被隐藏起来了；相反，它变成了完全可见的和完全理论化的。这个分析从概念上界定了集团之间的一系列新关系——它们阻碍了人们在革命的和与革命相关的经济主义图式中对这些集团进行结构定位。与此同时，意识形态被标示为这些关系得以被构成的那个精确的领域。

因此，一切都取决于如何理解意识形态。① 在这里，葛兰西对经典的难题性进行了两次新的和根本的移置。第一个就是他的意识形态的物质性（the materiality of ideology）这个观念。意识形

---

① 关于领导权、意识形态和国家在葛兰西那里的关系，请参看穆夫的《葛兰西的领导权和意识形态》（"Hegemony and Ideology in Gramsci"），收录于《葛兰西和马克思主义理论》，第 168—204 页；还有穆夫的《葛兰西的领导权和完整的国家：走向一个新的政治概念》（"Hegemony and the Integral State in Gramsci: Towards a New Concept of Politics"），收录于布里奇斯（B. Bridges）和布伦特（R. Brunt）编的《一线希望：80 年代的战略》（*Silver Linings: Some Strategies for the Eighties*），伦敦，1981 年。

态不同于"观念体系"或者社会当事人的"虚假意识";相反,它是体现在机构(institutions)和机器(apparatuses)中的有机的关系整体,它围绕着许多基本的接合原则结成历史联合体。这就排除了以"上层建筑的"方式来解读意识形态的可能性。实际上,通过历史联合体概念和作为有机黏合剂的意识形态概念,一个新的总体化范畴带领我们超越了基础/上层建筑这个旧的区分。但这还不够,因为道德和知识的领导仍然被理解为由领导权阶级实行的对整个依附性部分(subordinate sectors)的意识形态灌输(ideological inculcation)。在那种情况下,将不会有任何跨越阶级的主体立场,因为任何看似这么做的东西实际上都是统治阶级的附庸,而它们在其他部分中的在场只能被理解为虚假意识的现象。正是在这个关键点上,葛兰西引入了他的第三个也是最重要的移置:与化约论的意识形态难题性相决裂。对于葛兰西来说,政治主体不是严格意义上所说的阶级,而是复杂的"集体意志";类似的,被领导权阶级接合起来的意识形态要素(ideological elements)也没有必然的阶级归属(class belonging)。关于第一点,葛兰西的立场很清楚:集体意志是分散的、碎片化的历史力量的政治-意识形态接合(politico-ideological articulation)的结果。"人们由此可以推断出'文化方面'的重要性,即使是在实践的(集体的)活动中。历史行动只能通过'集体人'(collective man)来完成,这要以获得'文化-社会'的统一为先决条件,依靠这个统一,各种目标各异的分散的意志才能在平等且共享的世界观基础上由同一个目标结合起来。"①没有什

---

① 葛兰西:《狱中札记》(*Quaderni dal Carcere*),杰拉塔纳(V. Gerratana)编,第2卷,都灵,1975,第349页。

么比列宁主义的阶级联盟概念离这个"由一个目标结合起来的""集体人"更远的了。至于第二点,同样清楚的是,对于葛兰西而言,有机的意识形态不代表纯粹阶级论的、封闭的世界观;相反,它是通过诸要素的接合形成的,这些要素就其本身来思考的话并没有必然的阶级归属。让我们通过这种联系考察一下下面的关键段落:"重要的是批判——这样一个意识形态复合体通过对新的历史阶段的首次表述,使自己服从于批判。这种批判有可能是使旧意识形态要素过去所占的相对比重产生区别(differentiation)和变化的过程。以前是第二位的或依附性的,甚至是偶然性的东西,现在成了主要的东西——成了新的意识形态和理论复合体的核心。旧的集体意志瓦解为它的矛盾的要素,因为依附性的东西在社会上发展起来了。"①"另一方面,这种作为自治意识而被提出来的理论意识应该如何形成呢?为了构成这样一种自治意识,每个人应该如何选择并连接这些要素呢?每一个强加的要素都必须被事先拒绝吗?只要它是被强加的,就必须被拒绝,但不是拒绝它本身;也就是说,有必要给这个特定的集团赋予它独有的新形式。"②

我们因此可以看到把葛兰西和在那时的共产主义运动中形成的反经济主义立场区别(demarcates)开来的核心观点。例如,卢卡奇和科尔施(K. Korsch)也重新调配了那个按照经典应归于上层建筑的领域;但他们是在阶级化约论视角的范围内来做这件事的,这种视角把革命主体等同于工人阶级,这样一来,接合意

---

① 葛兰西:《狱中札记》,第2卷,第1058页。
② 同上书,第3卷,第1875页。

上的领导权就完全无法思考了。恰恰是葛兰西对后面这个概念的引入彻底颠覆了第二国际的二元论产生的原始条件,以及它在第三国际话语中的扩大再生产。一方面,历史偶然性领域已经渗透进了社会关系之中,这比它对之前的任何话语的渗透都更为彻底:社会的各部分已经丧失了本质联系——正是这些联系把它们变成了阶段论范式(stagist paradigm)的诸要素;它们自身的**意义**取决于领导权接合,这些接合的成功不受任何历史规律的保证。通过我们前面的分析,我们可以说,各种"要素"或"任务"除了跟对它执行领导权的力量的关系之外,不存在任何的同一性(identity)。另一方面,为了进行理论思考,这些不稳定的接合形式开始获得命名,开始在理论上被思考并被整合到社会当事人的身份当中。这就解释了葛兰西赋予"民族-人民的"(national-popular)和像"完整的国家"(integral State)这类概念表述的重要性——其中,占支配地位的部分通过领导权实践改变了它特有的性质和身份——对于葛兰西而言,一个阶级不是**接管国家权力**(take State power),而是**成为**(become)国家。

我们所说的领导权的民主实践的条件似乎都在这里出现了。尽管如此,整个建构还是取决于一个最终并不连贯的观念,它不能完全克服经典马克思主义的二元论。对葛兰西来说,尽管不同的社会要素具有通过领导权实践获得的、仅仅是关系性的同一性(relational identity),但在每一个领导权结构中,总是必须有一个**唯一的**统一原则,这只能是一个根本的阶级(a fundamental class)。因此,社会秩序的两个原则——统一原则的唯一性(unicity)及其必然的阶级性质——不是领导权斗争的偶然结果,而是必然的结构框架,每一场斗争都从这个框架的内部产生出来。阶级领导权不全是斗争的实践结果,而是有最终的本体论基础(ontological foundation)。经济基础可能无法保证工人阶级的最终胜利,因为这胜利取决于工人阶级领导权的领导能力。然而,工人阶级的领导权失败后,紧跟着的却只能是资产阶级领导权的重构,所以到最后,政治斗争仍然是阶级间的零和游戏。这就是继续出现在葛兰西思想内部的本质主义内核,它给领导权的解构逻辑设了限。但是,宣称领导权必须总是对应于一个根本的经济阶级不仅重新证实了经济的归根到底的决定作用;而且还断定,只要经济给领导权重组的社会潜力构成了不可逾越的限制,经济空间的构成性逻辑(constitutive logic)本身就不具备领导权的性质。在这里,自然主义的偏见——它把经济视为由必然规律统一起来的同质性空间——再一次拼命地崭露头脸。

这个根本的含混性可以在葛兰西的"阵地战"(war of position)概念中被清楚地看到。我们已经注意到军事隐喻在经典马克思主义话语中的功能,可以毫不夸张地说,从考茨基到列宁,马克思主义的政治观念都依赖于一种想象,而这种想象有很大一部分要归功于克劳塞维茨(C. von Clausewitz)。[1] 头一个结果就是大概可以被称为**隔离**效果(segregation effect)的东西——因为,如果

---

[1] 请参看《马克思主义中的克劳塞维茨》(*Clausewitz en el pensamiento marxista*)一书中的文章,墨西哥,1979。特别是克莱门特·安科纳(Clemente Ancona)的《克劳塞维茨的〈战争论〉在从马克思到列宁的马克思主义思想中的影响》("La influencia de *De la Guerra* de Clausewitz en el pensamiento marxista de Marx a Lenin"),见第7—38页。但是,这些文章更多地讨论的是战争和政治之间的关系,而非军事概念的政治隐喻作用。

人们把与其他社会力量的关系理解为军事关系(military relations),人们将总是保持各自独立的身份。从考茨基的"消耗战"(war of attrition)到布尔什维克化运动和"阶级反对阶级"这种极端的军事主义(militarism),建立一条严格的分界线被认为是政治特有的条件——"政治"被单纯地设想为**阶级**斗争的领域。相反,对于葛兰西来说,"阵地战"涉及的是:一种文明的不断解体,以及围绕新的阶级核心对另一种文明的建构。因此,在这个过程中,敌对双方的身份从一开始就绝不是固定的,而是在过程中持续变化着。显然,这和严格军事意义上的"阵地战"几乎没有关系,在那里,敌人的力量并没有持续不断地转移到自己这边来。的确,军事隐喻在这里是在相反的方向上被隐喻化的:如果在列宁主义中有一种政治的军事化(militarization of politics),那么在葛兰西那里就有一种战争的去军事化(demilitarization)。① 但是,这种向非军事性政治观念的转移达到了一个极限,这个极限恰好位于这样一个点上,在此,人们认为新领导权的阶级核心——当然,还有旧领导权的阶级核心——在整个过程中是保持不变的。在这个意义上,对抗中**有**(there is)一个连续性要素,斗争中的两支军队这个隐喻可以继续保留它的一部分生产性。

因此,葛兰西的思想似乎围绕着无产阶级地位的根本含混性而被悬置了起来,这种含混性最终把它引向了一个矛盾的位置。一方面,工人阶级的政治中心地位具有历史的、偶然的性质:它要

---

① 在一种字面的意义上,它包括了武装对抗本身。自毛泽东以来,"人民战争"(popular war)就被认为是群众"集体意志"的构成过程,在那里,军事方面从属于政治方面。因此,"阵地战"超越了武装斗争/和平斗争这一选择。

求这个阶级摆脱它自身,通过把它和斗争及民主要求的多元性接合起来,以转变自己的身份。另一方面,这种接合作用似乎是通过经济基础分派给它的——因此,那个中心地位又具有必然的性质。人们无法避免一种感觉,即从拉布里奥拉的形态学和本质主义观念到彻底的历史主义观念的转变①尚未连贯地完成。

不管怎样,如果我们比较一下葛兰西的思想和第二国际的各种马克思主义的典型倾向,他的领导权概念的极端新颖性就非常明显了。大战过后,考茨基提出了用布尔什维克经验作为反面教材的向社会主义过渡的民主观念②,在他看来,如果打算在像俄国那样的落后条件下实现向社会主义过渡,这个反面教材要为不可避免的独裁实践负责。但是,他提出的选择方案是等待,直到神话般的资本主义发展规律简化了社会对抗为止:到那时,就会有条件使"群众"和"阶级"之间的错位消失,从而使领导者与被领

---

① 阿尔都塞错误地认为葛兰西的"绝对的历史主义"(absolute historicism)和20世纪其他"左派思想"的形式——比如卢卡奇和科尔施的著作——是一样的。我们已经在其他地方论证过(请参看拉克劳的《陶里亚蒂和政治》["Togliatti and Politics"],《政治和权力》[*Politics and Power*],第2卷,伦敦,1980,第251—258页)这种同化(assimilation)取决于一个误解,因为葛兰西称之为"绝对的历史主义"的东西恰恰是对任何本质主义和目的论的彻底拒绝,因此,它和"虚假意识"的观念是不相容的。关于葛兰西在这方面的干预的特殊性,请参看比西-格卢克斯曼的《葛兰西和国家》。

② 对大战过后考茨基采取的立场——特别是他对十月革命的立场——的充分研究,可以在贝古尼乌(A. Bergounioux)和马南(B. Manin)的《社会民主或妥协》(*La Social-démocratie ou le compromis*,巴黎,1979,第73—104页)中找到。

导者之间的任何可能的分裂也消失。相反,葛兰西的领导权理论接受了作为政治斗争特定条件的社会复杂性,而且,它通过对列宁主义的"阶级联盟"理论的三重移置,为与历史主体的多元性兼容的民主政治实践奠定了基础。①

至于伯恩施坦,葛兰西分享了他对政治优先性的肯定,以及他对斗争与民主要求——这些要求无法被化约为阶级的所属物——的多元性的接受。但是,对于伯恩施坦而言,这些各自独立的斗争和民主要求只有到了改朝换代的地步,才能在普遍的进步规律的干预下被统一起来,葛兰西和伯恩施坦不同,他没有为**进化**(*Entwicklung*)的原则留下任何余地。斗争从它们的领导权接合中获得自己的意义,从社会主义的角度来看,它们的进步性无法提前得到保证。因此,历史不被认为是民主改革不断向前的**连**

---

① 这就是为什么萨尔瓦多里对意大利共产党理论家的批判(《葛兰西和意大利共产党:两种领导权观念》["Gramsci and the PCI: Two Conceptions of Hegemony"],收录于《葛兰西和马克思主义理论》,第237—258页)如此不可信的原因。按照这个批判,欧洲共产主义不能正当地宣称葛兰西传统是其民主战略的源头,因为葛兰西的思想一直为决裂和夺权的环节赋予一种本质上的重要意义。因此,葛兰西构成了与西欧的条件相适应的列宁主义的最高阶段。对于葛兰西来说,"阵地战"无疑只是"运动战"(war of movement)的前奏;但这无法为谈论葛兰西思想中的"结构性的列宁主义"(structural Leninism)辩护。这种"结构性的列宁主义"只有当改良/革命、和平道路/暴力道路这种选择是唯一的实质性区分的时候才具有合理性;但是,正如我们已经看到的,葛兰西思想的总体在朝着撤销这种意义,并且消除这种选择的绝对性的方向上运动。在更为重要的层面上,葛兰西关于政治主体性的观念,以及他对领导权联系进行概念化的方式都和列宁的"阶级联盟"理论不相容。

续体(*comtinuum*),而被认为是一系列不连续的领导权形态(hegemonic formation)或历史联合体。通过我们先前所作的区分,葛兰西或许分享了伯恩施坦的"修正主义",但确实没有分享他的"渐进主义"。

至于索雷尔,情况就更复杂了。无疑,在他的"联合体"和"神话"概念中,索雷尔比葛兰西更彻底地和潜在的历史形态学这种本质主义观念进行了决裂。在这方面,而且只有在这方面,葛兰西的历史联合体概念才表现出落后。然而,与此同时,葛兰西的观点标志着相对于索雷尔的明显进步,因为他的作为接合的领导权理论使**民主多元性**(*democratic plurality*)的思想成为必要之物,而索雷尔的神话只能注定再造**特定阶级**的统一(the unity of *the class*)。关于这个神话的一连串说法努力维护着社会内部的基本分界线,并且从来不想通过领导权的再次聚合(hegemonic reaggregation)的过程来建构新的完整的国家。"阵地战"的思想和索雷尔的观点完全不同。

社会民主党:从停滞到"计划主义"

领导权的政治转向试图填补的政治和理论虚空,也可以在第一次世界大战后社会民主党的实践中被发现。在它们那里,严格的阶级任务和运动的新的政治任务之间的错位采取了一种独特的形式:从劳工运动中产生的有限要求和建议之间的矛盾形式,以及作为战后危机的结果而**被抛入**权力之中的社会民主党所面临的政治难题的多样性和复杂性之间的矛盾形式。"不平衡的叠合发展"(uneven and combined development)这种新颖而奇特的形式只能使那些社会力量——它们在只有当"客观条件"成熟才能取得权力这个限定条件下,把所有赌注都押在生产力的进步发展上——的政治影响(effects)陷于瘫痪。社会民主党的狭隘的阶级论心态将在这里产生它的全部消极后果。对于从战后危机中产生的广泛民主要求和对抗来说,社会民主党的领导能力是有限的,这些消极后果正是在这种有限的能力中变得显而易见。"从世纪之交到第一次世界大战结束,欧洲社会主义运动在其革命党的掩护下,只是工联主义的一件纯粹的议会工具。它的现实活动仅限于工会问题,它的建设性活动仅限于工资和劳动问题、社会保险和关税问题,顶多就是选举权改革。反抗军国主义的斗争、阻止战争本身虽然重要,但它们对于党的主要任务来说却是'偶然的'。"[①]这种心态将支配从一战结束到大萧条之间的整个社会民主党人的活动。例如,在德国,自1918年11月以来,社会主义人民委员会(Socialist Council of People's Commissars)通过的大部分法令几乎只提到工会的要求和选举系统的改革;而从不打算去面对关键的政治经济难题。这种狭隘的阶级论心态也反映在激进民主政策在那些由社会民主党人主政的社会中的总体缺席上。这种阶级论心态——无论是改良主义的还是革命的,都无关紧

---

① 施图姆塔尔(A. Sturmthal):《欧洲劳工的悲剧:1918—1939》(*The Tragedy of European Labour, 1918-1939*),伦敦,1944,第23页。这部早期的著作是一项试图在社会民主政治的局限和工会的社团主义心态之间建立联系的具有高度洞察力的尝试。

要——堵死了建构集体意志(这种集体意志在新的人民的历史联合体中把各种各样的民主要求和对抗接合了起来)的道路。无论是军队,还是官僚制度拒不接受任何改革。至于对外政策,社会民主党政府——尤其是那些参加由其他政治力量所主导的内阁的社会党部长——使自己局限于随大流,而不提出任何政治替代方案。

在严格的经济领域中,战后占统治地位的社会民主主义政策是一种国有化(nationalizations)政策(所谓的"社会化"[socializations])。在《通往社会主义之路》(*Der Weg zum Sozialismus*)①中,鲍威尔提出了一系列跟企业的民主化管理相结合的渐进的国有化措施。国有化方案出现在许多国家,其中有某些国家如德国、英国和瑞典,还建立了研究社会化方案的委员会。但这种活动毫无成果。"尽管某些国家的社会民主党人组建或进入了政府,但第一批社会化尝试的整体结果却是零:除了1936年的法国军备工业外,在两次世界大战之间的整个时期,没有一家西欧公司接受社会民主党政府的国有化。"②社会化遭到惨败之后一直到大萧条,社会民主党都没有最起码的经济替代方案。

这种失败有多种原因,但它们全都落实在两个主要因素上。首先,缺乏领导权方案;由于放弃了与广泛的民主斗争阵线相接合的任何尝试而只希望代表工人的利益,社会民主党发现自己无

---

① 维也纳,1919。

② 普热沃尔斯基:《作为一种历史现象的社会民主》("Social Democracy as a Historical Phenomenon"),《新左派评论》,第122期,1980年7—8月,第48页。

力改变国家机器的社会与政治逻辑。在这一点上,一个选择清晰地浮现了出来:要么为了获得有利于工人阶级的最大数量的社会措施而加入资产阶级内阁,要么就变成反对派,从而使自己加倍无能。社会民主党的那种典型的工会利益压力集团(pressure-group)的性质,几乎总是硬塞给人们第一种选择。

然而,社会民主党对任何结构变化都无能为力还有第二个原因:这是第二国际的经济主义的延续。经济主义是这样一种观点,即认为经济构成了一个受必然规律支配的同质性空间,这个空间不受意识调控的影响。施图姆塔尔敏锐地评论道:"奇怪得很,仍然在赫尔曼·穆勒①和其他右翼领袖身上活跃着的激进的马克思主义传统却强化了他们对**自由放任主义**(*laissez-faire*)的坚定支持。'资本主义不能改良'这个信念是马克思主义信条的一部分,它在社会主义政党成立之初就被设计出来,以把它和所有中产阶级改良运动分开。资本主义被认为要遵循它自己的规律;只有社会主义革命……才能驱逐旧制度的邪恶的社会后果。这个理论显然更多地意味着对革命的信仰而非对民主方法的信仰,甚至当社会主义革命接受了民主,它也不完全放弃它原来的理论中的基本意识形态。根据这个观点,不得不在资本主义经济的传统框架中管理资本主义政府……因此,赫尔曼·穆勒得到激进分子的支持,但他们在其他方面却深深地不

---

① 赫尔曼·穆勒(Herman Müller, 1876—1931),德国政治家,1916—1918年任德国国会议员。1919—1920年作为德国社会民主党成员,被任命为外交部部长,并代表德国签署了《凡尔赛条约》。在魏玛共和国时期,曾担任德国总理。——译注

信任他。"①

正是大萧条迫使这种观点发生了改变,同时给重新界定社会民主政治赋予了新的基础。20世纪30年代的"计划主义"(planism)是这种新态度的第一个表现。在创造出福利国家(welfare-state)这个经济替代方案的同时,凯恩斯主义(Keynesianism)的贯彻执行给工人利益赋予了普遍的地位,因为高工资政策通过扩大总需求,变成了对经济增长的刺激。②

然而,计划主义在它如日中天的时候,也就是在它的主要阐释者亨利·德曼③在著作中阐述它的时候④,不只是一个简单的经济提案,它是以全新的反经济主义的方式重铸社会主义运动目

---

① 施图姆塔尔:《欧洲劳工的悲剧:1918—1939》,第39—40页。

② 普热沃尔斯基:《社会民主主义》,第52页。

③ 亨利·德曼(Henri de Man,1885—1953),比利时政治家,比利时工党领袖之一。他于1927年出版了《超越马克思主义》(Au-delà du marxisme)一书。在这本书中,亨利·德曼提出了他关于计划主义的观点,在他看来,无产阶级应当在国家范围内加强与资产阶级的合作,实行务实而又彻底的计划经济。在这个意义上,马克思主义提倡的生产资料完全社会化是错误的,社会经济中的私有制成分不必消灭,应该以资本主义为基础发展公营部门和私营部门的"混合经济",即在资本主义经济中掺进社会主义计划性和国家政权干预。正是因为有这样的经济思想打底,所以亨利·德曼在政治上便放弃了无产阶级的领导权。在他看来,社会主义的核心在于伦理和道德,认为工人运动的根本动力在于工人"自我估价的本能",因此,社会主义运动主要任务也就是要从宗教、道德、文明等方面入手,倡导工人阶级追求伦理道德的自我完善。——译注

④ 请特别参考《超越马克思主义》和《社会主义的理念》(L'Idée socialiste,1933)。

标的一种尝试。这种尝试的所有要素都在德曼(他是第一批严肃地研究精神分析的社会主义者之一)那里出现了,我们在经济主义和化约论的马克思主义危机中目睹了这些要素的产生,这些要素就是:对以经济"利益"为基础的理性主义主体性观念的批判;对阶级化约论的批判;比工人阶级更宽泛的群众联合体(mass bloc)的必要性;需要提出社会主义,把它作为**民族的**(national)选择,作为在新的基础上对民族进行的有机重建;需要把集体的社会主义意志的各种成分黏合起来的索雷尔式神话;等等。因此,"计划"不是简单的经济主义工具;它是重建历史联合体的主轴,这个联合体将有可能与资产阶级社会的堕落作斗争,有可能反抗法西斯主义的蔓延(德曼个人在 1938 年后采取的亲法西斯主义立场,以及马塞尔·德亚①手下的社会主义者在法国的类似的演变不应该使我们忘记,作为在战争和萧条之后业已改变的社会氛围中重新获得社会主义政治首创精神的现实努力,计划主义具有重要的意义。它的许多主题都变成了 1945 年后社会民主主义的共同遗产——特别是它的经济—技术专家治国论的方面[economic-technocratic aspects];而它那更为激进和新颖的政治见解却大有被弃置一旁的倾向)。

在这个方面,回想一下那个被频繁提起的、触及二战后社

---

① 马塞尔·德亚(Marcel Déat,1894—1955),法国政治家。1926 年以社会主义者身份被选入国民议会,但 1932 年因反对莱昂·布鲁姆(Léon Blum,1872—1950)的领导而和社会党决裂。20 世纪 30 年代开始逐渐转入右翼阵营,最终投靠了法西斯主义。——译注

会-民主政治局限之实质的含混性①是很有裨益的。计划主义的左翼支持者们的方案是建立一种混合经济,其中,资本主义成分将逐渐消失;因此,这实际上是一条向社会主义过渡的道路。但是,对于更具技术专家治国论性质的变体来说,这种观点只是创造了一个对资本主义进程中固有的不平衡性进行纠正——特别是通过对信用的控制——的国家干预的领域。这种替代方案的用语非常清楚地表明,左右两派的选择都与**经济政策**(economic policy)有关;而激进民主化方案和新的集体意志的建构则要么是缺失的,要么占据着边缘的位置。1945年以前,正是社会民主主义运动根深蒂固的阶级偏见阻碍了对领导权接合的所有尝试。1945年以后,这种阶级偏见随着福利国家的建立大大减弱了,当然,不是朝着深化民主进程的方向减弱,只不过是依靠凯恩斯主义国家的扩张减弱罢了,在这种国家中,不同的社会组成部分的利益再也不沿着清晰的阶级界限来界定了。在这个意义上,社会民主主义变成了在一定的国家形式**内部**的政治经济替代方案,而不是针对那种形式本身的激进的替代方案(这里,我们显然不是指包括用暴力颠覆现存国家在内的"革命的"替代方案,而是指国家和市民社会内部的各种对抗的深化与接合,这就承认了对占统治地位的领导权形式进行反抗的"阵地战")。由于缺乏这种领导权的替代方案,社会民主主义把自己化约为一个结合体(combination),其中一方面是和工会之间的被赋予了特权的实用主义关系,另一方面是多多少少具有左翼色彩的专家治国政策——不管怎样,它让一切都取决于国家层面上实施的解决方案。这就是那

---

① 例如,请参看贝古尼乌和马南的《社会民主或妥协》,第118—120页。

个荒谬观念的根源,根据这个观念,一项纲领的"左倾"程度是以它计划将多少公司国有化来衡量的。

本质主义的最后一个据点:经济

我们前面的分析可以从两个不同的角度来看待,严格地讲,它们是相互补充的。从第一个角度来看,我们呈现的是一幅与分裂和碎片化过程相关的图景,通过这一图景,产生了正统范式的解体,但这个范式所占据的空间仍然不是空的;从第二个角度来看,同样的过程可以被视为领导权的新的接合逻辑与重组逻辑的产生与扩展。但是我们看到,这种扩展遇到了限制。无论工人阶级被认为是阶级联盟中的政治领导者(列宁)还是历史联合体的接合中心(葛兰西),它的根本身份都是在一个和领导权实践发挥作用的领域不同的领域中构成的。因此就有一道门槛,任何战略-领导权观念都无法跨过它。如果经济主义范式的有效性在某个确定的层级上(最后的但却具有决定性的层级,因为它是历史的理性根基)被维系着,领导权接合必然只能被认为是单纯的偶然性。这个最后的理性根基——它给所有的历史过程赋予了一种倾向性意义(tendential sense)——在社会地形学中拥有一个独特的位置:它处于经济的层面上。

但是,为了起到这种构成领导权实践主体的作用,这个经济层面必须满足三个非常明确的条件。第一,它的运动规律必须具有严格的内生性(endogenous),并且必须排除源自政治或其他外部干预的一切不确定性——否则,这种构成性功能(constitutive function)就不能专门指向经济了。第二,社会当事人在经济层面上构成的统一性和同质性必须源自这个层面特有的运动规律(任何立场——这些立场需要一个外在于经济的重组层级[an instance of recomposition]——的碎片化和分散都被排除了)。第三,这些当事人在生产关系中的立场必须赋予他们以"历史利益",所以,这类当事人在其他社会层面上通过"代表"或"接合"机制获得的在场最终必须根据经济利益来解释。因此,经济利益并不限于哪个确定的社会领域,而是成了关于社会的整体化视角(globalizing perspective)的锚地。

即使那些历尽千辛万苦,努力克服经济主义和化约论的马克思主义倾向,也坚持以这种或那种方式维护我们刚才描述过的关于经济空间构造的本质主义观念。因此,马克思主义内部经济主义倾向和反经济主义倾向之间的争论必然被化约为次要的难题,即在对历史进程的决定作用中应该给上层建筑赋予多大比重。但是,最"上层建筑主义的"(superstructuralist)观念也保持着关于经济的自然主义观点,即便当它试图限制其后果的范围时也是如此。在本章剩下的部分,我们将探究正统的本质主义这块最后的阵地。通过引述某些当代论争,我们将力图证明:经济空间本身被结构为政治空间,在这个空间中,就像在其他社会层面上一样,被我们描述为领导权的那些实践充分地发挥着作用。然而,在我们着手这项任务之前,有必要区分一下在经济主义批判中经常混淆的两个大不一样的难题:第一个涉及经济空间的性质和构成;第二个——**这个难题无论如何都与第一个难题无关**——涉及在对经济空间本身以外的社会进程的决定作用中,经济空间的相对比重是多少。第一个是具有决定性的难题并构成了与本质主义范式(essentialist paradigms)彻底决裂的理据。由于我们在本书中试图澄清的那些原因,第二个难题无法在社会的全面理论化这个层面上得到确定(宣称在某种**特定的形势下**,在**每一个**社会层面上发生的事都是由经济层面上发生的事绝对地决定的,严格说来,这和我们对第一个问题的反经济主义的回答在逻辑上是不相容的)。

领导权主体在经济层面获得最终构成(ultimate constitution)的三个条件,对应于经典马克思主义理论中的三个基本论点:经济运动规律的内生性这个条件对应于"生产力是中性的"这个论点;社会当事人在经济层面上的统一这个条件对应于"工人阶级逐渐同质化和贫困化"这个论点;生产关系应该成为超越经济领域的"历史利益"的场所这个条件对应于"工人阶级在社会主义中具有根本利益"这个论点。我们现在将力图证明这三个论点是错误的。

对于马克思主义来说,生产力的发展在朝向社会主义的历史进化中起到了关键的作用,因为"生产力在过去的发展使社会主义成为可能,而它在未来的发展使社会主义成为必然"[1]。它们是越来越多地受到剥削的无产阶级——其历史任务是占有并集体管理高度社会化的、发达的生产力——形成的根源。现在,资本主义生产关系构成了这些生产力进步的不可逾越的障碍。因此,资产阶级和无产阶级之间的矛盾是主要的经济矛盾在社会和政治上的表现,它把生产力的普遍发展规律和资本主义生产方式特有的发展规律联系在了一起。根据这种观点,如果历史具有意义和理性

---

[1] 柯亨(G. A. Cohen):《卡尔·马克思的历史理论》(*Karl Marx's Theory of History*),牛津,1978,第206页。

的根基,乃是因为有生产力发展的普遍规律。因此,经济可以被理解为对独立于人类行为而对客观现象起作用的社会机制。

现在,为了让生产力发展的这种普遍规律具有充分的有效性,有必要让出现在生产过程中的诸要素服从它的决定作用。为了确保这一点,马克思主义必须求助于一个虚构(fiction):它把劳动力设想为一种商品。萨姆·鲍尔斯(Sam Bowles)和赫伯特·金蒂斯(Herbert Gintis)已经说明,这种虚构将如何使马克思主义无视劳动力作为资本主义生产过程的要素而具有的整个一系列特征。劳动力不同于其他必要的生产要素,资本家在生产中所要做的不只是购买它;他还必须使它生产出劳动。但是,这个根本的方面摆脱了作为商品——其使用价值就是劳动——的劳动力的概念。如果劳动力只是像其他东西一样的商品,它的使用价值显然从购买它的那个特定时刻开始就自动生效了。"把劳动说成和资本相对的劳动力的使用价值,模糊了**体现在能够从事社会实践的人身上的**生产性投入(productive inputs)和所有那些剩下的投入(remaining inputs)(资本对这部分投入的所有权足以确保这些人的生产性服务被'消费'掉)之间的非常根本的区别。"① 大部分资本主义劳动组织只能被理解为把劳动从资本家购买的劳动

---

① 鲍尔斯和金蒂斯:《劳动价值理论中的结构和实践》("Structure and Practice in the Labour Theory of Value"),《激进政治经济学评论》(*Review of Radical Political Economics*),第 12 卷,第 4 号,第 8 页。这个思想已经在 1961 年的一篇文章即《现代资本主义下的革命运动》("Le mouvement révolutionnaire sous le capitalisme moderne")中遭到了卡斯托利亚迪斯(C. Castoriadis)的批判,见《现代资本主义和革命》(*Capitalisme modern et révolution*),第 1 卷,巴黎,1979。

力中抽离出来这种必然性的结果。如果不理解资本家在劳动过程的中心实行统治的需要,生产力的发展就会变得无法理解。当然,这就对生产力发展是中性的、自发的进步现象这整个观念提出了质疑。因此我们可以看到,经济主义观点的两个要素——作为商品的劳动力,作为一个中性过程的生产力的发展——彼此强化。难怪对劳动过程的研究在马克思主义传统中长期遭到轻视。

正是布雷弗曼①的《劳动和垄断资本:20世纪的劳动退化》②的出版激起了这场争论。它捍卫这样的论点:在资本主义统治下,技术的指导原则是观念(conception)和执行(execution)的分离,它生产出了更加退化的、更加"去技能化"(deskilled)的劳动。在资本主义为统治工人和控制劳动过程而展开的这场斗争中,泰勒制(Taylorism)是决定性环节。布雷弗曼假定,资本从直接生产者那里夺走了对劳动过程的控制,而存在于这一需要背后的正是资本积累的规律。但是,这为什么要靠不断地致力于毁灭劳动者的技能并把他们贬低为单纯的操作者来表现呢?他没有对此提

---

① 哈里·布雷弗曼(Harry Braverman,1920—1976),美国工人运动活动家,17岁参加美国托派运动,不久便加入美国托派政党——社会主义工人党。由于经济困难,进入布鲁克林学院后第二年即休学,随后开始了工人生涯,先后在海军造船厂、铁道修配厂、基础钢铁工业设备厂等处工作了14年。1954年参与创办《美国社会主义者》杂志,并任联合主编达5年之久,直至该杂志被封禁。1967年又担任《每月评论》杂志社社长,直至逝世。——译注

② 布雷弗曼:《劳动和垄断资本:20世纪的劳动退化》(*Labour and Monopoly Capital. The Degradation of Work in the Twentieth Century*),纽约,1974。

供真正的解释。最重要的是,他把这种统治逻辑展现为一种无所不能的力量——它显然不受任何限制地在发挥着作用——好像资本可以获得的经济力量不允许工人阶级进行抵抗并影响发展的过程。在这里,作为商品的劳动力这个完全服从于资本逻辑的旧概念继续产生着它的后果。

和布雷弗曼的论证相反,对作为商品(其使用价值是劳动)的劳动力概念的批判允许我们去理解资本对控制劳动过程的需要。事实是,一旦劳动力被购买了,就必须从它那里抽取出最大限度的可能的劳动。因此,劳动过程无法摆脱一系列的统治关系而存在。因而同样,在垄断资本主义出现之前,资本主义劳动组织不得不既是一门生产技术(a technique of production),又是一门统治技术(a technique of domination)。这个方面在许多著作中都已经得到了强调,比如斯蒂芬·马格林和凯瑟琳·斯通的著作,[1]他们认为劳动的碎片化和专门化无论如何都与假定的效率需求无关,而是与资本对劳动进行控制这一需求的后果有关。由于工人能够从事社会实践,所以他可以抵抗被强加的控制机制,并强迫资本家采用不同的技术。因此,不是纯粹的资本逻辑决定了劳动过程的演变;劳动过程不仅是资本实施其统治的场所,也是斗争的场所。

---

[1] 斯蒂芬·马格林(Stephen Marglin):《老板们做什么?》("What do Bosses Do?"),《激进政治经济学评论》,第 6 卷,第 2 号,1974;凯瑟琳·斯通(Katherine Stone):《钢铁工业中的职业结构的起源》("The Origins of Job Structure in the Steel Industry"),《激进政治经济学评论》,第 6 卷,第 2 号,1974。

西欧和美国最近做的大量研究,从工人和资本家之间的力量关系以及工人的抵抗等角度分析了劳动过程的演变。这些研究揭示出"生产政治"(politics of production)的在场,而且挑战了那种思想,即认为资本主义发展只是竞争规律和对积累的迫切要求(exigencies)的后果。理查德·爱德华兹在《竞争的领域:20世纪工作场所的变迁》①中区分了三种主要的控制形式:以警戒(vigilance)为基础的简单控制(simple control);和工人屈从于机器节奏——这种机器节奏与装配线上的节奏一样——相对应的技术控制(technical control);最后,是表现为等级权力的制度化的官僚控制(bureaucratic control)——通过这种方式,控制再也不像以前那样依赖于劳动过程的自然结构,而是依赖于它的社会结构。他坚持认为,工人的抵抗解释了资本利用新形式来进行实验的需要。类似的,让-保尔·戈德马尔(Jean-Paul Gaudemar)在法国的案例中分出技术统治的四个阶段:"'敞视'阶段('panoptic' cycle);(在工厂中和工厂外)**扩大规训的阶段**(extensive disciplining cycle);以双重过程(twofold process)为基础的阶段,这个阶段致力于在通过机械化重新塑造的劳动过程内部把规训内在化,我建议把这个阶段称为**机械性规训的阶段**(cycle of mechanist discipline);最后是**契约性规训的阶段**(cycle of contractual discipline),在这个阶段里,规训的内在化是通过在形式和实质上对权力的局部委托(partial dele-

---

① 理查德·爱德华兹(Richard Edwards):《竞争的领域:20世纪工作场所的变迁》(Contested Terrain: the Transformation of the Workplace in the Twentieth Century),纽约,1979。

gation)进行的。"①20世纪60年代的意大利工人主义(operaista)②潮流证明了资本发展——它绝不是盲目地把自己的逻辑强加给工人阶级——如何依附于后者的斗争。例如,马里奥·特龙蒂③指出,工人阶级的斗争迫使资本改变了它的内部构成和统治形式,因为通过给工作日硬性地加上限制,他们迫使资本从绝对剩

---

① 戈德马尔:《秩序和生产:工厂规训的诞生和形式》(L'ordre et la production. Naissance et fonnes de la discipline d'usine),巴黎,1982,第24页。

② "意大利工人主义运动"是当代意大利马克思主义发展史上的一个重要分支,前后经历了两个阶段。第一个阶段发生在20世纪60年代,以《红色笔记》《工人阶级》的创办为代表,主要人物是马里奥·特龙蒂;第二阶段发生在20世纪70年代后期,主要表现形式是工人自治运动,代表人物是安东尼奥·内格里。工人主义运动的宗旨是要突破传统马克思主义以党为核心的精英化组织模式,转而采用以工人的自发斗争为核心的自下而上的视角,来分析资本主义社会的生产及再生产并提供替代方案,其中突出的是工人自身的主体性。正如特龙蒂所说,工人主义运动"是一种知识形式的体验,带有见习期和朝圣的色彩;它是工人运动史中的一个插曲,在斗争形式和组织手段之间徘徊;它是意大利及意大利之外打破马克思主义教条的一种尝试,关注工人与资本之间的关系;是西方世界中的一种文化革命的尝试。在这最后一点的意义上,工人主义也是20世纪特有的事件","工人的视角成为看待世界的一种政治工具,成为斗争的一种方式"。参见黄晓武,《安东尼奥·内格里与意大利工人主义运动》,《当代世界与社会主义》,2013年第6期。——译注

③ 马里奥·特龙蒂(Mario Tronti, 1931—2023),意大利马克思主义哲学家。他从20世纪50年代初开始就是意大利共产党的活跃分子,并且有与德拉·沃尔佩和科莱蒂相似的理论立场。通过创办《红色笔记》《工人阶级》等杂志成为意大利工人主义运动的领袖。——译注

余价值转向了相对剩余价值。① 这就使潘齐耶里（R. Panzieri）赞成这样的论点：生产是一种"政治机制"（political mechanism），而且有必要分析"在阶级间建立了某种力量关系的技术和劳动组织"②。这些著作的共同思想是，资本主义控制的特定历史形式必须被当作整个社会关系的一部分来研究，因为劳动过程的变动的组织形式不能只通过绝对和相对剩余价值之间的差异来理解。而且，一项比较性的历史分析也揭示出不同国家之间的重要差异。例如，英国工会的力量有可能使对变革的抵抗比其他地方更严重。

以这些方式理解的工人斗争显然不能用资本主义的内生性逻辑来解释，因为它们所特有的动力不能被包含在劳动力的"商品"形式之下。但是，如果资本逻辑和工人的抵抗逻辑的分裂影响了资本主义劳动过程的组织，那么它也必定极大地影响了生产力扩张的性质和节奏。因此，这种认为生产力是中性的，它们的发展可以被设想为中性的和直线前进的论点完全站不住脚。这也就移除了把经济理解为自治的和自我调节的世界的唯一理据。因此，在社会当事人的构成中，为经济领域赋予排他性特权（exclusive privilege）的首要条件并未得到满足。

这个结论应该已经使我们怀疑，第二个条件也没有得到满足，因为经济几乎不可能构成由自己并不具备的单一逻辑统一起

---

① 特龙蒂：《工人和资本》（*Ouvriers et capital*），巴黎，1977，第 106 页。
② 潘齐耶里，邦雅曼·科里亚（Benjamin Coriat）引用，《意大利的工人主义》（"L'operaïsme Italien"），《辩证法》（*Dialectiques*），第 30 期，第 96 页。

来的主体。不过,重要的是探讨不同的"工人阶级"主体立场的多种多样的去中心性(decentring)。首先,马克思那里的工人阶级的特定概念涵盖了与他们自身运动规律的两种独特关系:通过劳动力的售卖而建立的工资关系,它使工人成为一个无产者;以及由工人在劳动过程中的位置产生的工资关系,它使工人成为一个体力劳动者。这种二分法强化了迈克尔·布洛维在生产**的**关系(relations *of* production)和生产**中**的关系(relations *in* production)之间所作的重要区分。① 如果对于马克思来说这个区分不明显,那不仅是因为在他的直接历史经验中这两组关系都倾向于保持一致;还因为在把劳动力视为单纯的商品的同时,他倾向于取消在劳动过程内部建立的关系的所有自治性和相关性。但仍然很清楚的是,这两组关系以一种不同的方式在发展着,使那个把工人统一起来的、共同的"工人阶级"标签变成了成问题的(problematic):尽管工资形式在发达的资本主义中已经普遍化了,但产业工人阶级的数量和重要性却下降了。这种不对称性(dysymmetry)是在近来关于工人阶级局限的争论中占统治地位的含混性的根源。

一旦关于贫困化(impoverishment)的理论——它被认为是构成工人阶级统一的特殊机制——被证明是站不住脚的,就有两种为这种统一寻找经济基础的新的尝试:一个是关注"去技能化"(deskilling)现象(布雷弗曼),另一个是试图认同一个其限定更加

---

① 迈克尔·布洛维(Michael Burawoy):《竞争的领域:资本主义和社会主义下的工厂和国家》("Terrains of Contest: Factory and State under Capitalism and Socialism"),《社会主义评论》(*Socialist Review*),第58期。

严格的工人核心——他们将构成"真正的"工人阶级（普朗查斯）。从他对泰勒制的分析开始，布雷弗曼就认为，由观念和执行的分离导致的劳动退化，在无产阶级化的工人阶级范畴内部产生了比以前更广泛的工人阶层——无论他们是否受雇于商品生产部门。① 按照他的看法，马克思所预见的两极分化（polarization）正处在实现的过程中，而无产阶级劳动条件的持续恶化将推动无产阶级把自己组织起来并在政治上反抗这个制度。然而，关于北美工人阶级的研究很少分享布雷弗曼的同质化论点。相反，普遍的倾向是坚持工人阶级的分化和碎片化。例如，爱德华兹、戈登和赖希的著作②证明了在劳动过程中，与种族主义和性别主义联合起来的控制形式如何创造了劳动市场的分割，并将这种分割在工人阶级的解体（fractioning）中体现出来。③ 西欧的类似

---

① 在布雷弗曼的著作中处处可见这种观点。

② 戈登（D. Gordon）、爱德华兹和赖希（M. Reich）：《被分割的工作，被分化的工人》（*Segmented Work，Divided Workers*），剑桥，1982。

③ 他们区分了三种劳动市场的存在，这些市场对应着工人阶级的三个不同的部分。第一等级的市场包括大多数专业类型的职业。它是中间一部分人的领域，他们享受着有晋升可能性和相对高工资的稳定职业。这些特征也可以在第一类下等的市场中发现，差别在于这一部分人——"传统的"工人阶级以及属于第三部分的半熟练工——只有企业需要的特殊技能，他们的劳动是重复的并且和机器的节奏联系在一起。最后，我们遇到了"第二类下等市场"及其没有劳动技能的工人，他们没有任何晋升的可能性，也没有任何职业保障并且拿着低工资。这些工人没有被联合起来，他们更替迅速而且黑人和妇女的比例很高。

著作①也削弱了对社会结构不断简化的论点,并且证实目前的普遍趋势是经济上两部分人的对立:一个是报酬丰厚、受到保护的一般性部分(general sector),一个是没有任何安全保障的不熟练或半熟练工人这个边缘性部分(peripheral sector)。如果我们加上第三个部分,即数量正在增长的结构性失业人群(structurally unemployed)这个部分,那么很明显,同质化论点确实是站不住脚的。此外,去技能化并未展示出布雷弗曼赋予它的普遍特征:尽管它在某些部分中逐渐增多,但也有一个创造新技能的与之平行的过程。

更进一步说,二元劳动力市场的创造必须和资本主义反对工人抵抗的各种战略关联起来,而不能被视为资本主义发展的简单后果。因此,安德鲁·弗赖德曼已经表明,在英国,资本家如何根据抵抗他们权威的不同的工人集团的能力来采取不同的战略。②在特定的国家和同一家公司的内部,可以对中心的工人和边缘的工人进行区分,他们属于不同的劳动市场,他们的工资和劳动条件反映了他们不一样的抵抗能力。女人和移民通常处于不受保护的市场。但是,弗赖德曼并不把这种分割视为分化工人阶级的

---

① 例如,请参看帕奇(M. Paci)的《意大利的劳动生产和社会阶级:关于无产阶级构成的研究》(*Mercato del Lavoro e classi sociali in Italia: Ricerche sulla composizione del proletariato*),博洛尼亚,1973。关于工业社会的更一般的看法,请参看贝尔热(S. Berger)和皮奥里(M. Piore)的《工业社会的二元论和不连续性》(*Dualism and Discontinuity in Industrial Societies*),剑桥,1980。

② 安德鲁·弗赖德曼(Andrew Friedman):《工业和劳动:劳动中的阶级斗争和垄断资本主义》(*Industry & Labour. Class Struggle at Work and Monopoly Capitalism*),伦敦,1977。

阴谋的结果,而是视为力量关系(relations of forces)的结果,工会在这种关系中扮演着重要的角色。因此,工人阶级内部的分化比许多盼着它分化的愿望具有更深的根源;在某种程度上,它们是工人自身实践的结果,是政治的分化,而不仅是经济的分化。

今天不可能再讨论工人阶级的同质性,更不用说把它追溯到刻写在资本主义积累逻辑中的某个机制。为了维持那个工人身份的理念——它以共同利益为中心,源自阶级在生产关系中的一种嵌入(insertion)——我们刚刚提到的第二种倾向已经尝试着通过更加严格的定义来给**真正的**工人阶级进行定位。碎片化的现实被完全接受了,统一的身份(unitary identity)被归于各种碎片(fragments)的其中之一。在这个方面,考察一下赖特和普朗查斯的争论是很有裨益的。① 按照普朗查斯的观点,生产性劳动(productive labour)是确认工人阶级界限的标准,②非生产的雇佣劳动者则构成了一个"新的小资产阶级"(new petty bourgeoisie)。包含在这个范畴中的各部分的异质性并没有给普朗查斯制造什么特别的难题。在他看来,由于阶级不能只在经济层面上定义,由于新旧小资产阶级占据着同样的关于无产阶级和资产阶级的意

---

① 尼科斯・普朗查斯(Nicos Poulantzas):《当代资本主义中的阶级》(*Classes in Contemporary Capitalism*),伦敦,NLB,1975;艾瑞克・奥林・赖特(Eric Olin Wright):《阶级,危机和国家》(*Class, Crisis and the State*),伦敦,1978。

② "生产力"概念在普朗查斯那里比在马克思那里受到了更多的限制,因为他把劳动定义成"生产剩余价值,**同时又直接生产充当剥削关系之基础的物质要素的劳动;通过生产增加物质财富的使用价值而直接卷入物质生产中的劳动**"(参见普朗查斯的《当代资本主义中的阶级》,第216页)。

识形态立场,所以他感到把它们囊括在同一个阶级范畴中是非常合理的。这种方式遭到了赖特的批判,他不仅拒绝普朗查斯对生产性劳动的定义,而且拒不认为这样一个标准能够有助于确定工人阶级的界限。他的论据是,生产性和非生产性劳动之间的区别绝不意味着非生产性工人有不同的阶级利益,也不意味着他们都对社会主义不感兴趣。他明确指出:"以经济标准为基础在劳动社会分工的内部给不同的阶级指定两种立场,就是暗示他们在经济层面上具有根本不同的阶级**利益**。"① 他提供的解决办法是在"含混的"(ambiguous)阶级立场和"非含混的"(non-ambiguous)阶级立场之间进行区分。后者是无产阶级、资产阶级和小资产阶级的特征。② 与这三个非含混的阶级立场一道,赖特还区分了他称之为"矛盾的阶级位置"(contradictory class locations)的东西,即介于两种非含混的立场之间的那个中间的位置。在经济标准相矛盾的地方,意识形态斗争和政治斗争将在对阶级利益的界定中起到一种决定性作用。

这种对"真正的"工人阶级的第欧根尼式探索,其原因当然是政治的:目的就是要确定工人的范畴,他们的**经济**利益把他们直接和一种社会主义的观点(socialist perspective)联系起来,他们因而注定要领导反资本主义的斗争。但是,这些以被严格限制的工

---

① 赖特:《阶级,危机和国家》,第48页。
② 无产阶级属性的标准是:(1)缺乏对物质性生产资料的管控;(2)缺乏对积累过程和投资的管控;(3)缺乏对其他人的劳动力的管控。相反,资产阶级是通过它对这三项实施管控来定义的,而小资产阶级管控投资、积累过程和物质性生产资料——它不管控他人的劳动力。

人阶级定义为起点的方式有一个难题,即它们仍然以"客观利益"(objective interest)的概念为基础,而这个概念无论如何都是缺乏理论基础的,而且它所涉及的只不过是被分析家独断地把利益划归给某一类社会当事人。按照传统的观点,阶级统一是围绕利益被建构的,但它不是社会结构的数据资料(datum);而是由与生产力发展相伴随的贫困化和无产阶级化造成的统一的**过程**(process)。布雷弗曼通过**去技能化**获得的同质化属于同一个解释层面。客观利益依赖于可以用科学知识理解的理性的和必然的历史运动,就此而言,**客观利益**是**历史**利益。我们不能一面放弃末世论的历史观(eschatological conception of history),一面又保留只有在这种历史观中才有意义的"客观利益"概念。普朗查斯和赖特似乎都假定,工人阶级的碎片化是**不同**的社会当事人**之间**的立场的碎片化。他们都没有注意到经典马克思主义意识到的那个更为重要的现实,即立场的碎片化存在于社会当事人自身的**内部**,因此,这些立场缺乏最终的、理性的同一性(identity)。经济斗争和政治斗争之间的张力——以及对工人阶级的"资产阶级化"(embourgeoisement)的分析,或者伯恩施坦关于工人通过民主过程不再成为无产阶级而成为了公民这种论断,等等——意味着,工人阶级受到了一种被无力地整合在一起,而且频繁产生矛盾的主体立场的多元性的支配。在这里,选项是清楚的:要么就是人们获得了一门历史理论,根据这门理论,矛盾的多元性将被清除,而绝对统一的工人阶级将在无产阶级的千禧年时刻变得对自身透明可见——在这种情况下,它的"客观利益"从一开始就可以被确定;要么就是人们放弃那门理论,从而在确定作为整体的当事人的"客观利益"的过程中,放弃任何使某些主体立场(subject positions)凌驾于其他立场之上的基础——在这种情况下,客观利益这个概念就变得没有意义了。在我们看来,为了在社会对抗的规定性中前进,有必要分析各种经常矛盾的立场的多元性,放弃那个关于完全统一和同质的当事人的想法,比如经典话语中的"工人阶级"。对"真正的"工人阶级及其界限的探索是一个错误的问题,它本身缺乏任何理论或政治意义。

显然,这不意味着工人阶级和社会主义无法兼容,而是意味着一个非常不同的说法,即社会主义的根本利益不能从经济过程中的确定立场(determinate positions)中**逻辑地**推断出来。与之相对立的观点(这样一种联系①是由工人在阻止资本主义吸纳经济剩余的过程中的利益提供的)若要有效,就必须进一步假设:(a)工人和资本家一样,都是试图把经济剩余最大化的**经济人**(*homo oeconomicus*);或者(b)工人是一个自发的合作者,渴望对他的劳动产品进行社会分配。但是,即便如此,这些仅仅貌似真实的假设也都不能提供必要的证据,因为生产关系中的立场和生产者的精神状态之间没有任何逻辑联系。工人对某些统治形式的抵抗将取决于他们在整个社会关系中的立场,而不仅仅是在那些生产关系中占据的立场。在这一点上,很显然,我们为只通过经济领域来构成领导权当事人而提出的最后两个条件——他们理应在那个空间中作为主体而被圆满地构成,他们应该被赋予源自他们阶级立场的"历史"利益——也没有得到满足。

---

① 这种"联系"指的是工人阶级和社会主义之间的联系。——译注

正视结果

让我们得出结论吧。经济领域并不是一个服从于内生性规律的自我调节的空间;也不存在什么社会当事人的构成性原则,使他可以被固定在一个最终的阶级核心之中;阶级立场也并非历史利益的必然的所在地。从这一点出发,很快就可以得出其言外之意。自考茨基以来,马克思主义就懂得工人阶级的社会主义规定性并不是自发产生的,而是依赖于知识分子的政治中介。但是,这种中介没有被设想为**接合**(*articulation*)——也就是说,没有被设想为一种从不同要素出发的**政治建构**(*political construction*)。它有一个认识论基础:社会主义知识分子在工人阶级身上**读**出了它的客观命运。在葛兰西那里,政治最终被设想为接合,而且通过他的历史联合体概念,一种深刻而彻底的复杂性被引入了对社会的理论化之中。但是,即使对葛兰西来说,领导权主体身份的最终核心仍是在它所接合的那个空间之外的某个点上构成的:领导权逻辑并没有施展它对经典马克思主义理论领域的所有解构效果。然而,我们已经看到,阶级化约论(class reductionsim)的这个最后据点沦陷了,因为阶级主体的统一和同质性已经分裂成了一系列以不确定的方式统合起来的立场,一旦抛弃了生产力的中立性这个论点,这些立场就无法适用于任何关于未来统一化的必然观点了。领导权的逻辑就像接合和偶然性的逻辑一样,已经开始确定领导权主体的身份了。由此产生了大量结论,这些结论代表着我们接下来的分析的出发点。

1. 不固定性(unfixity)已经成为一切社会身份的前提条件。正如我们看到的,在对领导权的第一波理论化过程中,所有社会要素(social element)的固定性都始于领导权任务与阶级——它被认为是该任务的自然代理人——之间难分难解的联系;而任务和领导任务的阶级之间的关联(bond)仅仅是事实的或者偶然的。但是,由于这项任务和阶级再也没有任何**必然**联系,所以阶级身份只有通过它在某个领导权形态(hegemonic formation)内部的接合才能被赋予这个阶级。这个阶级的身份已经变成了纯粹关系性的(purely relational)。由于这个关系系统本身不再是固定的和稳定的——因而使领导权实践成为了可能——所以一切社会身份的意义都在不断延迟。"最后的"缝合时刻永远不会到来。然而正因为如此,不仅必然性这个特定的范畴衰落了,而且再也不可能通过纯粹的偶然性来解释领导权关系,因为那个使必然/偶然的对立清晰可见的空间已经消失了。"领导权联系可以通过单纯的叙事经验而在理论上得到理解"这种观念被证明是一种幻想。相反,这个联系必须通过新的理论范畴来定义,这些理论范畴试图理解一种永远不会成功地与其本身相同一的关系类型,就此而言,它们的地位构成了一个难题。

2. 让我们简单地提一下社会的这种不固定性在其中得以产生效果的诸**维度**。第一个维度属于政治主体性(political subjectivity)的领域。我们已经在卢森堡那里看到,把不同的对抗及政治断裂点联系起来的象征维度是新的社会力量的母体——葛兰西将把那些社会力量称为"集体意志"(collective wills)。在经济主义历史观的持存(一种形态学层面的持存)中,这种关于社会的象征性构成(symbolic constitution)的逻辑遇到了明确的限制。但是,一旦这个限制被消除,由各种形式的社会抗议造成的对阶级界限的僭越就可以自由地发挥作用(也就是说,**自由地**摆脱斗争或要求的任何一种先天的阶级特性——显然,不是在"一切接合在一定的形势中都是可能的"这个意义上)。如果情况就是如此,就可以从我们的分析中推导出三个重要结论。第一个涉及社会主义和具体的社会当事人之间的联系。我们已经证明,社会主义目标和社会当事人在生产关系中的立场没有任何逻辑的和必然的关系;它们之间的接合是外部的,而不是从任何彼此联合的**自然**运动中产生的。换句话说,它们的接合必须被认为是一种领导权关系(hegemonic relation)。由此断定,从社会主义的角度来看,工人斗争的方向不是一致向前的:它**就像其他所有社会斗争一样**,取决于它在一定的领导权语境(hegemonic context)内部的接合形式。同理,各种各样的其他断裂点和民主对抗也可以被接合到与工人的要求**具有同等地位**的社会主义"集体意志"中。反资本主义斗争中那"被赋予特权的主体"(privileged subjects)——在本体论的,而非实践的意义上——的时代终于被取代了。第二个结论涉及"新社会运动"(new social movements)的性质,在过去十年中,这些运动已经被大量地讨论过了。这里,有两种和我们的理论立场不相容的占统治地位的思想倾向。第一个倾向探讨的是,在社会主义变革的被赋予特权的主体这一难题性内部,这些运动有怎样的性质和功效:因此,它们要么被认为是就工人阶级(正统观念中的根本的主体)而言的边缘性或外围性运动,要么被认为是已经被整合进这个系统的工人阶级的革命性替代品(马尔库塞)。但是,到目前为止我们所说过的一切都表明,对于社会主义政治实践的发动而言,没有任何被赋予特权的点(points);该实践依赖于从许多不同的点辛苦建构起来的"集体意志"。因此,我们也不能同意关于新社会运动的讨论中的其他占统治地位的倾向,包括对它们的进步性的先天的肯定。地方共同体运动、生态斗争、性别弱势群体运动,它们的政治含义不是一开始就给定的:关键取决于它们和其他斗争及要求的领导权接合。第三个结论涉及对不同的主体立场之间的关系进行设想的方式,我们的分析倾向于对它们进行去总体化(de-totalize)。然而,如果在这一点上得出的结论是去中心的运作(decentring operation),我们就只能设法去证实一种新形式的固定性,即各种去中心的主体立场(decentred subject positions)的固定性。如果这些立场本身就不固定,那么很显然,去总体化(de-totalization)的逻辑不能只证实不同的斗争和要求之间的**分离**,接合也不能只被设想为被圆满构成的(fully constituted)不同要素之间的联合。正是在这里,"过度决定"(overdetermination)概念的激进化才会赋予我们理解社会接合的特殊逻辑的钥匙。

3. 不过,我们的分析逻辑似乎暗示着,"领导权"概念本身也应该受到质疑。使这个范畴得以出现和生效的话语区域(discursive areas)最初被局限在与分裂有关的理论领域中。在本质的层面上被构成的阶级,面临着迫使它承担不符合自己性质的任务的历史偶然性。但我们已经看到,一方面,在这两个层面的区分消失之后,这个分裂也无法继续存留了;另一方面,在朝着民主的方向有所推进这一范围内,领导权任务改变了领导权主体的身份。这是否意味着"领导权"只是一个过渡性概念(transitional concept),只是本质主义话语解体的一个环节,而且不能够比它更为经久？在接下来的两章中,我们将力图说明,这并非一个恰当的答案,领导权概念中固有的张力也是所有政治实践,严格来说,是所有社会实践中固有的。

第三章

超越社会的肯定性：
对抗和领导权

Beyond the Positivity of the Social:
Antagonisms and Hegemony

我们现在必须在理论上建构领导权概念。到目前为止,我们的分析给我们提供的东西比一个精确的话语定位(discursive location)——我们正是由此着手讨论的——要么多一点,要么少一点。有些东西多一点,是因为领导权的空间不完全是一个局部化的(localized)"不可思考的"空间;毋宁说它是这样一个空间,从其中迸发出了一整套以可理解性(intelligibility)为基础的社会观念,而这种可理解性把社会的不同环节化约为封闭范式的内在性。有些东西少一点,是因为领导权关系出现的各个层面并未和谐地汇聚在一起,以形成一个需要新概念去填补的理论虚空。相反,它们当中有些似乎成了这个概念的**消解**(dissolution)的层面:因为所有社会身份的关系性特征(relational character)都意味着打破了各个层面的区别(differentiation),打破了接合者和被接合者之间的不平衡性,而领导权联系正是建立在这个基础上的。因此,建构领导权概念涉及的不是在前后一致的语境中的单纯的思辨努力,而是需要在相互矛盾的话语层面之间进行协商的、更为复杂的战略运动。

从到目前为止所说的一切来看,领导权概念预设了一个由**接合**(articulation)范畴所主导的理论领域;因此,被接合的要素可以被分别地确认(后面,我们将考察在不依赖于被接合的总体[articulated totalities]的情况下,对诸要素进行详细说明是如何可能的)。不管怎样,如果接合是一种实践,而不是**既定的**关系性复合体的名称,它肯定蕴含着那种实践所要接合或重组的诸要素的独立在场形式。在我们想分析的那种理论化类型中,接合实践对其产生作用的要素最初被描述为丧失了结构总体性和有机总体性(structural and organic totality)的碎片。在18世纪,德国的浪漫派一代把这种碎片化和分化的经验作为其理论反思的起点。自17世纪以来,把宇宙当作有意义的秩序而人在其中占据一个精准而确定的位置的观念崩溃了——该观念被自我定义的主体观念所取代,这个主体是和宇宙的其他部分保持外在性关系(relations of exteriority)的实体(韦伯的对世界的祛魅[disenchantment])——这就使**狂飙突进运动**(*Sturm und Drang*)的浪漫一代热切地去寻找那个丢失的统一和能够使分化得到克服的新的综合。作为完整的总体性(integral totality)的表达,人的概念试图和17世纪以来建立的所有二元论——身体/灵魂,理性/情感,思想/感觉——决裂。① 众所周知,浪漫派认为这种分裂(dissociation)的经验和功能的区别(functional differentiation)、社会阶级的分化,以及官僚国家(它与其他社会生活领域建立了外在性关系)日益增长的复杂性紧密相连。

将要被重新接合起来的诸要素被描述为一个已经丧失的统一体的各种**碎片**(*fragments*),鉴于此,任何的重组显然都具备了一种**人为的**(*artificial*)特征,这种特征与希腊文化特有的**自然的**有机统一(natural organic unity)恰好相反。荷尔德林说:"我们的存在有两种理想,一种是最伟大的单纯性的境界,在这里,我们的需求

---

① 泰勒(C. Taylor):《黑格尔》(*Hegel*),剑桥,1975,第23页及第一章的全部。

彼此协调一致,它和我们的力量、和与我们相关的一切事物协调一致,**靠的只是自然的组织**而无须我们的任何活动。另一种是最高级的教化(cultivation)的境界,在那里,这种一致性会通过我们能够赋予自己的那种组织,在无限多样化的和无限强劲的需求与力量之间产生出来。"① 现在,一切都取决于我们如何来看待这个"我们能够赋予自己的",并且给诸要素提供新的统一形式的"组织":要么这个组织是偶然的,因而外在于碎片本身;要么碎片和组织都是总体(这个总体超越于碎片和组织之上)中的必要环节。显然,只有第一种类型的"组织"可以被认为是**接合**(articulation);第二个类型严格地讲是**中介**(mediation)。但同样清楚的是,在哲学话语中,一个和另一个之间的距离更多地被表现为与含混性有关的模糊领域,而非清晰的分水岭。

从我们目前的观点来看,这就是黑格尔的思想在对统一和分裂的辩证法的理解方式中表现出来的那种含混性(ambiguity)。他的著作既是德国浪漫主义的最高阶段,又是对社会的第一次现代(也就是启蒙运动之后的)反思。它不是从乌托邦出发的社会批判,也不是对某些机制——这些机制使一种被承认为确定的和既定的秩序变成了可能——的描述和理论化;相反,黑格尔的反思是从社会的不透明(opaqueness)出发的,这种不透明与合理性及可理解性那难以捉摸的形式是相对的(只有求助于使分离回归统一的理性的狡计,才能察觉这种合理性和可理解性)。因此,黑格尔似乎位于两个时代的分水岭上。在第一种意义上,他代表着理性主义的最高点,在这个时刻,理性主义企图把整个差异世界

---

① 荷尔德林:《许佩里翁断章》(*Hyperion Fragment*),引自泰勒,第 35 页。

都包含在没有二元论的理性领域内部。历史和社会因此获得了理性的、可理解的结构。但在第二种意义上,这种综合包含着使它解体的所有因子,因为历史的合理性只能以把矛盾引入理性领域为代价才能得到证实。因此,正如特伦德伦堡①在 19 世纪所证明的那样,②只要表明这是一项不可能的操作,要求不断地违反自己假定的方法,就足以让黑格尔的话语变成非常不同的东西,即一系列偶然的和非逻辑性的变化。黑格尔的现代性恰好在于此处:对他而言,同一性(identity)永远不是肯定的和封闭在它自身之中的,而是被构成为变化、关系和差异。但是,如果黑格尔的逻辑关系变成了偶然的变化,它们之间的联系就不能被固定为一个潜在的或者被缝合起来的总体的各个环节。这意味着它们是接合。在马克思主义传统中,这个含混性的领域在"辩证法"概念的矛盾的使用中被展示了出来。一方面,每当试图摆脱固定化逻辑的时候,也就是说,每当思考接合的时候,这个概念就被不加批判地引入进来(例如,请想想毛泽东的别具一格的辩证法概念,他使接合的逻辑能够在辩证的掩饰下被引入政治－话语的层面上)。另一方面,在某些情况下——此时,更多的重要意义被赋予了先天变化的必然性,而不是开放性接合的非连续性环节——"辩证

---

① 弗里德里希·阿道夫·特伦德伦堡(Friedrich Adolf Trendelenburg, 1802—1872),德国唯心主义哲学家。他反对黑格尔哲学,特别是反对黑格尔的辩证法。著有《逻辑研究》《黑格尔体系中的逻辑问题》和《伦理基础上的自然法》等。——译注

② 特伦德伦堡:《逻辑研究》(*Logische Untersuchungen*),希尔德斯海姆,1964,初版于 1840 年。

法"产生了一种封闭的后果。正如特伦德伦堡已经指出的那样,如果这些含混性和不精确性……出现在黑格尔本人身上,我们就不应该因为它们而过分谴责马克思。

现在,这个由"辩证法"的话语运用构成的含混性领域是必须首先被消除的东西。为了把我们稳固地置于接合的领域,我们必须一开始就放弃那个把"社会"作为其局部过程的奠基性总体(founding totality)的观念。因此,我们必须把社会的开放性理解为现存事物的构成性基础(constitutive ground)或"否定性本质"(negative essence),把各种各样的"社会秩序"理解为驯化差异领域的不可靠的、最终失败的尝试。相应的,社会的多样性(multiformity)不能通过中介系统来理解,"社会秩序"也不能被理解为潜在的原则。没有任何被缝合的空间(sutured space)是"社会"所特有的,因为社会本身就没有任何本质。在这里,有三点评论很重要。第一,这两种观念意味着不同的社会逻辑:在"中介"的观念中,我们处理的是一个逻辑变化(logical transitions)的系统,在这个系统中,对象之间的关系被认为是跟着概念之间的关系走的;在第二种意义上,我们处理的是我们必须确定其性质的偶然关系。第二,在批判把社会当作由必然规律统一起来的集合体(ensemble)这种观念时,我们不能仅仅指出诸要素之间**关系**的非必然性,因为我们或许还会保留诸要素自己的**同一性**(identity)的必然性。一种否认以任何本质主义方式理解社会关系的观念,还必须声明每一种同一性(identity)都是不稳定的,而且声明不可能用任何一种最终的精确性把"要素"的意义固定下来。第三,只有和假定了诸要素之统一的话语相互对照,全部要素才能以被打碎的或分散的样子出现。在任何话语结构之外显然不可能谈论碎片化,甚至不可能详细地说明诸要素本身。但是,话语结构不是单纯的"认识性"或"思辨性"实体,它是构成并组织社会关系的**接合实践**(*articulatory practice*)。我们因此可以谈论发达工业社会中日渐增加的复杂性和碎片化——不是就"它们**永远**比先前的社会更复杂"这个意义而言,而是就"它们围绕着一种根本的不对称性而被构成"这个意义而言。① 这种不对称性存在于两个领域之间,一边是逐渐增多的差异("社会"意义的剩余),另一边则是试图把差异固定为稳定的接合结构诸环节的一切话语所遇到的困难。

因此,我们必须从分析**接合**这个范畴开始,它将给我们提供精心加工领导权概念的出发点。对这个范畴的理论建构要求采取两个步骤:建立一种对进入接合关系的诸要素进行详细说明的可能性;确定包含这种接合关系的关系性环节(relational moments)的具体性。尽管这项任务可以从许多不同的地方入手,但我们更愿意通过**迂回**(*détour*)开始。我们首先应该详细分析那些理论话语,其中存在着我们将要精心加工的某些概念,但它们的发展在这些理论话语中仍然受到本质主义话语范畴的压抑。让我们在这个意义上思考一下阿尔都塞学派的演变:通过采取能够驳倒其基本概念从而使它的**某些**主题激进化的方式,我们将尝试

---

① 作者在这里的意思是:分散的诸要素不能脱离话语结构而得到说明,所以它们不是自外于话语结构的,而是始终处在话语结构的内部。但是,这个"内部"又不能凝固为抽象的、思辨的总体——一旦这样就会有本质化的危险——而应该理解为一个诸要素相互接合的动态过程,即一种不断进行、永不停息的实践。——译注

着构成一个基础,以允许我们建构恰当的"接合"概念。

社会形态和过度决定

阿尔都塞试图彻底区分他的作为"复杂的结构整体"(complex structured whole)的社会观念和黑格尔的总体(totality)概念,并以此来启动他的理论轨迹。黑格尔的总体可以是非常复杂的,但它的复杂性总是单一的自我展开过程中的诸环节的复杂性。"**黑格尔的总体**是简单统一体和简单本原的异化发展,这一发展本身又是理念(Idea)发展的一个阶段。① 因此,严格地说,黑格尔

---

① 阿尔都塞在自己的著作中明确区分了"总体"和"整体"这两个概念。在《在哲学中成为马克思主义者容易吗?》这篇文章中,阿尔都塞指出:"在我看来,我们应该把**总体**范畴给黑格尔留下,而去为马克思求得那个**整体**的范畴。……对黑格尔来说,社会像历史一样,是由圆圈套圆圈、大球套小球组成的。支配他的整个观念的是表现性总体的思想,就是说,那里的所有要素都是具有总体性的成分,每一个都表现着总体的内在统一性,而这个总体在它的全部复杂性方面,也永远只是一个简单原则的对象化异化。……对马克思来说,差异是现实,而且它们不仅是在各种能动性领域中、在各种实践和对象方面的差异,它们也是在功效上的差异。在这里,'归根到底'是以这样的方式起作用的:就是说,它揭穿了关于圆圈或球体的和平的虚构。马克思抛弃圆圈的隐喻而使用大厦的隐喻并不是偶然的。圆圈是封闭的,作为与总体相对应的概念,是以人们能够把一切现象包揽无余,从而把这些现象重新聚集在中心的简单统一性内部为前提的。另一方面,马克思给我们描述了一个大厦、一个基础和上面的一层或两层——到底有几层却没有说清楚。……马克

的总体是简单本原的现象和自我表现,而简单本原在其各种表现中,甚至在为恢复简单本原做准备的异化过程中始终继续存在。"①这个观念——它通过在本质的自我展开过程中把差异和必要的中介等同起来,从而把现实化约成概念——是一种和阿尔都塞的复杂性(这个复杂性是**过度决定**[*overdetermination*]过程中固有的复杂性)完全不同的秩序。鉴于后来对阿尔都塞的"过度决定"这个关键概念的使用既杂乱无章又不甚准确,所以有必要详细说明它的本义和它被要求在马克思主义话语中产生的理论效果。这个概念来自精神分析,它的引申义不只具有某种表面上的比喻性质。对此,阿尔都塞十分清楚:"这个概念不是由我杜撰的。我已经说过,这是我从两门现有的学科即语言学和精神分析学那里借来的。它在这两门学科中具有辩证的客观'含义',在精神分析学中尤其如此。这种'含义'和这里确指的内容在形式上十分相仿,因而这不是随意的借用。"②对于弗洛伊德来说,过度决定不是任何普通的"融合"或"合并"过程——这顶多是一个由

思只是说,你必须区分;这些区别是现实的、不可化约的;在决定作用的次序上,基础和上层建筑分量是不相等的;这种占支配地位的不平等或不平衡构成了整体的统一性,因此,这里的统一性再也不可能是那种表现的统一性了:它不再表现一个简单的原则,不再使自身的一切要素都沦为现象。"参见《在哲学中成为马克思主义者容易吗?》,《哲学与政治——阿尔都塞读本》,陈越译,吉林人民出版社2003年版,第191—193页。——译注

① 阿尔都塞:《保卫马克思》(*For Marx*),伦敦,1969,第203页。(中译文见《保卫马克思》,顾良译,商务印书馆1984年版,第175页。——译注)

② 同上书,第206页(脚注)。(中译文见《保卫马克思》,前引书,第178页脚注,译文有改动。——译注)

跟物理世界的类比建立起来的、与任何多重因果性(multi-causality)形式都兼容的比喻;相反,它是一种非常明确的、必然伴有象征维度和意义多元性的融合类型。过度决定这个概念是在象征领域构成的,没有任何外在于象征的意义。因此,阿尔都塞的"社会中存在的一切都是被过度决定的"这个表述的最深刻的**潜在**含义是这样的论断:社会将自身构成为一种象征秩序(symbolic order)。社会关系的象征的,即被过度决定的特性,意味着它们缺乏能把自己化约成内在规律(immanent law)之必然环节的、最终的本义(literality)。根本不存在**两个层面**,一个是本质(essence)的层面,另一个是表象(appearance)的层面,因为不可能把**最终的**字面意义(literal sense)——对于这种字面意义来说,象征属于意指过程的次要的、衍生的层面——固定下来。社会和社会当事人没有任何本质,它们的规则性(regularities)在于伴随某种秩序的确立而来的相对的、不稳定的固定形式。这项分析似乎打开了一种可能性,让人们可以精心加工接合这个新概念,这项工作本来应该从社会关系的过度决定性出发。但事情并未这样发生。过度决定的概念有从阿尔都塞的话语中消失的倾向,一种逐渐的封闭导致了本质主义的新变种的上台。这个过程在《关于唯物辩证法》(On the Materialist Dialectic)中已经开始了,而且将在《阅读〈资本论〉》(Reading Capital)中达到顶峰。

　　如果过度决定的概念不能在马克思主义话语中产生它的整个解构效果,这是因为人们从一开始就试图使它和阿尔都塞话语的另一个核心环节相互兼容,但严格说来,这个环节(经济的归根到底的决定作用)和第一个环节是矛盾的。让我们思考一下这个概念的含义。如果这个最终的决定作用是**对一切社会都有效的**

真理,这种决定作用和使它成为可能的条件之间的关系就不会通过偶然的历史接合来发展,而是会构成先天的必然性。关键是要注意:我们正在讨论的难题并不是"经济应该有它的存在条件"。这是个同义反复(tautology),因为如果某物存在的话,是由于有既定的条件使它的存在成为了可能。难题在于,如果"经济"对**所有社会类型**都是决定性的,它就必须以独立于任何具体社会关系的方式来定义;经济的存在条件也必须以独立于任何具体社会关系的方式来定义。然而,在那种情况下,那些存在条件的唯一现实就是确保经济的存在和决定作用——换句话说,它们将成为经济本身的内部环节;差异将不是构成性的(constitutive)。①

但还有更重要的东西。阿尔都塞断言不需要把抽象的东西实体化,因为根本没有不被过度决定的现实,他正是由此展开论证的。在这个意义上,他赞同地引用了毛泽东对矛盾的分析和马克思在1857年《导言》中对"生产"(production)这种抽象(它只有通过一个具体的社会关系系统才有意义)的驳斥。但是,阿尔都塞陷入了他所批判的那个陷阱:有一个产生了具体后果(此时此地的归根到底的决定作用)的抽象的、普遍的东西——"经济"(economy);还有另一个同样抽象的东西(存在条件),其形式随着历史而变化,但却被预先确立的保障经济再生产的本质作用统一了起来;最后,由于经济及其中心地位在任何可能的社会安排中都是不变的,所以就打开了给社会提供**定义**(definition)的可能

---

① 正如可以被看到的那样,我们的批判在某些地方和英国的海因兹(B. Hindess)和赫斯特(P. Hirst)学派一致。然而,我们和他们的方法确实有根本的分歧,我们会在本书的后面指出这种分歧。

性。这里的分析转了一整圈儿。如果经济是一种能够对任何社会类型起归根到底的决定作用的东西,这就意味着——至少就那种归根到底的情况而言——我们面对的是简单决定(simple determination)而非过度决定。如果社会有一种能够归根到底决定其运动规律的层级,那么,**被过度决定的诸层级**(overdetermined instances)**和归根到底的层级**(the last instance)**之间的关系就必须通过后者那种简单的、单向的决定来理解**。我们可以由此推断出,过度决定的领域是极度有限的:它是一个和本质决定相对立的偶然变化的领域。如果社会确实有最终的本质决定,差异就不是构成性的,社会也就被统一在一个被缝合的、理性主义范式的空间里了。因此,我们面对的恰恰是自19世纪末以来就在马克思主义的话语领域中被再生产出来的同样的二元论。

这正是阿尔都塞的理性主义的去接合化(disarticulation)将要开始的地方。关键是要注意,出发点的不一致的二元论将被传递给那些理论形式本身,这些形式将对原有图式的解体起主导作用。实际上,产生了两种可能性:第一种是阐明过度决定概念的所有蕴涵,表明诸如"经济归根到底起决定作用"这一类观念的不可能性,并肯定所有同一性(identity)的不稳定性和关系性。第二种可能是证明社会总体的**诸要素之间假定的必然联系在逻辑上的不一致性**(logical inconsistency),从而通过不同的路径表明,"社会"这个对象不可能是用理性统一起来的总体。实际上被遵从的路线是后者。结果,对最初的理性主义的批判发生在了接受理性主义分析预设的地方,同时又否认了一种关于社会的理性主义观念的可能性。这种解构的逐步升级的结果是,接合的概念变得完全没法思考了。正是对这种思想路线的批判将为建构我们的接合概念提供不同的基础。

从巴利巴尔的自我批评①开始,人们尝试着打破阿尔都塞理性主义范式的不同环节之间的逻辑联系,这种尝试在某些英国马克思主义流派中被实现并获得了它的最终成果。② 巴利巴尔的自我批评模式涉及对《阅读〈资本论〉》论证过程中的各处裂缝(hiatuses)的介绍——在这些裂缝中,逻辑的转变显示出虚假的特征。但是,通过使实体(这些实体被认为引起了从抽象到具体的转变)变得多样化,他填补了这些裂缝。因此,对一种生产方式向另一种生产方式转变的理解使阶级斗争领域的扩展成为了必然,阶级斗争的不平衡性不允许它被化约成单一生产方式的简单逻辑。他认为,再生产需要上层建筑的过程(superstructural processes),但这些过程不能被化约为那种简单的逻辑;而形势在不同层面上的不平衡性必须按照叠合(combination)的形式来理解,在这种叠合中,共同参与其中的诸要素的抽象统一瓦解了。但很明显,这些分析只是把原初提法中的疑难之处成功地、大面积地再生产出来罢了。这些其斗争必然会导致转变过程的阶级究竟是什么呢?

---

① 巴利巴尔(E. Balibar):《论历史的辩证法(关于〈阅读资本论〉的一些批判性评论)》("Sur la dialectique historique. [Quelques remarques critique à propos de *Lire le Capital*]"),收录于《历史唯物主义的五项研究》(*Cinq études du materialisme historique*),巴黎,1984。

② 海因兹和赫斯特:《前资本主义的生产方式》(*Pre-capitalist Modes of Production*),伦敦,1975;海因兹和赫斯特:《生产方式和社会形态》(*Mode of Production and Social Formation*),伦敦,1977;卡特勒(A. Cutler)、海因兹、赫斯特和侯赛因(A. Hussein):《马克思的〈资本论〉和今天的资本主义》(*Marx's Capital and Capitalism Today*),第2卷,伦敦,1977。

如果他们是围绕着由生产关系所决定的利益而构成的社会当事人,他们行动的合理性和政治计算形式也可能被生产方式的逻辑所决定。相反,如果这不能彻底解释阶级身份,他们的身份又是在哪里构成的呢?类似的,懂得"上层建筑干预再生产过程"并不会把我们带向更远的地方,如果我们从一开始就知道它们是**上层建筑**,知道它们在社会地形学中拥有一个分配给它们的位置的话。我们可以在海因兹和赫斯特的著作中找到沿着这条解构路线前进的更进一步的讨论,在那里,"经济归根到底起决定作用"和"结构因果性"(structural causality)这些概念遭到了尖锐的批判。在确定了生产力和生产关系不是必然地相互适合之后,他们得出结论,生产方式概念作为合乎马克思主义话语逻辑的对象必须被抛弃。一旦放弃了任何总体化视角,在具体的社会形态中存在的接合类型就按照下面的措辞被提了出来:"社会形态不是由某种组织化原则——归根到底的决定作用、结构因果性,或无论什么东西——所宰制的总体。它应该被理解为包括一整套明确的生产关系以及保障其存在条件在内的政治、经济和文化形式。但没有任何使这些存在条件得到保障的必然性,也没有任何能让那些关系和形式一定能在其中结合起来的社会形态的必然结构。至于阶级……如果它们被理解为经济阶级,即占据着一定位置——占有或者脱离生产资料——的经济当事人的范畴,它们就不能再被认为是政治力量或意识形态的形式,或者说不能被政治力量或意识形态的形式所代表。"①

---

① 卡特勒等:《马克思的〈资本论〉和今天的资本主义》,第1卷,第222页。

我们在这里看到了这样一种社会形态观,它详细说明了经典马克思主义话语的**某些**对象,如生产关系、生产力等,并且通过"保障存在条件"(securing the conditions of existence)把那些对象之间的接合再度概念化了。我们将力图证明:(a)对这些对象进行说明的标准是不合逻辑的;(b)对这些对象之间的关系的概念化(这种概念化是按照相互"保障它们的存在条件"这种方式进行的)并未提供任何接合概念。

关于第一点,卡特勒等人以一个无可非议的论述作为开始,即除非我们陷入一种教条的理性主义企图,要在概念层面上确定社会形态再生产的普遍机制,否则,我们不可能从某个用概念说明的关系的存在条件出发,推断出那些条件必然会被满足,或者某些具体形式必然会被它们所采用。然而,紧跟在这后面的是一个完全不合理的论断:特定的社会形态的生产关系可以脱离保障其存在条件的具体形式而得到详细说明。让我们仔细地考察一下这个问题。如果资本主义生产关系的存在条件不被满足,对那些生产关系的存在可能性的断言将是矛盾的,就此而言,资本主义生产关系的存在条件——例如,保证私有财产安全的法律条件——是**逻辑的**存在条件。"资本主义生产关系"这个概念中没有任何东西暗示它们应该保障它们自己的存在条件,这同样是一个**逻辑的**结论。① 的确,在相同的话语层面上——这个话语把前者②构成为

---

① 在第四节"对抗和客观性"一节中,拉克劳和穆夫写道:"矛盾发生在命题的领域;只可能在一个逻辑-概念的层面上讨论矛盾。"——译注

② 这里的"前者"指的是"资本主义生产关系"。——译注

对象——可以推断出后者①将**从外部**得到保障。但正是因为这一点,才不宜说:由于生产关系/存在条件之间的区分是在关于生产关系的抽象概念(它没有多样化为各种具体的情形)的话语内部的逻辑区分,所以无法获悉这些生产关系在每一种情况下将如何得到保障。因此,如果说资本主义生产关系的存在条件在英国得到了这些或那些制度的保障,一种更加不合理的话语置换(discursive transposition)就会发挥作用。一方面,它声称某些具体话语和制度实践保障了属于另一话语秩序的抽象实体——资本主义生产关系——的存在条件;另一方面,如果"资本主义生产关系"这个抽象术语被用来指英国的生产关系,显然,在某个确定的话语中得到说明的对象将被作为一个**名称**(name),用来指出由其他话语和实践——那些构成了整个英国生产关系的话语和实践——构成的作为所指对象(referents)的对象。但在这种情况下,由于不仅有"资本主义生产关系一般"(capitalist relations of production in general),还有话语和实践场所的多样性(multiplicity),所以根本没有哪一个领域能使生产关系之于它们存在条件的外在性被先天地建立起来。而且,由于详细阐明对象之间区别的可能性建立在一种逻辑标准的基础上,所以有问题的正是这个标准的针对性。正如卡特勒等人所论证的,如果概念之间的**关系**并不意味着这些概念所说明的对象之间的关系,对象之间的**分离**也就不能从概念之间的分离推导出来。卡特勒等人坚持对象的具体的同一性和分离,但这只能靠详细说明一种确定话语中的某一个对象和另一种话语中的其他

---

① 这里的"后者"指的是"资本主义生产关系"的"存在条件"。——译注

对象这种方法来实行。

　　让我们现在转到我们的第二个问题。这种被称作"保障存在条件"的联系可以被理解为要素的接合吗？无论人们可能拥有什么样的关于接合关系的观念，它们都必须包括一个差异性立场的系统(a system of differential positions)；鉴于这个系统构成了一个**构型**(*configuration*)，所以必然会产生一个难题，即所涉诸要素的同一性(identity)是关系性还是非关系性的。有没有可能认为，"保障存在条件"构成了一个充足的分析领域，以便提出由这个关系性环节(relational moment)引起的难题呢？显然不可能。保障存在**条件**就是满足对象存在的逻辑要求，但它并不构成两个对象之间的**存在**关系(relation of existence)(例如，某些法律形式可以有助于某些生产关系的存在条件，哪怕后者实际上并不存在)。另一方面，如果我们思考一下存在于对象和保护其存在条件的某个层级或诸层级之间的关系——不仅仅是逻辑上的兼容性——显然，那些关系并不能以这些层级保障了对象的存在条件为理由而被概念化，这只是因为保障并不构成一种**关系**。因此，如果人们希望思考接合关系的特殊性的话，就有必要转向一个不同的领域。

　　赫斯特和沃利(P. Wooley)声称："他(阿尔都塞)把社会关系理解为**总体**，理解为受单一的决定性原则制约的总体。这总体必须与它自身一致，必须使它范围之内的所有当事人和关系都屈服于它的后果。另一方面，我们把社会关系当作制度、组织形式、实践和当事人的集合体，它们不理睬任何单一的因果性原则或一致性逻辑，它们能够而且的确在形式上互不相同，并且不会成为另一个东西的本质。"①这段话揭示了纯粹的逻辑主义解构提出的问题。通过求助于把假定总体中的要素统一起来的那种联系的非本质性,总体的概念在这里遭到了驳斥。在这一点上,我们没有任何分歧。但是,一旦像"制度""组织形式""当事人"这样的要素被具体化,问题立刻就产生了。如果这些和总体形成对照的集合体被认为是社会理论化的合逻辑的对象,我们就必须得出结论,认为每一个集合体内部诸组成部分之间的关系都是本质的和必然的吗?如果回答是肯定的,我们显然已经从关于总体的本质主义(essentialism of totality)转移到了关于要素的本质主义(essentialism of elements);我们仅仅是用莱布尼茨代替了斯宾诺莎,只不过上帝的作用不再是创造诸要素间的和谐而仅仅是保护它们的独立(independence)。相反,如果那些内部要素之间的关系既不是本质的,也不是必然的,那么,除了必须详细说明这些用纯粹否定的方式描绘的关系的性质之外,我们还必须解释为什么"合逻辑的"对象内部组成部分之间的这些非必然性关系不能存在于**合逻辑的对象自身中间**(among the legitimate objects themselves)。如果这被证明是可能的,总体这个确定的概念就会被重新引入进来,差别只在于,这个总体不再涉及把社会统一起来的潜在原则,而是涉及开放的关系性复合体中的全部总体化效果。但是,如果我们只在"本质的关系或非关系性的同一性"这个选择的内部移动,所有社会分析都将去追逐一种逻辑原子(logical atoms)的无限后退的幻景,这些原子无法被化约为后继的分割。

---

① 赫斯特和沃利:《社会关系和人类属性》(*Social Relations and Human Attributes*),伦敦,1982,第134页。

难题在于,有关要素和对象的**分离**的整个争论已经避开了在这之前的根本议题,即分离产生的**领域**(terrain)。通过这种方式,一个非常经典的选择已经偷偷地潜入了这种分析之中;要么是把对象作为概念上互不关联的(discrete)要素分开——在这种情况下,我们讨论的是逻辑的分离(logical separation);要么是把它们作为经验上既定的对象分开——在这种情况下,就不可能避免"经验"的范畴。因此,由于没能成功地说明对象间的统一或分离发生的领域,我们再次退回了海因兹和赫斯特千方百计试图避免的"本质主义还是经验主义"这一选择当中。事实上,这个差强人意的处境从一开始——也就是在通过批判"总体"的不同要素之间假定的逻辑联系形式来批判阿尔都塞的理性主义的时候——就被预先决定了。因为,只有当解除联系的(disconnected)各"要素"在概念上被详细说明和固定下来的时候,也就是说,只有在它们被赋予完整和明确的同一性(identity)的时候,才能实行逻辑的解构(logical deconstruction)。因而剩下来的唯一一条敞开的道路就是在逻辑上把社会——连同那种在理论上持不可知论的关于"具体局势"的描述主义(descriptivism)——化为齑粉。

但是,在阿尔都塞最初的提法中,预示了一种非常不同的理论操作:和正统的本质主义的决裂不是通过对它的范畴的逻辑分解——这种分解伴随着作为结果而产生的对被分解要素的同一性(identity)的**固定**——而是通过批判所有类型的固定性,通过肯定所有同一性的未完成性、开放性和政治上的可协商性。这就是过度决定的逻辑。因为它,所有同一性的意义都被过度决定了,因为一切本义(literality)都从本质上被颠覆和超越了;绝无本质主义的**总体化**,或同样是本质主义的对象间的**分离**,某些对象在其他对象中的在场阻止它们的任何同一性被固定下来。对象并不是像发条装置中的零件那样被接合起来,因为某些对象在其他对象中的在场阻止了对它们当中任何一个对象的同一性的缝合。在这个意义上,我们对马克思主义历史的考察展示出一种景象,它与"科学"社会主义的素朴实证论描绘的景象大异其趣:完全围绕利益构成的社会当事人绝不是在理性主义游戏中发动了由透明的要素所规定的斗争,我们已经看到了工人阶级在把自己构成为历史主体时的困难,它的立场的分散和碎片化,社会和政治重新聚合的形式的出现——"历史联合体""集体意志""群众""人民防区"(popular sector)——这些形式界定了一些新对象及其构形的新逻辑。因此,我们处于一个由其他实体来对某些实体进行过度决定的领域中,并在从一切形式的典范的固定性,走向最终的理论地平线。我们现在必须尝试确定的,正是这种特定的接合逻辑。

接合和话语

在这种讨论的语境中,我们将把任何在诸要素间建立关系的实践称为**接合**(articulaition)——这样一来,作为接合实践的结果,这些要素的同一性(identity)也被改变了。从接合实践中产生的、被结构起来的总体(structured totality),我们将称之为**话语**(discourse)。差异性立场(differential positions),就它们在一个话语的内部被接合起来而言,我们将称之为**环节**(moments)。与之相对,我们将把任何没有以话语方式接合起来的差异称为**要素**(element)。为了能正确理解这些区分,需要三类主要的说明:关于话语形态(discursive formation)特有的一致性;关于话语的范围及其延伸;关于话语形态所展示的开放性或封闭性。

1. 话语形态的统一既不在于其诸要素的逻辑一致性,也不在于先验主体或者胡塞尔式的赋予意义的主体(meaning-giving subject),也不在于经验的统一性。我们为话语形态赋予的一致性(coherence)的类型近似于福柯提出的"话语形态"概念特有的一致性(我们将在后面指出它们的差异),即分散中的规则性(regularity in dispersion)。在《知识考古学》(Archaeology of Knowledge)中,福柯驳斥了关于话语形态统一原则的四条假设——论及相同的对象、生产陈述时的共同风格、概念的恒定、论及共同的主题。相反,他把分散本身变成了统一的原则,因为统一受到形态规则、受到分散的陈述(dispersed statements)的复杂存在条件的支配。① 在这一点上加以评论是必要的。受到规则(rule)支配的分散可以从两个相互对立的角度来看:首先,从**分散**的角度来看,这需要对参照点(the point of reference)的确定,就参照点而言,要素可以被认为是分散的(在福柯的例子中,人们显然只能通过参照缺席的统一[absent unity]才能谈论分散,这类缺席的统一是围绕着共同的对象、风格、概念和主题构成的)。但是,话语形态也可以从分散中的**规则性**这个角度来看,并在这个意义上被认为是差异性立场的集合体(ensemble)。这个集合体不是外在于它本身的任何潜在原则的表现——例如,它不能通过解释学的阅读来理解,也不能

---

① 福柯:《知识考古学》,伦敦,1972,第31—39页。

通过结构主义的组合来理解——但是它构成了一个构型(configuration),这个构型在某些外在性的语境中可以被**意指**为一个总体(totality)。鉴于我们首先关心的是接合实践,所以尤其使我们感兴趣的是这第二个方面。

现在,在被接合的话语总体中——在那里,每一个要素都占据着一个差异性立场,用我们的术语说,每一个**要素**都被化约为那个总体的一个**环节**——所有的同一性(identity)都是关系性的,所有的关系都具有必然的特征。例如,本维尼斯特(N. Benveniste)借助索绪尔的价值原则表明:"说价值是'相对的',就等于说价值在**彼此之间**是相对的。而这不正是它们的**必然性**的明证吗?……所谓系统,就是各个因素配置并契合成一个结构,该结构自立于其组成要素之上并能对之进行解释。系统内的一切都是如此**必不可少**,致使整体和细节的变化均互相制约。在一个不断受到威胁又不断重构的共时性系统中它们紧密地互为依存,这便是价值相对性的最好证明。问题在于,所有的价值都是对应的,而且只能通过其区别性自我界定。……语言之所以不是由漂移的观念和偶然发出的声音组成的意外的一团,是因为有一种必然性存在,这一必然性是语言的结构以及所有的结构所固有的必然性。"[①]因此,必然性不是从潜在的可理解的原则中,而是从结构性立场的系统(the system of structural positions)的规则性中推导出来的。在这个意义上,任何关系都不可能是偶然的或外部的,

---

[①] 本维尼斯特:《普通语言学问题》(*Problems in General Linguistics*),迈阿密,1971,第47—48页。(中译文参见《普通语言学问题》[选译本],王东亮等译,三联书店2008年版,第86—87页。译文略有改动。——译注)

因为其要素的同一性将在关系本身之外得到具体的说明。但这无非是证明,在用这种方式构成的话语结构形态中,接合实践是不可能的:接合实践涉及对**要素**的作用,而在这里,我们面对的将只是被完整地构成的封闭总体的诸**环节**,每一个环节从一开始就被统摄在重复的原则下。正如我们将要看到的,如果偶然性和接合是可能的,这是因为没有任何话语形态是被缝合的总体(sutured totality),而且要素向环节的转变永远不会完成。

2. 我们的分析拒绝话语实践和非话语实践之间的区分。这项分析断言:(a)没有任何对象是在一切话语产生条件之外被给定的,就此而言,每一个对象都是作为话语对象构成的;(b)通常所说的社会实践的语言方面和行动方面之间的一切区分,要么是一种不正确的区分,要么就应该找到它作为一种区别(differentiation)在意义的社会生产中的位置(这个位置是在话语总体的形式下被结构起来的)。例如,坚持区分话语实践和非话语实践——在我们看来,这种区分意味着两者是不相容的——的福柯,①就试

---

① 在一项对福柯的考古学方法的局限的富有洞见的研究(《语言学的谬误:以福柯的考古学为例》["The Linguistic fault: the case of Foucault's archaeology"],《经济与社会》[*Economy and Society*],第9卷,第3号,1980年8月)中,布朗(B. Brown)和卡曾斯(M. Cousins)说:"(福柯)没有把现象划分成两个存在的层次:话语和非话语。对他而言,问题总是特定的话语形态的同一性。落在特定的话语形态之外的东西,只是落在它外面而已。因此它没有加入一般的存在形式的行列中,即非话语的行列中。"就"把现象划分成两个存在的层级"而言,也就是说,对于在总体内建立区域分化的话语而言,这无疑是正确的。对非话语性实体的承认不仅具有某种地形学意义;它也改变了话语概念。

图确定一个关系性总体(relational totality),这个总体建立了话语形态的分散的规则性(the regularity of the dispersion of a discursive formation)。但他只能通过话语实践(discursive practice)来做这件事:"[临床医学必须被认为]在医学话语中的大量不同要素之间建立了一种关系,它们有的和医生的地位有关,另一些则和他们言说的制度或技术位置有关,还有些和他们作为理解、观察、描述、教学等的主体立场有关。可以说,不同要素间的这种关系(有些是新的,而另一些则已经存在了)受到了临床话语的影响(effect):正是这种作为实践的话语在它们所有要素之间建立了一个关系系统,这个系统不是'现实中'既有的,也不是被**先天**构成的;如果有某种统一,如果它所使用的或赋予其一定地位的阐述模式不是简单地与一系列历史偶然性并列的话,这是因为它持续地利用了这组关系。"[1]这里必须强调两点。首先,如果分析所谓的非话语性复合体(non-discursive complexes)——制度、技术、生产组织等——我们将只能发现对象之间差异性立场的或多或少有些复杂的[2]形式,这些形式不是从外在于系统(这个系统把这些形式结构起来)的必然性中产生的,因此,这些形式只能被理解为话语的接合(discursive articulation)。其次,福柯关于临床话语

---

[1] 福柯:《知识考古学》,第53—54页。德雷福斯(H. L. Dreyfus)和拉比诺(P. Rabinow)在他们关于福柯的书(《米歇尔·福柯:超越结构主义和解释学》[*Michel Foucault. Beyond Structuralism and Hermeneutics*],芝加哥,1982,第65—66页)中认识到了这段话潜在的重要性,但又很快地驳斥了它,以支持关于"非话语性"制度的观念。

[2] "复杂的"与前文"复合体"均为complex这个词。——译注

接合性质的论证逻辑本身意味着:被接合起来的要素的同一性必须至少被那个接合局部地改变;也就是说,分散这个范畴只局部地允许我们思考规则性的特殊性。分散的实体的地位是在要素与环节之间的某个不确定区域中被构成的。①

这里,我们不能像我们理解的那样来讨论话语理论的所有复杂性,但是我们至少可以表明下列基本观点,以便消除更为常见的误解。

(1)一切对象都是作为话语的对象构成的,这个事实和是否有一个外在于思想的世界,或者和现实主义/理想主义的对立都**毫无关系**。一场地震或一块砖头的坠落都是一个确切存在的事件,就它发生于此时此地而言,它独立于我的意志。但是,它们作为对象的特殊性是按照"自然现象"还是"上帝愤怒的表现"被建构起来,则取决于话语领域的组织(structuring)。被否定的

---

① 在这里严格来说隐含着的东西正是"形态"(formation)这个概念。难题可以用它最一般的形式表述如下:如果形态的典型特征是分散中的规则性(regularity in dispersion),那怎么可能确定那个形态的范围呢?让我们假定存在着一个外在于这个形态,但它在这种外在性中又是绝对规则的话语实体或差异。如果唯一关键的标准是分散,怎么可能建立那个差异的"外在性"呢?在那种情况下,第一个要确定的问题必须是:对范围的确定是否取决于一个把它自己强加在考古学事实上的"形态"概念? 如果我们接受了第一种可能性,我们将只引入和那些一开始就在方法论上被排除掉的东西——"全部作品"(oeuvre)、"传统"(tradition)等——类型相同的实体。如果我们接受了第二种可能性,显然在考古学材料自身当中,必然会存在着某些逻辑,它们制造了能够确立界限、能够构成各种形态的总体的效果。正如我们将要在本文中进一步论证的那样,这就是由同等性逻辑实现的作用。

不是这种对象存在于思想之外,而毋宁说是一个完全不同的论断,即"它们可以在任何使其现身的话语条件之外把自己构成为对象"。

(2)前面的偏见的根源在于对话语的**精神**特征(mental character)的假设。与此相反,我们将肯定一切话语结构的**物质**特征(material character)。为了论证这个相反的观点,就要接受一个非常经典的二分法,一方面是在所有话语干预之外构成的客观领域,另一方面是由纯粹的思想表现构成的话语。这恰恰是当代思想的几大思潮试图打破的二分法。① 例如,言语行为理论强调言语的述行性特征(performative character)。在维特根斯坦那里,语言游戏内部包含着一个不可分割的总体,语言和行为都与这个总体相互联系在一起:"A 用各种建筑石料盖房子:有石块、石柱、石板、石梁。B 必须按照 A 的需要依次将石料递过去。为此,他们使用一种由'石块''石柱''石板''石梁'这些词组成的语言。A 叫出这些词,B 则把他已经学会的在如此这般的叫唤下应该递送

---

① 梅洛－庞蒂(Merleau-Ponty)从现象学出发,认为存在主义现象学(existential phenomenology)试图克服"自在"(in-itself)和"自为"(for-itself)之间的二元论,并建立一个可以克服对立的领域,而像萨特的那种哲学则认为这些对立是无法克服的。**现象**因此被认为是一个在"物"(the thing)和"心"(the mind)之间建立联系的场所,知觉(perception)则被认为是一种比**我思**(cogito)更加原始的奠基性层面。所有现象中固有的意义(meaning)这个概念的范围,由于它是以"被体验过的东西"(the lived)的不可还原性为基础的,所以必然不会使我们忘记在它的某些形态中——尤其是在梅洛－庞蒂的著作中——我们发现了一些试图和一切二元论形式固有的本质主义相决裂的最为激进的尝试。

的石料递上。"①结论是不可避免的:"我也将把语言和行动(指与语言交织在一起的那些行动)所组成的整体叫作'语言游戏'。"② 显然,对象的物质属性本身是维特根斯坦所说的语言游戏——这种游戏是我们称之为话语的那个东西的一个例证——的组成部分。用一些语言要素构成差异性立场,从而构成关系性同一性(relational identity)的不是建筑石料或石板的理念,而是建筑石料或石板本身(在我们看来,和"建筑石料"这个理念的联系并不足以建造任何建筑物)。语言和非语言要素不是被简单地并列在一起,而是构成了一个差异性的和结构化的立场的系统——也就是一种话语。因此,差异性立场包含着非常不同的物质要素的分散。③

或许可以认为,在这种情况下,话语的统一是属于某个规划

---

① 维特根斯坦:《哲学研究》(*Philosophical Investigations*),牛津,1983,第3页。(中译文参见《哲学研究》,前引书,第4页。——译注)

② 同上书,第5页。(中译文参见《哲学研究》,前引书,第7页。——译注)

③ 对于这类马克思主义——它认为这样一种关于话语第一性的观点将会质疑"唯物主义"的马克思主义——的反驳意见,我们只建议看一眼马克思的原文。尤其是《资本论》中的原文:不仅是劳动过程那一章开头关于蜜蜂和建筑师的著名段落,还有对价值形式的整个分析,在那里,商品生产过程——资本主义积累的基础——的特定逻辑被表现为一种严格的社会逻辑,这种逻辑只能通过在物质上有所区分的对象之间建立一种关系而把自己硬塞进来。从第一页起——在评论巴尔邦的时候——就说:"'物都有内在的长处'(这是巴尔邦用来表示使用价值的专门术语),'这种长处在任何地方都是一样的,如磁石吸铁的长处就是如此'。磁石吸铁的属性只是在通过他发现了磁极性以后才成为有用的。"(马克思:《资本论》,第1卷,《马克思恩格斯全集》,第23卷,人民出版社1972年版,第48页,注释3。——译注)

的目的论的统一;但并非如此。客观世界是通过关系顺序(relational sequence)组织起来的,这些顺序不必然具有终极的意义,而且在大部分情况下,其实也根本不需要什么意义;某些规则性为我们确立了差异性立场,以便让我们能够谈论话语形态,这就足够了。由此推出两个重要的结论。第一个是:话语的物质特征不可能在一个起创始作用的主体(founding subject)的经验或意识中被统一起来;相反,各种各样的**主体立场**在话语形态内部都显得是分散的。第二个结论是:接合实践作为差异系统的固定/拆解(fixation/dislocation),不可能由纯粹的语言现象构成;相反,它必须穿透话语形态得以被结构起来的各种机构、仪式和实践的整个物质密度。对这种复杂性及其话语特征的认识在马克思主义理论化的领域中开辟了一条晦暗不明的道路。它的典型形式就是从葛兰西到阿尔都塞的对**意识形态**物质特征的不断肯定,因为这些不是单纯的观念系统,而是被体现在种种机构和仪式等事物中。但是,在理论上充分阐释这种洞见的障碍是:在所有情况下,它都要指向**意识形态**领域;也就是说,指向那个只有在"上层建筑"的概念下才能思考其同一性的结构。这是一种与其物质性(materiality)的分散相对立的先天的统一,所以它要么诉诸某个阶级的统一角色(葛兰西),要么诉诸对再生产逻辑的功能性需要(阿尔都塞)。但是,一旦这个本质主义的假设被放弃了,接合的范畴就获得了不同的理论地位:接合此时是一种话语实践,它没有任何一个构成平面先在于或外在于被接合要素的分散。

(3)最后,我们必须思考我们为话语范畴赋予的中心地位的意义及生产能力。通过这个中心地位,我们获得了对客观性领域的极大的扩展,而且创造了条件,使我们得以思考前面几章的分析摆在我们面前的许多关系。让我们假定,我们曾试图根据自然科学话语建构的客观性类型来分析社会关系。这立刻就给那些有可能在话语内部建构起来的对象,以及可以在它们中间建立起来的关系设置了严格的限制。某些对象和某些关系被提前排除在外了。例如,隐喻就不可能成为两个实体之间的客观关系。这也就排除了对社会和政治领域中对象之间的各种关系进行概念说明的可能性。例如,我们所描述的"共产主义的列举"(communist enumeration)就是以被分成两个对抗阵营的社会空间中,不同阶级部分之间的**同等性**关系为基础的。① 但这个同等性预设了类比原则在本义并不相同的内容中的作用——这不是隐喻的转换又是什么呢?重要的是要看到,这种由共产主义的列举构成的同等性不是对在话语之外构成的真实运动的**表现**;相反,这个**列举的话语是**一种有助于社会关系的塑造和构成的真实力量。类似的事情也发生在诸如"矛盾"这一类概念上——我们下面将要回到"矛盾"这个概念。如果我们从自然主义范式的角度出发思考社会关系,矛盾就被排除了。但如果我们认为社会关系是以话语的方式建构的,矛盾就成为了可能。因为,虽然"实际对象"(real object)这个经典概念排除了矛盾,但矛盾的关系可以存在于两个话语对象之间。和话语/超话语(discursive/extra-discursive)的二分法相决裂的主要结果就是放弃了思想/现实(thought/reality)的对立,从而大大扩展了那些能够解释社会关系的范畴的范围。同义(synonym)、转喻(metonymy)、隐喻(metaphor)并不是给社会关系的原初的、构成性的本义增加次要意义的思想形式;相反,它

---

① 关于"共产主义的列举"的论述,请参看本书第130—133页。——译注

们是社会在其中得以被构成的那个原初领域本身的组成部分。对思想/现实的二分法的拒绝必须伴随着对某些范畴的重新思考和解释,到目前为止,人们认为这些范畴不是排除了思想,就是排除了现实。

3. 现在,如果话语总体的关系性和差异性逻辑(relational and differential logic)无条件地占了上风,向我们称之为"话语"的关系性总体的转变将很难解决我们最初的难题。在那种情况下,我们将面临纯粹的必然性关系,而且正如我们早先指出的那样,鉴于每一个"要素"**在定义上**(*ex definitione*)都变成了"环节",所以任何接合都将是不可能的。① 只有当我们允许话语的关系性逻辑在不受任何外部事物限制的情况下被贯彻执行,以至于达到其最终结果的时候,这个结论才能强制地推出它自己。② 反过来,如果我们

---

① 这里说的就是前文中本维尼斯特说的那种情况,即在一个封闭的系统(话语总体)中,差异性和关系性逻辑越是完备,越是不受限制,它所体现的必然性也就越大。因为,差异和关系本身就是以系统的必然性为前提而存在着,就像索绪尔的语言学系统那样。拉克劳和穆夫想要做的,不是对差异性和关系性逻辑本身不加限制,而是对它们的母体,即整个话语形态不加限制。也就是说,最大限度地打开话语形态的可能性,使其受到话语外部的影响与改造,去除本质化。这样一来,原先处于封闭话语系统内部的差异性和关系性逻辑本身也就不再是自足的,也要受到诸多偶然因素的"侵扰"。——译注

② 我们并不打算利用这个"外部"来重新引入超话语性(the extra-discursive)这个范畴。外部是通过其他话语构成的。正是这个外部的话语性质制造了一切话语的脆弱性的条件,因为没有什么东西对它实行最后的保护,使它免遭在差异系统外部起作用的其他话语接合造成的对差异系统的扭曲和不稳定。

认可话语总体从来不以一种被完全**规定**和**限制**的肯定性形式存在,关系性逻辑将是未完成的而且将被偶然性刺穿。从"要素"向"环节"的转变也就永远不会全部完成。一个使接合实践成为可能的无人之岛产生了。在这种情况下,没有任何社会身份(social identity)能免受话语外部(discursive exterior)的影响,这个外部使它变形并且阻止它被完全缝合。身份和关系都丧失了它们的必然性。作为系统的结构性集合体(ensemble),关系不能吸收身份;但由于身份是纯粹关系性的,所以这只不过是"没有任何可以被完整构成的身份"的另一种说法。

情况就是这样,所有有关固定的话语都变成了隐喻的:字面意义(literal sense)实际上就是头号的隐喻。

我们在这里抵达了我们论证中的一个关键点。每一个总体的未完成性必然导致我们放弃把"**社会**"(society)①这个自我界定的、被缝合的总体假设为一个分析领域。"社会"不是话语的有效对象。没有哪个单一的潜在原则能固定,从而构成整个差异领域。内在性/外在性之间无法化解的张力是任何社会实践的条件:必然性只作为偶然性领域的一种局部限制(partial limitation)而存在。社会正是在这个总体的内在性(total interiority)和总体的外在性(total exteriority)都不可能的领域中被构成的。同理,社会不能被化约成固定的差异系统的内在性,纯粹的外在性也是不可能的。为了让彼此成为**完全**外在的,实体就其本身而言必须成为完全内在的东西;也就是说,具有被完整构成的同一性,这种同一性无法被任

---

① 这里的"社会"是抽象意义上的社会,如果仿照马克思的说法,即"社会一般"(society in general),它抽干了社会的一切具体的表现形式。——译注

何外部颠覆。但这恰恰是我们刚刚拒绝的。**这个永远都不能设法被完全固定下来的同一性的领域，就是过度决定的领域。**

因此，绝对的固定性和绝对的不固定性都是不可能的。我们现在要从不固定性开始思考这两个连续的环节。我们已经把话语说成差异性的实体的系统——也就是说，关于环节的系统。可是我们刚刚已经看到，这样一个系统只有作为对构成了该系统的"意义剩余"(surplus of meaning)的局部限制才存在。由于"意义剩余"是每一种话语情境中固有的，所以对一切社会实践的构成而言，这剩余是必然的领域。我们将把它称为**话语性的领域**(field of discursivity)。这个术语指出了它和所有具体话语的关系形式：它同时确定了任何对象的必然的话语特性，以及任何特定话语完成最后缝合的不可能性。在这一点上，我们的分析和从海德格尔到维特根斯坦的许多现代思潮相遇了，它们都坚持认为不可能固定最终的意义。例如，德里达是从结构概念的历史中的一次彻底断裂开始的，这个断裂发生在放弃中心的时刻，这个中心即各种形式的**先验所指**(transcendental signified)：理念(eidos)、本原(arché)、目的(telos)、能量(energeia)、本质(ousia)、真理(alétheia)等，与这种先验所指相伴随的是一种把在流动的差异底下潜藏的意义固定下来的可能性。在这一点上，德里达把和我们文本的话语相一致的话语概念普遍化了。"人们希望在结构的构成中要有一个中心，有必要思考以某种方式统治着这种欲求的法则，以及使代替并转换这个中心在场(central presence)法则的过程有序化的意指过程——但这个中心在场从来不是它自身，而且总是从它自身当中被放逐到它的替代品当中。这个替代品不用自己替代在它面前存在的任何事物，因此，人们必然开始认为没有任何中心，中心无法通过在场的存在(present-being)这一形式来思考,中心没有任何自然的位置,它不是一个固定的场所,而是一种功能,一种使无穷多的符号－替代物产生作用的非场所(non-locus)。这就是语言侵犯普遍难题性的时候,此时,在缺乏中心或起源的情况下,一切都变成了话语——假如我们可以在这个词语上达成一致的话——也就是说,是这样一个系统,其中,中心所指,无论是始源的还是先验的所指都绝对不会出现在延异系统之外。先验所指的缺席无限地扩大了意指过程的范围和游戏。"①

让我们转向我们的第二个维度。意义不可能最终固定意味着必须有局部的固定(partial fixations)——否则,差异的流动本身就是不可能的了。但即便是为了产生差异,为了颠覆意义,也必须有**一种**意义。如果社会不能用可理解的和有组织的**社会**形式把自己设法固定下来,社会就只能作为建构那个不可能的对象的努力而存在。任何话语都是作为一种统治话语性领域、抑制差异流动、建构中心的尝试而构成的。我们将把这种局部的固定的优先话语位置称为"节点"(nodal points)(拉康通过他的**凸起点**[*points de caption*]概念——也就是把意指链上的意义固定下来的优先的能指概念——强调了这些局部的固定。这种对意指链的生产性的限制确立了一些位置,它们使预言成为可能——不能固定任何意义的话语是精神病的话语)。

索绪尔的语言分析认为语言是一个没有肯定项(positive term)的差异系统;核心概念是**价值**(*value*),根据这个概念,词语的意义纯粹是关系性的,而且只有通过它和其他所有词语之间的

---

① 德里达:《书写与差异》(*Writing and Differences*),伦敦,1978,第280页。

对立关系才能确定。但这向我们表明,我们面对的是一个**封闭**系统(a closed system)的可能性条件:只有在它内部才有可能以这样一种方式固定每一个要素的意义。当语言学模式被引入人文科学的一般领域中时,占统治地位的正是这种系统性的后果,所以结构主义变成了本质主义的一种新形式:一种对基础性结构(underlying structures)的探索,正是这个结构构成了任何可能性变化的固有规律。对结构主义的批判涉及与这个被完整构成的结构空间观念的决裂;由于这种批判还拒绝回归任何关于统一的观念(conception of unities)——这些统一的划分(demarcation)就像品名表一样,由它们对某个对象的参照给定——所以作为结果而产生的是一个关系性空间(relational space)的观念,这个空间无法如其本然地构成自身,也就是说,这个领域受到一种欲望的支配,这种欲望渴求着那个最终总是缺席的结构。符号是对分裂的命名,是对所指和能指之间不可能的缝合的命名。①

---

① 最近,这个关于缝合的不可能性的观念,以及关于一切关系系统最终的内在可理解性的观念,已经被大量的著作所扩展,它们被扩展到了在传统上被表现为纯粹的结构逻辑模式的系统,也就是语言系统中了。例如,关于索绪尔,加代(F. Gadet)和佩舍(M. Pêcheux)已经指出:"至于把诗歌作为一种特殊效果从语言的整体中孤立出来这种理论,索绪尔的著作……使诗歌成为每一种语言固有的一种脱漏(slipping):索绪尔确立的东西不是萨图尔努斯诗体的属性,甚至也不是诗歌的属性,而是语言本身的一种属性。"(《找不到的语言》[La langue introuvable],巴黎,1981,第 57 页)请参考加代的《双重谬误》("La double faille"),《鲁昂社会学语言学研讨会论文集》(Actes du Colloque de Sociololinguistique de Rouen),1978;诺尔芒(C. Normand)的《作为移置现象的符号的任意性》("L'arbitraire du signe comme phénomène de déplacement"),

我们现在有了详细说明接合概念所必需的所有分析要素。由于所有同一性都是关系性的——尽管关系系统没有达到被固定为稳定的差异系统的地步——由于所有话语都遭到了溢出它以外的话语性领域的颠覆,所以从"要素"向"环节"的转变永远不会完成。"要素"的状态就是不能完全与话语链接合起来的浮动能指(floating signifier)的状态。这种浮动性渗透到了一切话语(社会)的同一性中。但是,如果我们接受了所有话语固定(discursive fixation)的未完成性,同时肯定了所有同一性的关系性,那么,能指的含混性,以及它对任何所指的非固定(non-fixation)就只能在所指激增的范围内才能存在。拆解(disarticulates)了话语结构的不是所指的匮乏,而是多义性(polysemy)。正是这个东西确立了所有社会身份的过度决定的、象征的维度。社会永远不会想方设法和它本身相同一,因为每一个节点都是在超出它之外的互文性(intertextuality)中构成的。**因此,接合实践在于对节点——它们把意义局部地固定下来——的建构,这种固定的一部分特征来源于社会的开放性;反过来,社会则是由话语性领域的无限性造成的一切话语持续溢出的结果。**

一切社会实践因此——在它的某一个维度中——都是接合的。由于它不是自我界定的总体的内部环节,所以它不可能只是某些已经获得的东西的表现,它不能被**完全**包含在重复的原则下面;相反,它总是对新差异进行建构。如果"社会"(society)是不可能的,那么就此而言,社会性的东西(the social)则**是**接合。我们

《辩证法》,1972,第1—2期;米尔纳(J. C. Milner)的《语言之爱》(*L'amour de la langue*),巴黎,1978。

先前说过,对于社会而言,必然性只是作为限制偶然性的局部的努力(partial effort)而存在。这意味着"必然性"和"偶然性"之间的关系不能被认为是两个彼此限制、彼此外在的领域之间的关系——比方说,就像在拉布里奥拉的形态学预言中的那样——因为偶然只存在于必然之中。偶然在必然中的这种在场(presence)就是我们先前所说的**颠覆**(subversion),它把自己表现为象征化、隐喻化、矛盾,它颠覆并质疑一切同一性的字面意义。因此,必然性不是以潜在的原则或基础的形式存在,而是作为把关系性系统的差异固定下来的本义化(literalization)努力存在着。社会的必然性是纯粹关系性的同一性(purely relational identities)所特有的必然性——就像在语言学中的价值原则中那样①——而不是自然的"必然性"或者分析判断的必然性。在这个意义上,"必然性"完全等同于"被缝合空间中的差异性立场的系统"。

理解接合问题的这种方式似乎包含着所有必要的要素,使我们能够化解领导权逻辑让我们面对的明显的二律背反:一方面,一切社会身份的开放性和未完成性都允许它和不同的历史-话语形态——也就是和索雷尔和葛兰西意义上的"联合体"——相接合;另一方面,接合力量的身份本身是在普遍的话语性领域中构成的——这就消除了和先验的或有独创能力的主体的任何关系。但是,在表述我们的领导权概念之前,我们需要处理两个更深入的问题。第一个涉及"主体"范畴在我们的分析中的确切地位;第二个涉及**对抗**(antagonism)的概念,它的重要性源自这样一个事实,即在它的一个关键维度中,**领导权接合**实践的特殊性来

---

① 请参考我们前面所说的本维尼斯特对索绪尔的批判。

自它和其他具有对抗性的接合实践的对比。

"主体"范畴

对主体这个范畴的讨论要求我们区分两个非常不同的难题，在最近的讨论中，它们经常被混为一谈：主体范畴的话语特征或前话语特征的难题；以及不同的主体立场间的关系难题。

第一个难题已经获得了比较一致的关注，并且已经引起了对理性主义和经验主义赋予"人类个体"的"构成性"作用(constitutive role)的日渐怀疑。这个批判从根本上瞄准了三个观念靶子：把主体看成一个既理性又对自己透明的当事人的主体观；所有主体立场假定的统一性或同质性；作为社会关系的起源和基础的主体观(严格意义上的构成性[constitutivity]的难题)。我们不需要详细指出该批判的主要范围，因为它的经典环节——尼采、弗洛伊德、海德格尔——都是人们所熟知的。在更晚近的时候，福柯已经证明"关于有限性(finitude)的分析"的张力(这是他所说的"人的时代"[Age of Man]的典型特征)是如何被化解为一整套的对立——经验/先验，我思/非思(the unthought)，撤退/回到起源——只要"人"的范畴作为统一的主体得到保留，这些对立就无法克服。① 其他分析已经指出了和"起源性主体"(originative subject)这个范畴相决裂的困难——主体范畴一直偷偷地进入试图

---

① 请参考福柯的《事物的秩序》(*The Order of Things*)，伦敦，1970。

与它相决裂的观念本身之中。①

关于这种替代方案及其不同的构成要素,我们的态度是明确的。在这个文本中,无论我们何时使用"主体"这个范畴,我们都将在话语结构(discursive structure)内部的"主体立场"(subject positions)的意义上使用它。因此,主体不可能是社会关系的起源(origin),甚至在主体被赋予了使某种经验成为可能的力量这个有限的意义上,也不可能是社会关系的起源,因为所有的"经验"都依赖于可能性的明确的话语条件。② 但这只是我们给第一个难题的答案,它绝不预示着将要提供给第二个难题的答案。从所有主体立场的话语特征中无法推断出和它们之间可能存在的关系类型有关的任何东西。由于每一个主体立场都是话语立场(discursive position),它分担了每一个话语的开放性;因此,各种各样的立场不能被完全地固定在封闭的差异系统中。我们可以看到这些极为不同的难题为什么被混淆了。对主体立场的话语特征的肯定总是和对主体概念——它被作为起源性的、奠基性的总体——的拒绝联系在一起,因此,那些不得不处于优先地位的分析环节,就是某些立场相对于其他立场而言的分散(dispersion)的、去总体化(detotalization)的或者去中心化(decentring)的环节。它们当中的每一个接合环节或关系性环节都破坏了分散隐喻

---

① 关于这一点,请参考布鲁斯特(B. Brewster)的《〈资本论〉和〈阅读资本论〉中的拜物教》("Fetishism in *Capital* and *Reading Capital*"),《经济与社会》,第 5 卷,第 3 号,1976;以及赫斯特的《阿尔都塞和意识形态理论》("Althusser and the Theory of Ideology"),《经济与社会》,第 5 卷,第 4 号,1976。

② 同上。

(dispersion metaphor)的认识效果,并且引起了人们对再度总体化(retotalization)的怀疑,这种再度总体化可以偷偷摸摸地把主体范畴——作为被统一的(unified)本质和能进行统一的(unifying)本质——重新引入进来。由此出发,只用一步就可以把主体立场的**分散**变成它们内部的有效的**分离**。然而,由分散变成分离显然制造了我们早先指出的所有分析的难题——特别是在用要素的本质主义(essentialism of elements)代替总体的本质主义(essentialism of totality)的过程中固有的那些难题。如果每一个主体立场都是一个话语立场,分析就不能省略掉某些立场被其他立场所过度决定的形式,即所有必然性(正如我们已经看到的,这种必然性是任何话语差异中固有的)的偶然性的形式。

让我们考虑一下最近引起重要讨论的两个例子:一个和显然是抽象的范畴(尤其是"人")的地位有关;一个和女性主义的"主体"有关。第一个例子是最近关于人道主义的全部论争的核心。如果"人"①的地位是一种**本质**的地位,与"人类"的其他特性相较,它的位置将会被刻在从抽象到具体这一逻辑的刻度尺上。这将给按照"异化"(alienation)和"误认"(misrecognition)来分析具体情况的一切熟悉的把戏开辟道路。但相反,如果"人"是用话语建构的主体立场,它那假定的抽象特性绝不预示着它和其他主体立场的接合形式(这里的范围是无限的,它挑战了任何"人道主义者"的想象。例如,大家都知道在殖民国家中,"人权"与"欧洲价

---

① 从对"人"(Man)的使用——它同时指"人类"(human being)和"物种中的男性成员"——中产生的含混性是我们力图展示的话语含混性的一个症状。

值"之间的等同如何以频繁而又有效的形式使人们认可了用话语来建构帝国主义统治)。汤普森在他对阿尔都塞的抨击①中制造的混淆恰恰依赖于这一观点。在提到"人道主义"时,汤普森认为,如果否认人道主义价值拥有本质的地位,它们就被剥夺了一切历史有效性。但实际上,重要的是试着去证明"人"怎样在现代被生产出来,"人类"主体——无差别的人类同一性(human identity)的承担者——怎样在宗教话语中出现,怎样在法律实践中被具体化,以及怎样在其他领域中以不同的方式被建构起来。理解这种分散可以帮助我们把握"人道主义"价值本身的脆弱性、它们通过与其他同等价值的接合而嬗变的可能性,以及它们被局限于某些人口类别——例如,有产阶级或者男性人口——的可能性。由于这样一种分析绝不认为"人"具有本质的地位——这种

---

① 汤普森(E. P. Thompson):《理论的贫困》(*The Poverty in Theory*),伦敦,1978。但是,我们不应该跳到"汤普森完全误读了阿尔都塞"这个结论上去。问题要复杂得多,因为如果汤普森通过把以人的本质的假设为基础的"人道主义"和以否定这个假设为基础的反人道主义对立起来,从而提出了一种错误的选择的话,那么同样正确的是,阿尔都塞对人道主义的理解也没有给任何东西留下空间,除了人道主义和意识形态领域的关系。因为,如果历史拥有一个由生产方式的顺序提供的可理解的结构,如果这个结构是"科学"实践可以理解的结构,那它就只能伴随着一种在意识形态层面上构成的"人道主义"观念——这个层面虽然不被理解为错误意识,但它在本体论层面上是与众不同的,而且依附于由生产方式逻辑建立的社会再生产机制。从围绕着"人"和"生产方式"构成的这两种本质主义导致的死胡同中走出来的办法,就是消除使表象/现实的区别得以建立的那种层面的划分。在那种情况下,人道主义话语就获得了一种地位,它既不拥有先天的特权,也不依附于其他话语。

地位大概是来自上天的恩赐吧——所以它可以向我们展示"人"产生的历史条件以及它当前容易遭到非难的原因,从而使我们能够丢掉幻想,更有效地开展斗争并捍卫人道主义的价值。但同样明显的是,分析不可能只停留在**分散**的环节上,因为"人类同一性"不仅包括所有分散的立场,也包括存在于它们之间的过度决定的形式。"人"是一个根本的节点,自18世纪以来,唯有由此出发才可能达到对大量社会实践的"人道化"(humanization)。强调立场的分散——"人"正是通过这种分散被生产出来的——只构成了第一个环节;在第二个阶段,有必要展示过度决定的关系,以及在这些关系中间建立起来的总体化(totalization)。话语差异系统的非固定性和开放性就是使这些比喻和相互渗透的效果成为可能的东西。

关于女性主义的"主体",可以说出类似的内容。对女性主义的本质主义的批判已经展开了,尤其是通过英国的《男人/女人》(m/f)杂志:大量重要的研究都拒绝了预先构成的"妇女压迫"(women's oppression)范畴——无论其原因是在家庭、生产方式还是其他什么地方——并且试图研究"产生妇女范畴的特殊的历史环节、制度和实践"①。一旦否认了只有一种妇女压迫机制,一个巨大的行动领域就为女性主义政治敞开了。人们因而可以觉察到反对一切建构性别差异的压迫形式的即时斗争的重要性,无论是在法律、家庭、社会政策的层面上,还是持续产生"女性"范畴的各种文化形式的层面上。因此,我们处于主体立场的分散的领域中。但这种理解方式的困难,产生于对分散环节的片面强调——

---

① 《男人/女人》,第1期。——原编者注

这个强调如此片面,以至于给我们只留下了通过互无关联的实践建构起来的一整套异质的性别差异。现在,对后天社会实践中表现出的原初的性别分化(sexual divison)观念表示质疑虽然绝对正确,但也有必要认识到,各种性别差异之间的过度决定制造了性别**分化**的系统性后果。① 一切性别差异的建构——不管它们具有怎样的多样性(multiplicity)和异质性——都不可避免地把女性建构为依附于男性的一极。正因此才有可能谈论性/性别(sex/gender)的系统。② 把妇女作为一个范畴生产出来的全部社会实践、制度和话语并非完全孤立,而是相互强化,彼此影响。这并不意味着女性的依附地位只有一个原因。我们的观点是,一旦女人的性(feminine sex)意味着带有明确特征的女人的性别(feminine gender),这个"想象的意指过程"(imaginary signification)就在各种

---

① 请参考穆夫的《性/性别系统和女性依附地位的话语建构》("The Sex/Gender System and the Discursive Construction of Women's Subordination"),收录于海宁恩(S. Häninen)和帕尔丹(L. Paldan)编辑的《反思意识形态:一场马克思主义论争》(*Rethinking Ideology : A Marxist Debate*),柏林,1983。由此观点出发的对女性主义政治的历史性介绍可以在萨莉·亚历山大(Sally Alexander)的《女人,阶级和性别差异》("Women, Class and Sexual Difference")中找到,《历史工作坊》(*Historical Workshop*),1984年春,第17期。关于性别政治的更一般的问题,请参看威克斯(J. Weeks)的《性,政治和社会》(*Sex, Politics and Society*),伦敦,1981。

② 这个概念已经得到了鲁宾(G. Rubin)的发展,《女人中的交流:关于性的"政治经济学"的笔记》("The Traffic in Women: Notes on 'Political Economy' of Sex"),收录于赖特(R. R. Reiter)编辑的《走向女性的人类学》(*Towards an Anthropology of Women*),纽约/伦敦,1975,第157—210页。

社会实践中产生了具体的后果。因此,在"依附"(subordination)——它作为一般性范畴,贯穿于构成"女人性"(femininity)的全部意指过程中——和自治,以及建构了依附形式的各种实践的不平衡发展之间存在着亲密的相互联系。那些依附形式不是永远不变的女性本质的**表现**;在它们的建构中,与特定社会中的女性状况联系在一起的象征主义(symbolism)起到了基本的作用(primordial role)。反过来,这些各式各样的具体的依附形式因为有助于维系这种象征主义的再生产而产生了反作用。① 因此,就有可能批判男人和女人之间由性别分化构成的原初的对抗观念,而无须否认在"女人性"的各种建构形式中,有一个从性别分化角度来说发挥着强烈的过度决定效果的共同要素。

让我们现在转而思考马克思主义传统内部在确定社会和政治主体时采用的不同形式。出发点和一贯的主旨是清楚的:主体是社会阶级,它们的统一是围绕着由它们在生产关系中的位置所决定的利益而构成的。但是,比强调这个共同主题更重要的,是研究马克思主义在政治和理论上对主体立场的多样化与分散(这种多样化和分散是相对于主体立场统一的典范形式而言的)进行回应的确切方式。第一类——也是最基本的(elementary)——回

---

① 这个方面没有被《男人/女人》的编辑们完全忽略。因此,亚当斯(P. Adams)和明森(J. Minson)说:"存在着某些涵盖大量社会关系的'全面的'的责任形式——在各种评估中负有普遍'责任'的人(反面的一端是'不负责任'的人)。但是无论这个全面的责任看起来是多么分散,它仍旧要满足一定的社会条件,'全面的'责任必须被理解为一大堆异质的身份地位。"《女性主义的"主体"》("The 'Subject' of Feminism"),《男人/女人》,1978,第2期,第53页。

应是由一种贯穿于所指对象中的不合理的转变构成的。例如，它涉及这样一个论断：工人的政治斗争和经济斗争是由从事这两种斗争的具体的社会当事人——工人阶级——统一起来的。这一类不仅在马克思主义中，而且在整个社会科学中都很常见的推理建立在一个谬误的基础上："工人阶级"这个表述以两种不同的方式被使用着，它规定了生产关系中具体的**主体立场**，而且为占据那个主体立场的社会当事人进行**命名**。作为结果而产生的含混性使不合理的结论于不经意间产生了出来，这个结论就是：这些当事人占据的其他立场也是"工人阶级"的立场（他们显然是第二种意义上的"工人阶级"，但不一定是第一种意义上的"工人阶级"）。关于统一和一切社会当事人的意识透明性的隐含假设都有助于加强这种含混性——因而也就有助于混淆。

但是，只有在试图断言那些在**经验上给定的**立场之间的统一时，这种花招才起作用；而在试图解释一些立场相对于其他立场的根本的异质性（也就是"虚假意识"特有的分裂）时，它就不起作用了，马克思主义传统的最常见的情况就是如此。在这种情况下，正如我们已经看到的，阶级的统一被认为是未来的统一；这个统一通过代表（representation）的范畴来表现自身，现实中的工人与其客观利益之间的分裂要求后者由具有先锋队特征的党（vanguard party）来代表。现在，一切代表关系都建立在虚构的基础上：这是对某种东西的在场（presence）的虚构，但这种东西既处于某个确定的层面上，严格说来却又不处于这个层面上。由于代表**同时**是一种虚构和一种组织实际社会关系的原则，所以它是一个游戏的领域，其结果不是从一开始就预先确定的。在可能性光谱的一端，我们或许会消除代表的虚构特征，以至于对被代表者而言，代表的手段和范围将是完全透明的；而在另一端，我们会得到代表者和被代表者之间的完全不透明性：虚构变成了严格的字面意义上的虚构。关键是要注意，这些极端均未构成一种不可能的情况，因为两者都有充分确定的可能性条件：代表者可能会遭受这样的控制条件，以至于成为虚构的东西正是代表的虚构性（fictitiousness）本身；相反，控制的总体性缺席也能使代表成为原原本本的虚构。先锋队性质的党这个马克思主义概念展示了这种奇特性：党代表的不是具体的当事人，而是它的历史利益；这里没有任何虚构，因为代表者和被代表者都是由同样的话语构成的并且处于同样的层面。然而，这种同义反复的关系只是以其极端的形式存在于宣称自己将成为无产阶级先锋队——当然，无产阶级以前从未意识到它有一个先锋队——的小宗派中。在每一场具有确定意义的政治斗争中，反倒有一种非常明确的努力，要赢得具体的社会当事人对他们假定的"历史利益"的拥护。如果放弃了这个既构成了代表者，也构成了被代表者的单一话语（single discourse）的同义反复，就必然会得出结论，即被代表者和代表者是在不同层面上构成的。第一个诱惑是使诸层面的分离变成绝对的（total），并从代表的虚构性中推导出代表关系的不可能性。因此，曾经有人说过："否定经济主义就是拒绝阶级在政治-经济-意识形态上的统一这个传统的观念。坚决不能把政治和意识形态斗争理解为经济阶级的斗争。没有任何中间道路……阶级'利益'不是由经济赋予政治和意识形态的。它们产生于政治实践内部，而且，它们是作为明确的政治实践模式的效果而被确定下来的。政治实践不承认阶级利益，因而也不代表它们：它构成了它所代表的那些利益。"①

然而,这个论断只有在政治实践是一个完全划定了界限(delimited)的领域(它和经济之间的界限可以用**更加几何化的方式**来划定),也就是说,只有在我们把排除经济对政治的任何过度决定(或者反过来,政治对经济的任何过度决定)作为一种原则时,它才站得住脚。但我们知道,这种分离只可能被先天地建立在一个本质主义概念中,它从概念的分离中得出了要素之间真正的分离,把对同一性概念的说明变成了被完全地、绝对地差异化了的话语立场。但是,如果我们接受了所有同一性的过度决定的特性,情况就变了。**有**(there is)一条道路,尽管我们不知道它是不是中间道路,但它不管怎样都是第三条道路。很简单,"赢得当事人对他们的历史利益的支持"就是一种接合实践,它建构了一种话语,在那里,一个集团——产业工人们——的具体要求被理解为迈向包括克服资本主义在内的总体解放的步骤。毫无疑问,对于以这种方式被接合起来的这些要求而言,没有什么本质的必然性。对于以任何其他方式被接合起来的这些要求而言,也没有什么本质的必然性,因为正如我们已经看到的,接合关系不是必然的关系。"历史利益"的话语所做的,就是把某些要求**领导权化**(hegemonize)。在这一点上,卡特勒等人完全正确:政治实践构成了它所代表的利益。但是如果仔细观察,我们就会注意到,经济和政治之间的分离绝不是被强化了,而是**被消除**了。因为,对直接的经济斗争的社会主义解读以话语的方式接合了政治与经济,

---

① 卡特勒等:《马克思的〈资本论〉和今天的资本主义》,第 1 卷,第 236—237 页。

因此去掉了存在于这两者之间的外在性。选择是清楚的：政治和经济的分离要么在先天地保障这种分离的超话语层面(extra-discursive plane)上产生出来；要么是话语实践的结果，而且不可能从建构政治和经济之统一的所有话语中先天地免除掉这种分离。如果立场的分散是一切接合实践的前提条件，那种分散**必然**会采取社会当事人的政治身份和经济身份相分离的形式也就无须什么理由了。如果经济身份和政治身份被缝合起来，一切代表关系的条件明显会消失：我们将回到同义反复的情况，其中，代表者和被代表者是一个单一的关系性身份(relational identity)的环节。让我们反过来承认，当事人的政治身份和经济身份都没有体现为统一话语中的差异性环节，它们之间的关系是一种充满紧张的不确定的统一。我们已经知道这意味着什么：每一个术语都被阻止它们稳定接合的多义性给颠覆了。在这种情况下，经济既**在**又**不在**政治中，反之亦然；这种关系不是本来意义上的区别(differentiation)关系，而是两个术语之间的不稳定的比喻关系。现在，这个依靠比喻性转换的在场形式就是代表的**法律拟制**(fictio iuris)①试图思考的那种形式。因此，代表不是作为明确的关系类型而构成的，而是作为不稳定的波动领域构成的。正如我们看到的那样，它的尽头要么是通过中断代表者和被代表者之间的联系而使虚构本义化(literalization)，要么是通过把它们作为单一的同一性的诸环节(moments of single identity)合并起来，从而使两者各自独立的同一性消失。

---

① "法律拟制"指的是法律中用"视为"二字将甲事实看成乙事实，使甲事实产生与乙事实相同的法律效果。——译注

所有这些都向我们证明,建立主体范畴的特殊性既不能靠把"主体立场"的分散绝对化,也不能靠以"先验主体"(transcendental subject)为中心,对这些立场进行同样绝对主义的统一。主体范畴被同样的含混性、未完成性和多义性——过度决定把这些性质赋予了所有话语的同一性——所渗透。由于这个原因,话语总体(它不是在那个总体的"客观"层面上被给予的)的闭合的环节无法在"赋予意义的主体"(meaning-giving subject)这个层面上确立,因为当事人的主体性中被渗透着同样的不稳定性,而且同样缺乏在话语总体(当事人的主体性是它的一部分)的其他各处显现出来的缝合。"客观主义"和"主观主义";"整体主义"和"个人主义"是对完整性(fullness)——这种完整性永远都是延宕的——的**欲望**的对称表现。由于缺乏最终的缝合,主体立场的分散无法构成一个解决方案。因为它们谁都无法最终成功地把自己作为**单独的立场**(*separate position*)巩固下来,在它们当中有一场过度决定的游戏,这场游戏重新引入了一个不可能的总体性(impossible totality)的视野。正是这场游戏使领导权实践成为了可能。

对抗和客观性

到此时为止,闭合的不可能性("社会"[society]的不可能性)已经被呈现为一切同一性(identity)的不稳定性,它把自己表现为关于差异的持续运动。但是,我们现在必须问自己:难道没有这样一些经验和话语形式吗?在它们当中,被表现出来的不再是

"先验所指"(transcendental signified)的持续延宕(deferment),而恰恰是这种延宕的空虚,是任何稳定的差异从而也是任何"客观性"最终的不可能性。答案是肯定的。这种和一切客观性的界限相关的经验的确有一种确切的话语在场形式,这就是**对抗**(*antagonism*)。

对抗在历史和社会学著作中都已经被广泛地研究过。从马克思主义到形形色色的"冲突理论"(conflict theory),关于对抗如何和为什么在社会中产生这个问题,已经被赋予了全面的解释。但是,这种理论的多样性显示出一个共同特征:讨论几乎只集中于描述对抗及其原初的起因,很少尝试着去处理我们的问题核心——什么是对抗关系?它假定了对象之间什么样的关系类型?让我们从谈及这个问题的为数不多的讨论当中的一种讨论开始,这个讨论是由卢西奥·科莱蒂①的分析最先引发的,它涉及社会对抗的特殊性,涉及"实际对立"(real opposition)和"矛盾"(contradiction)等范畴,这些范畴声称能解释那种特殊性。②

---

① 卢西奥·科莱蒂(Lucio Colletti, 1924—2001),意大利哲学家,新实证主义马克思主义的代表人物之一。1950 年加入意大利共产党,1957—1962 年担任意大利共产党主要文化刊物《社会》杂志的编辑,1964 年退党。主要著作有《从卢梭到列宁》《马克思主义和黑格尔》《矛盾和对立:马克思主义和辩证法》《政治哲学札记》《意识形态的终结》等。在哲学上,科莱蒂受德拉-沃尔佩的影响,认为人们夸大了黑格尔对马克思的影响,康德才是马克思真正的哲学前辈;在政治上,他认为马克思和列宁的论点直接继承了卢梭。——译注

② 科莱蒂:《马克思主义和辩证法》("Marxism and Dialectic"),《新左派评论》,第 93 期,1975 年 9—10 月,第 3—29 页;以及《意识形态的黄昏》,第 87—161 页。

科莱蒂是从康德对**实际对立**(Realrepugnanz)和逻辑矛盾的区分开始的。第一个范畴符合对立原则(the principle of contrariety),对应的是"A−B"这个公式:它的每一项都有自己的肯定性,独立于和其他项的关系。第二个是矛盾的范畴(the category of contradiction),对应的是"A−非A"这个公式:每一项与另一项的关系抽空了两者的实在(reality)。矛盾发生在命题的领域;只可能在逻辑−概念的层面讨论矛盾。相反,第一种对立的类型发生在实际对象(real objects)的领域,因为没有任何**实际**对象要通过与另一对象的对立来详细说明自己的同一性(identity);它拥有独立于那个对立的、属于自己的实在。① 科莱蒂随即得出结论,黑格尔作为一位把实在化约为概念的唯心主义哲学家虽然能够把矛

---

① 康德用下列四个原则总结了实际对立和矛盾的差异特征:"第一,相互冲突的规定必须是在同一个主体中发现的。因为假设一个规定在一个事物中,另一个无论什么样的规定在另一个事物中,那么,从中就产生不了现实的对立。第二,在实际对立中,对立的规定不能是另一个规定的矛盾对立面;因为那样的话,冲突就是逻辑上的,并且如上面所证明的是不可能的。第三,除了通过另一个规定所设定的东西,一个规定不能否定别的东西;因为在这里不存在对立。第四,当它们相互冲突的时候,它们不能两个都是否定的;因为那样的话,就不能通过任何一个来设定通过另一个被取消的东西。据此,在任何一个实际对立中,两个谓词都必须是肯定的,但在结合中两个结果在同一个主体中互相抵消。以这样的方式,一个被视为另一个的负面的两个事物就都被视为肯定的,只不过在一个主体中相结合时它们的结果为零。"(康德:《对负值概念的一般解释》,《前批判时期著作》,巴里,1953,第268—269页)。两个东西的肯定性是实际对立的明确特征。(中译文请参见《康德著作全集》,第2卷,李秋零译,中国人民大学出版社2004年版,第178页。——译注)

盾引入现实之中,但这和像马克思主义这样从现实的超精神性特征(extramental character)出发的唯物主义哲学是不相容的。根据这个观点,马克思主义因为把对抗理解为矛盾而陷入了可悲的混乱。科莱蒂的计划是通过实际对立重新解释对抗。

让我们注意一下,科莱蒂是从一个排他性的选择出发的:某物**要么**是实际对立,**要么**是矛盾。这源自一个事实:他的世界只为两类实体——实际对象(real objects)和概念(concepts)——留下了空间;而且,他的所有分析的出发点和恒定的假设是思想与实在之间的分离。① 许多结果接踵而至,正如我们将试图表明的,这些结果毁灭了"实际对立"和"矛盾"作为能够解释对抗范畴的理据。首先,对抗显然不可能是**实际对立**。两辆车之间的碰撞根本没有什么对抗性的东西:它只是一个服从确凿的物理法则的物质事实。把同样的法则应用在社会领域就相当于说,阶级斗争中的对抗是物理行为,警察因为这种行为袭击工人战士,或者议会中的某个大喊大叫的集团因为这种行为不让反对派讲话。"对

---

① 科莱蒂继承德拉·沃尔佩的思想,认为存在着两种知识形式:其一,它是在自然中发生的一个过程;其二,它是在逻辑思维活动中发生的过程。前者规定了思想的条件,后者则为满足逻辑的纯洁性而抵消了经验的现实,并将它变成思维的结果。科莱蒂明确承认唯物主义是科学研究的哲学出发点,但他认为,即使物质是思维存在的条件,即思想的"原因",我们也只有通过思考现实才能认识现实。尽管客观物质使科学成为可能,但知识仍是主观思维过程的产物。主观思维过程规范了人们所领悟的物质,同时规定了"事实"和"幻想"。由此可见,在他那里,思想和实在的对立是一对基本的对立范畴。参见戈尔曼编《"新马克思主义"传记辞典》,赵培杰等译,重庆出版社1990年版,第190页。——译注

立"在这里是物理世界的一个概念,它已经以比喻的方式延伸到了社会世界,反之亦然;但显然没有什么观点会假称,有一个足以解释上述两种情况中隐含的关系类型的、共同的意义中心。如果我们为了谈论社会而用"敌对的力量"(enemy forces)代替"对立的力量"(opposed forces),这一点甚至会更加清楚——因为在这种情况下,向物理世界的这种比喻性转移至少在荷马以后的世界中还尚未发生过。有人可能会反驳说,重要的不是对立的**物理性特征**(physical character),而是它的**超逻辑性特征**(extra-logical character)。但是,社会对抗的特殊性的理论如何能够建立在与(由两种社会力量的冲突和两块石头的撞击共享的)逻辑矛盾完全相反的基础上,却愈发不清楚了。①

再有,正如罗伊·埃奇利②和乔恩·埃尔斯特③指出的那样,两个不同的论断被融合在了这个难题中:(a)现实是矛盾的,而且(b)矛盾存在于现实之中。关于第一个论断,这种说法无疑是自

---

① 有趣的是,汉斯·凯尔森(Hans Kelsen)在他和阿德勒的争论中清楚地认识到,在描述属于社会世界的对抗性时,需要走出实际对立/矛盾这个唯一的选择。关于这点请参考拉奇纳罗的《汉斯·凯尔森和二三十年代关于民主与议会主义的辩论》("Hans Kelsen e il dibattito su democrazia e parlamentarismo negli anni Venti-Trenta")中对凯尔森立场的概括。该文系凯尔森《社会主义和国家。关于马克思主义政治理论的研究》(*Socialismo e Stato. Una ricerca sulla teoria politica del marxismo*)一书的导论,巴里,1978,第 cxxii – cxxv 页。

② 罗伊·埃奇利(Roy Edgley):《辩证法:科莱蒂的矛盾》("Dialectic: the Contradiction of Colletti"),《批判》(*Critique*),1977,第 7 期。

③ 乔恩·埃尔斯特(Jon Elster):《逻辑和社会:矛盾和可能的世界》(*Logic and Society: Contradiction and Possible Worlds*),奇切斯特,1978。

我拆台。从这个观点来看,波普尔对辩证法的著名批判①无懈可击。② 然而,第二个论断是无法否认的:现实中确有只能用逻辑矛

---

① 《什么是辩证法?》("What is Dialectic?"),收录于《猜想与反驳》(*Conjectures and Refutations*),伦敦,1969,第312—335页。

② 波普尔对矛盾的批判集中在他的《什么是辩证法?》这篇文章中。在该文中,波普尔认为,科学的方法应当是"试错法",而非"辩证法"。试错法的特征是,科学家试探性地提出种种理论,这些理论经过批判和检验,发现一切可能的弱点,最后再予以排除。在波普尔看来,辩证法之所以错误,是因为它违反了矛盾律。矛盾律认为如果两个命题互相矛盾,则它们不可能同为真,或者说,一个合取了两个矛盾陈述所组成的陈述必定为假。但是,在辩证法过程中,这些东西都可以获得积极的存在理由。因为"试错理论只是说:一种不能令人满意的观点将受到反驳,或者被排除。辩证法家则坚持,还应多说一点。他强调,尽管这里的观点或理论可能已被驳倒,但是其中仍然很可能有一种值得保留的因素,否则根本就不大可能会提出来,并且受到认真的对待"(《辩证法是什么?》,参见《猜想与反驳》,傅季重等译,中国美术学院出版社2003年版,第399页)。也就是说,波普尔认为,在实在领域,对错的界限必须划分清楚,不容含糊,其目的是最终消除矛盾,而辩证法本质上却是一种"泛逻辑主义"的"同一哲学",它看不到实际领域的矛盾真实性及其可消除性,反倒是把矛盾的各方均作为符合逻辑推理的东西保留下来。所以,波普尔建议:"推动辩证发展的唯一'力量',是我们决心不接受、不容忍正题同反题之间的矛盾。它不是这两种观念内部的一种神秘力量,不是二者之间促进发展的一种神秘张力——而纯粹是我们不承认矛盾的决心、决定,它促使我们寻求某种可以使我们避免矛盾的新观点。这种决定是完全有道理的。很容易证明,如果接受矛盾,就要放弃任何一种科学活动,这就意味着科学的彻底瓦解。这一点可以这样来证明:如果承认了两个互相矛盾的陈述,那就一定要承认任何一个陈述;因为从一对矛盾陈述中可以有效地推导出任何一个陈述来。"(前引书,第404页)——译注

盾来说明的情况,这是事实。命题也是现实的一部分,而且就矛盾命题以经验方式存在这一点而言,矛盾显然存在于现实**之中**。人们论证而且——由于有一整套社会实践,如符码、信仰等——能够采用某种命题结构,没有理由说明他们为什么不应该产生矛盾的命题(但在这一点上,埃尔斯特陷入了一个明显的错误,即认为现实中的矛盾命题的可能性存在证明了辩证法的正确性。辩证法是这样一种学说,它关乎现实的本质上的矛盾性,但与矛盾在现实中的经验性存在无关)。

因此,矛盾这个范畴似乎在现实中有一个得到保障的位置,而且它为解释社会对抗提供了基础。但是,稍微思考一下就足以让我们相信并不如此。我们都分享了大量相互矛盾的信仰系统,但从这些矛盾中没有产生任何对抗。因此,矛盾并不必然意味着对抗关系。① 但是,如果我们排除了"实际对立"和"矛盾"这两个解释对抗的范畴,对抗的特殊性似乎就无法理解。社会学或历史学著作中对对抗的一般描述证实了这个印象:它们解释了使对抗成为可能的**条件**,但没有解释对抗本身(这种描述是通过一些表述进行的,比如"这**激起**了一种反作用"或"在那种情况下,X 或 Z **发现它本身**被迫作出反应"。换句话说,在从解释到为了完成文

---

① 在这一点上,我们的观点不同于本书的其中一位作者在他以前的一本书中所表达的观点,在这本书中,对抗的概念和矛盾的概念相类似(拉克劳,《民粹主义的断裂和话语》["Populist Rupture and Discourse"],《银幕教育》[*Screen Education*],1980 年春)。在重新思考我们早期立场的过程中,埃米利奥·德·伊波拉(Emilio De Ipola)的批判性评论证明是众多对话中最有用处的。

本意义而呼吁我们的常识或经验的过程中，产生了一个突然的跳跃；也就是说，解释被中断了）。

让我们力图阐明这个中断的意义。首先，我们必须问自己：把对抗比作实际对立或者比作矛盾的那种不可能性，是否不同于把对抗比作这些关系类型所共享之物的那种不可能性。事实上，它们确实共享了某种东西，这是第二种情况中的概念对象之间，或者第一种情况中的实际对象之间具有**客观关系**的事实。在这两种情况中，对象**已经是**(*already are*)使这种关系可以理解的东西了。也就是说，在这两种情况中，我们关心的是完整的同一性(full identities)。在矛盾的情况下，由于 A **完全是** A，所以非 A 就是一个矛盾——因此是一种不可能性。但在实际对立的情况下，由于 A 也完全是 A，所以它和 B 的关系产生了一种客观上可以确定的效果。但在对抗的情况下，我们遇到了一种不同的情形："他者"(Other)的在场阻止我完全成为我自己。关系不是从完整的总体中产生的，而是从它们的构成的不可能性中产生的。他者的在场不是逻辑上的不可能性：它存在着；所以它不是矛盾。它也不能被归结为因果链条上的一个明确的差异性环节，因为在那种情况下，关系是由每一种力量所是的那个东西赋予的，而且不会有对这个存在物的任何否定（正因为物理力量**是**一种物理力量，所以另一种相同的、起抵消作用的力量才引发了静止；相反，正因为农民**不能够是**一位农民，所以和地主之间的对抗才把他从他的土地上赶走）。只要存在对抗，我就不可能是我自己的完整的在场(full presence)。与我相对抗的力量也不可能是这样的在场：它的客观存在是我的非存在(non-being)的象征，通过这种方式，它被意义的多元性淹没了，而正是这种多元性防止它被固定为完整的肯定性(full positivity)。实际对立是事物之间**客观的**——也就是说,可确定的,可定义的——关系;矛盾是概念之间同样可定义的关系;对抗构成了每一个客观性的界限,它是作为局部的和不稳定的**客观化**显露出来的。如果语言是差异的系统,对抗则是差异的失败:在那个意义上,它把自己置于语言范围的内部并且只能作为对它的扰乱——也就是说,作为隐喻——而存在。因此我们可以理解,为什么社会学和历史学叙事必须中断它们自己并呼唤那些超出它们范畴以外的经验,从而填补它们的裂缝:因为每一种语言和每一个社会都被构成为压抑(repression),压抑了渗透在它们当中的关于不可能性的意识。对抗摆脱了那种通过语言来理解的可能性,因为语言只是作为把对抗所破坏的东西固定下来的意图而存在着。

对抗绝不是一种客观的关系,而是一种使所有客观性的界限都**被展示出来**的关系——这是就维特根斯坦过去常说的"没法**被说出来**的东西可以**被显示出来**"①这个意义而言的。但正如我们已经证明的那样,如果社会性的东西(the social)只是作为建构社会(society)——也就是说,一个客观的、封闭的差异系统——的一种努力而存在着,对抗(作为对一种最终缝合的不可能性的见证者)就是关于社会界限的"经验"。严格地说,对抗不是**内在于**而是**外在于**社会;或者更准确地说,它们构成了社会的界限,构成了后者完整地构成自身的不可能性。这个陈述似乎是矛盾的,但只有我们悄悄地引入某些必须小心翼翼地从我们的理论观点中排除出去的假设时才如此。尤其是,有两个这样的假设将使我们关

---

① 语见维特根斯坦的《逻辑哲学论》,原文:"能显示出来的东西,不能说出来。"参见该书中译本,贺绍甲译,商务印书馆1996年版,第49页。——译注

于对抗的理论定位的论点变得荒谬。第一个假设是:把"社会"和在特定地域生活的、**以物理方式**存在的全体当事人等同起来。如果这个标准被接受了,对抗显然就发生在那些当事人**之间**,而不是外在于他们。但是,从这些当事人的"经验的"共存不会必然推断出,他们之间的关系应该按照一种客观的、可理解的模式来塑造(把"社会"和所指对象等同起来的代价就是挖空它的所有能用理性说明的内容)。然而,在承认"社会"(society)是一个可理解的、客观的集合体(ensemble)的情况下,如果我们把被认为是**经验总体**的社会性的东西(the social)的潜在原则的性质归于那个**理性总体**,我们就会引入另一个与我们的分析不相容的假设。因为第二个假设中的任何一个方面都不能不被重新吸收进第一个假设里面。在那种情况下,对抗就像其他一切事物一样,不得不成为社会的**肯定的内部环节**,而我们也将重返黑格尔的理性的狡计。但如果我们坚持我们的社会观念——社会被当成一个未被缝合的空间,被当作一个领域,其中所有的肯定性都是比喻的和可颠覆的——就没有办法把客观立场的**否定**说成能够解释这种客观立场的根本的肯定性(underlying positivity),无论它是因果的还是其他的什么类型。很简单,对抗作为对既定秩序的否定,就是那个秩序的界限,而非一个更加宏大的总体的环节,跟这个总体相比,对抗的两极会构成差异性的——也就是客观的－局部的层级(objective-partial instances)(请理解我们的意思:使对抗成为可能的条件可能会被描述为肯定性的东西,但对抗本身则不能被化约成它们)。

我们必须从两个不同的角度来思考这种关于社会界限的"经验"。一方面,这是一种失败的经验。如果主体是通过语言被建构的,即作为以局部的和隐喻的方式被吸收进象征秩序之中的过程，对那个秩序的任何质疑都必然构成同一性的危机。但另一方面，这种失败的经验并非一条通往别的本体论秩序，通往某种超越差异之物的途径，这只是因为……没有任何超越。社会的界限不能被理解为分割两个领域的边界，因为，对边界的理解需要以对在它之外的某种必定是客观的、肯定的东西——也就是说，一种新的差异——的理解为前提。社会的界限必须作为一种力量在社会自身的内部被赋予，这种力量将颠覆社会，并摧毁社会想构成完整在场（full presence）的狼子野心。社会永远不会大功告成地成为社会，因为社会中的一切都被它的界限所渗透，它们阻止社会把自己构成为客观现实。我们现在必须思考，这种颠覆是如何以话语的方式造成的。正如我们已经看到的，这将要求我们确定对抗本身所采取的在场形式。

同等性和差异

这种颠覆是如何产生的？正如我们已经看到的，完整的在场（full presence），其条件就是要有一个封闭的空间，在那里，每一个差异性立场（differential position）都被固定为特殊的、不可替代的环节。所以，颠覆那个空间，阻止那种封闭的第一个条件就是：每一个立场的特殊性都要被消除。正是在这一点上，我们早先有关同等性关系（relation of equivalence）的评论获得了它们的全部意义。让我们举一个例子。在一个被殖民的国家，统治力量的在场每天通过各种内容——服饰、语言、肤色、习俗的差异——显现出来。就它们与被殖民者具有共同的差异而言,这些内容中的每一项都和其他内容相同,正因此,这些内容丧失了它属于差异性**环节**的条件,并获得了属于**要素**的浮动性。因此,同等性创造了尽管寄生于第一个意义,但却颠覆了这个意义的另外的意义:只要差异被用来表现某种同一的东西(这种东西构成了所有这些差异的基础),差异就彼此取消了。难题在于确定那个出现在同等性各项中的"同一的东西"(identical something)的内容。如果说在整个同等性链条中,各项的**所有**差异性的客观规定性(differential objective determination)都已经丧失了,同一性就只能要么是由构成所有项之基础的肯定的规定性(positive determination)赋予,要么是由它们对某个外在之物的共同参照赋予。这些可能性中的第一种被排除了:共同的、肯定的规定性是用直接的方式被表现出来的,不需要同等性关系。但是,共同的外部参照不可能参照某种肯定的东西,因为在那种情况下,两造之间的关系也可以用直接而肯定的方式建构,这就不可能完全消除绝对同等性(total equivalence)的关系中隐含的差异。例如,在马克思对同等性关系的分析中,情况就是如此。作为价值实质的劳动的**非物质性**,通过**物质**上各不相同的商品之间的同等性被表现出来。但是,商品的物质性和价值的非物质性并不彼此等同。正因此,使用价值/交换价值的区分才可以通过差异性的因而是肯定的立场来设想。但是,如果一个对象的**所有**差异性特征都变成了同等的,也就不可能表现那个对象的任何**肯定性**内容了;这只能意味着,通过同等性,对象所**不是**的东西被表现了出来。因此,把与被殖民者对立的殖民者的**所有**肯定的规定性都吸收进来的同等性关系,并未在两者之间创造一个肯定的、差别性的立场的系统,这只是因为它消除了所有的肯定性：殖民者在话语上被建构成了反对被殖民者的人。换句话说，同一性开始成为了纯粹否定的。这是因为否定的同一性不能够用直接的方式，即肯定的方式来表现，它只能以间接的方式，通过其不同环节之间的同等性来表现。因此才有了渗透在一切同等性关系中的含混性：为了成为同等的，两个项必须不同——否则，就只有唯一的同一性。另一方面，同等性只有通过颠覆那些项的差异性特征的活动才存在。正如我们前面说过的，问题的关键恰恰就在这里：偶然通过阻止必然完整地构成自身，从而破坏了必然。差异系统的非构成性（non-constitutivity）——或偶然性——通过同等性引入的不固定性而**被显示**了出来。这种不固定性的**最终的**性质，一切差异的**最终的**不稳定性，将在绝对同等性的关系中把它自身展示出来，在那里，所有关系项的差异性的肯定性（differential positivity）都被消除了。这恰恰就是关于对抗的表述，它把自身确立为社会的界限（the limit of the social）。我们应该注意，在这个表述中并没有这种情况，即被定义为肯定性的一极面对（confronts）否定性的一极，因为属于某一极的所有那些差异性的规定性（differential determination）都通过它们与另一极的否定的-同等性的参照（negative-equivalential reference）而消失了，所以它们每一方仅仅展示了它所不是的东西。①

---

① "肯定的一极面对否定的一极"意味着，双方仍然保持着各自的同一性并作为抽象的、不可变更的实体分列于这种关系的两侧。对于拉克劳和穆夫来说，这种状况恰恰是他们要打破的。他们希望边界松动，双方也不再保持自己抽象的同一性，而是能够通过偶然的、接合的方式产生联系，去除各自的本质化状态。——译注

让我们再次坚持自己的意见:要成为某物,就等于永远不要成为他物(to be something is always not to be something else)(成为 A 意味着不要成为 B)。"**不成为某物**"(not being something)只是"成为与该物不同之物"(being something different)的逻辑结果;存在(being)的肯定性主宰着话语的总体,这种陈词滥调不是我们所主张的,因为它处于完全由矛盾原则主导的**逻辑**领域。① 我们肯定的是一种不同的东西:**某些话语形式通过同等性取消了对象的所有肯定性,并且赋予了否定性本身以现实的存在**。这种现实的不可能性,即否定性,已经获得了一种在场形式。由于社会被否定性,也就是被对抗所渗透,所以它没有获得属于透明性(transparency)、属于完整的在场(full presence)的那种地位,它的同一性的客观性被永远地颠覆着。由此向前,客观性和否定性之间的不

---

① 作者在这里区分了两种存在类型,先看第二种存在类型,如果用 A 来表示"某物",那么"不成为某物"即"非 A",而"成为与该物不同之物"也是"非 A"。所以这两者在逻辑上是一致的,前者是后者的逻辑推演的必然结果;再看第一种存在类型,即作者所认同的存在类型。在这种情况下,如果继续用 A 来表示"某物",那么"他物",即 something else 则不能用非 A 来表示,因为"他物"和"某物"不是逻辑上的对立关系。也就是说,它们并非一对"逻辑矛盾",所以只能用另一个字母 B 来表示。更关键的是,拉克劳和穆夫并未停留在"要成为某物(to be something)就是成为他物(to be something else)"这个层面。在他们看来,这样只是对上述的"A-非 A"这种矛盾型存在方式进行了解构,但解构得还不够彻底。更重要的是对 A-B 这种"实际对立"模式本身进行解构。因此,他们要进一步打破"A-B"这个结构。这样一来,整个过程实际上是一场不停息的运动,要成为 A 意味着成为不是 B 的 C,而要成为 C 又要成为不是 D 的 E,等等,以此类推。这样,就不会有任何的肯定的同一性可言,整个过程都是以"不是",即否定串联起来的。——译注

可能的关系构成了社会的本质。这种关系的不可能性依然保持着,正是因为这个原因,绝不能把它的各项的共存设想为客观的边界关系,而一定要理解为它们内容的相互颠覆。

最后这一点很重要:如果否定性和客观性通过它们的相互颠覆才存在,这意味着无论是绝对同等性的条件,还是绝对差异性的客观性(total differential objectivity)的条件都从未完全获得过。绝对同等性的条件是:话语空间应该被严格地分为两个阵营。对抗不承认**中间物**(tertium quid)。很容易看到这是为什么。因为,如果我们能够区别(differentiate)某物的同等性链条,而不是与该物相对立之物,同等性链条的各项就不能仅仅用否定的方式来定义。我们将在关系系统中为它判定特殊的立场;也就是说,我们将赋予它新的客观性。这种颠覆差异的逻辑就会在这里设置一个界限。但是,正如差异逻辑从未成功地构成完全缝合起来的空间,同等性逻辑也从未达到这个目标。社会当事人的立场的差异性特征通过同等性的凝缩解体了,这种解体从未终结。如果社会不是完全可能的,它也不是完全不可能的。这就允许我们提出下面的结论:如果社会从来都不是自明的,因为它不能把自己构成为客观领域,那么对抗也不是完全透明的,因为它没有完全成功地消除社会的客观性。

此时,我们必须从同等性和差异的对立逻辑的角度出发,转向思考对政治空间的组织(structuring)。让我们举一些情况正好相反的例子,其中,要么是同等性占据主导,要么是差异占据主导。可以在千禧年运动(millennarian movements)中找到同等性逻辑的极端例证。在这里,世界通过并列的同等性系统分成了两个阵营:代表该运动特征的农民文化和体现罪恶的城市文化。第二种文化是第一种文化的否定的反面。这里已经达到了最大限度的分离:同等性系统中的要素除了与其他系统要素产生了对立关系外,没有产生任何关系。社会不是一个而是两个。当千禧年的叛乱发生时,对城市的攻击是猛烈的、总体的和不分青红皂白的:在一个它的所有要素都象征着罪恶的同等性链条内部,不存在任何可以建立差异的话语(唯一的选择就是大量移民到另一个区域,以建立完全摆脱世界堕落的上帝之城)。

现在,让我们思考一个相反的例子:19世纪迪斯累利(B. Disraeli)的政治。作为小说家的迪斯累利是从他的两个国家(nation)的观念开始的;也就是说,把社会截然分成贫穷和富有这两极。我们必须加上欧洲政治空间的同样明确的分化,即"**旧制度**"(*anciens régimes*)和"**人民**"(*people*)的分化(在工业革命和民主革命的综合作用下,19世纪前半叶是一个同等性链条初现的时代)。这正是迪斯累利想改变的那种状况,他的首要目标是克服社会空间的并列的分化(paratactical divison)——也就是克服构成社会的不可能性。他的提法很清楚:"一个国家"(one nation)。因此,有必要打破同等性的系统(正是这个系统创造了人民革命的主体性,从共和主义延伸到了所有那些多变的社会与政治要求)。这种决裂的方法是:对要求进行有差别的合并,把它们从它们在人民这个链条上的一连串同等性中隔离出来,转变成系统内部的客观差异,也就是把它们转变成"肯定性"并且把对抗的界限移置到社会的外围。这种纯粹的差异空间的构成将成为一条具有倾向性的路线,它后来随着福利国家的发展而得到了发扬和肯定。这是实证主义幻想的时刻,即幻想整个社会可以被合并到可理解的、有秩序的社会框架中。

因此我们看到,同等性逻辑是把政治空间简单化的逻辑,而差异逻辑则是有关差异的扩展和逐渐增加的复杂性的逻辑。通过从语言学中借用一个具有比较性的例子,我们可以说,差异逻辑倾向于扩展语言中组合的一端(syngamatic pole),倾向于扩展能够产生组合关系并且彼此产生连续性的立场的数量;而同等性逻辑则扩展了聚合的一端(paradigmatic pole)——也就是说,那些可以相互替代的要素——因此就把可能被组合在一起的立场的数量减少了。

直到现在为止,当我们谈论对抗的时候,我们都是保持它的单数形式,以便简化我们的论证。但很显然,对抗不一定发生在单一的地方:差异系统中的任何一个地方,只要它是被否定的,都能成为对抗的场所。因此,社会中有各种各样可能的对抗,它们当中的许多对抗都是相互对立的。关键的问题是,同等性链条将会根据对抗所涉及的程度而激烈变化;它们能够以相反的方式影响并渗透主体本身的同一性。这就导致了下面的结论:社会关系越不稳定,确定的差异系统就越不成功,对抗的场所就越发增多。这种激增将使对任何中心的建构变得更加困难,因而也使建立统一的同等性链条更加困难(这大概就是葛兰西用"有机性危机"[organic crisis]①这个术语所描述的情形)。

---

① 关于"有机性危机"(organic crisis),葛兰西有过如下的论述:"在社会阶级的历史生活的某一个节点上,这些阶级背离了他们传统的党(traditional parties)。换句话说,以特定的组织形式构成的党——以及那些构成这些阶级,并代表并领导他们的特定的人——不再被他们的阶级(或某个阶级的派别)承认为自己的代言者。当这种危机发生时,当下的境遇就会变得微妙而

在分析作为对抗之基础的政治空间时,我们的问题似乎可以被化约成对断裂点及其可能的接合方式的确定。但在这里,我们进入了一个危险的领域,在这个领域中,我们的推理稍一移置就会导致极端错误的结论。因此,我们应该从一个印象化的描述开始,并且力图确定那个描述性图景的有效性的条件。在发达工业国和资本主义世界的外围之间,似乎建立了一种重要的差异性特征:在前者那里,对抗场所的增多使民主斗争成倍增长,但正是由于它们的多样性,这些斗争并不倾向构成一种"人民"(a 'people');也就是说,不倾向于进入与另一种"人民"彼此同等的状态,也不倾向于把政治空间分化成两个对抗的领域。相反,在第三世界国家,帝国主义剥削和残酷而集中的统治形式的宰制倾向于从一开始就赋予人民斗争一个中心,一个单一的、被清晰界定的敌人。在这里,把政治空间分化为两个领域从一开始就出现了,

---

危急,因为场地(field)会为暴力的解决方法,为那种由克里斯玛型的'天命之人'(men of destiny)所代表的未知力量的活动敞开。"这种危机在不同的国家有不同的表现形式,但葛兰西认为它们的内容都是相同的,即都是"统治阶级的领导权的危机",危机的产生"要么是因为统治阶级没能成功地完成它恳请——或强行获得——广大群众同意的政治事业(例如,战争),要么是因为大众(尤其是农民和小资产阶级知识分子)突然间从一种政治上的消极状态转向一种确定的积极状态,并提出把他们联合在一起的需求,虽然这些需求并未经过有组织地阐述,但聚沙成塔也能引起一场革命。我们这里谈的是一场'权威的危机'(crisis of authority):这正是领导权的危机,或者国家的总危机"。参见 Antonio Gramci, *Selections of Prison Notebooks*, translated and edited by Quintin Hoare and Geoffrey Nowell Smith, International Publisher, 1971, p. 210。——译注

但民主斗争的多样性却被进一步化约了。把政治空间分化为两个对抗阵营并以此为基础而构成的立场，我们应该用**人民的主体立场**(popular subject position)这个术语来指称它；被明确界定的、不以那种方式来分化社会的对抗地点(locus)，我们则用**民主的主体立场**(democratic subject position)来指称它。

现在，这个描述性区分使我们遇到了严重的困难。因为，如果民主斗争**没有**把政治空间**分化**为两个阵营、两个并列的同等性的系列，结果就会导致民主对抗在与其他要素的关系系统中占据一个确切的位置；在它们之间则建立起了一个肯定性关系的系统；并且减少与对抗贴合在一起的否定性的负荷。由此出发，只用一步就能证实：民主斗争——女性主义、反种族主义、同性恋运动等——是次要的斗争，经典意义上的"夺取政权"的斗争才是唯一的真正彻底的斗争，因为它恰好预设了把政治空间分化成两个阵营。然而，困难产生于这样一个事实，即在我们的分析中，"政治空间"这个概念并未被赋予明确的定义，所以它被偷偷地等同于经验上特定的社会形态。这当然是一种不合理的同一化(identification)。任何民主斗争都是在各种立场的集合体内部，在由实践的多样性(这些实践并未详尽说明与构成它们一部分的当事人相关的经验现实)形成的、被**相对地**缝合起来的(relatively sutured)政治空间内部产生的。就对抗的话语建构而言，那个空间的相对封闭是必要的，因为建构一个容许该空间分为两大阵营的总体，要求给内在性(interiority)划界。在这个意义上，社会运动的自治不仅要求某些运动在没有干涉的情况下开展，而且要求产生出对抗本身。女性主义斗争的政治空间是在创造了女性的不同依附形式的全部实践和话语中构成的；反种族主义的斗争则是在构成种族歧视的、被过度决定的全部实践中构成的。但是,在这些相对自治化的空间中,每一个空间内部的对抗都把它们自己分成了两个阵营。这就解释了一个事实:当社会斗争不针对在它们本身的空间中构成的对象,而针对纯粹经验性的所指对象时——例如,作为生物学所指对象的男人和白人——它们发现自己遇到了困难。因为,这样的斗争忽视了产生其他民主对抗的政治空间的特殊性。举一个例子,这个例子就是把作为生物学现实的男人呈现为敌人的话语。当有必要发展对抗——像争取言论自由的斗争,或者反对经济权力垄断的斗争,这两者都对男人和女人产生了影响——的时候,将会在这一类话语身上发生什么呢?至于使那些政治空间变得相互自治的领域,它一部分是由把各种依附形式制度化的话语形态构成的,一部分是这些斗争本身的结果。

一旦我们建构了能够解释民主斗争的彻底对抗性的理论领域,"人民"阵营的特殊性还剩下什么呢?"政治空间"和作为经验所指对象的"社会"之间的不一致难道没有消除"人民"和"民主"的单一的差异性标准(differential criterion)吗?回答是:人民的政治空间产生在那些局势中,在那里,政治的逻辑**倾向于**通过民主的同等性链条来弥合政治空间和(作为经验所指对象的)社会之间的裂缝。以这种方式来理解的话,人民的斗争就只发生在统治集团和共同体的其余部分之间的极端外在性的关系中。在我们前面提到的千禧年主义的例子里,重点很清楚:在农民共同体和占据统治地位的城市共同体之间实际上没有任何共同要素;在这种意义上,城市文化的**所有**特征都可以是反对共同体的象征。如果我们转向西欧的人民空间的扩张和构成的时代,就会注意到所有这些例子都和外在性的现象或者权力的外在化相一致。

法国人民的爱国主义是在百年战争（Hundred Years War）中，也就是说，是在政治空间的分化中出现的，而这种分化又产生自外国势力的在场这种十分外在的东西。在西欧，通过圣女贞德（Joan of Arc）这种平民人物的行动进行的**国家**空间的象征性建构，是"人民"作为历史当事人诞生的第一个时刻。

在**旧制度**和法国大革命的例子中，人民的边界已经变成了内部边界，它的条件是贵族制和君主制——它们和国家的其余部分是对立的——的分离和寄生性。但是，在我们已经指出的那整个过程中，19世纪中叶以来资本主义国家中民主立场的成倍增长和"不平衡发展"已经逐渐冲淡了它们围绕着人民这一端建立的单纯的、自动的统一。一定程度上正是由于它们的成功，民主的斗争越来越不想作为"人民的斗争"统一起来。在成熟的资本主义中，政治斗争的条件逐渐摆脱了有着清晰的"政治边界"的19世纪模式，并且倾向于采用一种新模式，我们力图在下一章中分析它。在一劳永逸地获得的参考框架里，"边界效果"（frontier effects）——它们是对抗所固有的否定性的扩张条件——的产生不再以**明显的**和**既定的**分离为根据。对这个框架的制造，对身份（它们不得不以对抗的方式彼此面对）的构成变成了现在**首要的政治问题**。这极大地拓宽了接合实践的领域，并且把所有的边界都变成了本质上含混的、不稳定的东西，它服从于经常性的移置。理解了这一点之后，我们就有了确定领导权概念特殊性的所有必要的理论要素。

领导权

我们现在必须看看,我们的不同的理论范畴是如何联系起来产生了"领导权"的概念。领导权产生的一般性领域就是接合实践的领域,也就是说,"要素"尚未形成"环节"的领域。在关系性同一性(relational identities)的封闭系统里——其中每一个环节的意义都是绝对固定的——无论如何都没有领导权实践的位置。排除了任何浮动性能指的、完全成功的差异系统不会使任何接合成为可能;重复的原则将主导这个系统中的所有实践,那里没有任何东西可以实行领导权。这是因为领导权预设了社会的未完成性和开放性,它只能发生在由接合实践主导的领域中。

但这立刻提出了一个问题:谁是接合的主体?我们已经看到了第三国际的马克思主义为这个问题给出的答案:从列宁直到葛兰西,第三国际坚持认为领导权力量的最终核心是一个根本的阶级,尽管他们之间有我们前面分析过的所有细微的差别(nuances)和差异。执行领导权的力量和接受领导权的力量之间的差异是作为它们各自的构成层面之间的本体论差异(ontological difference)而被提出来的。领导权关系是以先于它们的形态学范畴为基础的句法关系(syntactic relations)。但这显然不是我们的答案,因为我们先前的所有分析试图消除的恰恰是各个层面的区别。实际上,我们再次面临内在性/外在性的选择,以及两个同样本质主义的解决方案——如果我们承认这个选择是唯一的,我们就会遇到这两个方案。作为一切接合实践的主体,领导权主体必须局部地外在于它所接合之物——否则,就根本不会有任何接合。但另一方面,这种外在性不能被认为存在于两个不同的本体论层面之间。因此,这个解决方案似乎会重新引入我们对话语和一般的话语性领域的区分:这样一来,领导权力量和接受领导权的全部要素都将在同一个层面———一般的话语性领域——上构成它们自身,而外在性将成为和不同的话语形态相对应的外在性。这是毫无疑问的,但必须进一步说明的是,这个外在性不可能与两个完整构成的话语形态相对应。因为,成为话语形态之特征的,是分散中的规则性(the regularity in dispersion),如果那种外在性是两种形态的关系中的规则性特征,它将成为新的差异,而且严格地讲,两个形态也不会彼此外在(若如此,任何接合的可能性都会再度消失)。所以,如果接合实践预设的外在性被置于一般的话语性领域之中,它就不可能是那种和两个完整构成的差异系统相对应的东西。它一定存在于某些话语形态内部的主体立场和没有任何明确话语接合的"要素"之间。正是这种含混性有可能使接合成为创建节点的实践(这些节点在有组织的差异系统中对社会的意义进行局部的固定)。

我们现在必须思考领导权实践在一般的接合实践领域内部的特殊性。让我们从两种情况开始,我们**不会**把这两种情况描述为领导权接合。在其中一种极端情况中,我们可以根据效率或合理性的标准来谈论对全部官僚管理职能的重新组织,并以此作为我们的一个例子。这里出现了一切接合实践的核心要素,即从解体的和分散的要素出发构成有组织的差异系统,因而也是环节的系统。但在这种情况下,我们谈不到领导权。原因在于,为了讨论领导权,接合的环节(articulatory moment)是不够的。同样必要的是,接合应该通过与对抗性接合实践本身的对抗(confrontation)来产生——换句话说,领导权应该发生在由对抗造成的交错纵横的领域中,因此它应该以同等性现象及边界效果为前提。但是,反过来说,不是每一场对抗都预设了领导权的实践。例如,在千禧年主义这个例子中,我们有形式最纯粹的对抗,却没有任何领导权,因为没有任何浮动要素的接合:两个共同体之间的距离从一开始就是被直接给定的和已经获得的东西,它没有预设任何接合的建构。同等性的链条并未建构那个共同体空间;相反,它们靠预先存在的共同体空间产生作用。因此,领导权接合的两个条件是:对抗性力量的在场和把它们分开的边界的不稳定性。只有存在着巨大的浮动要素的领域,存在着把它们和对立阵营接合起来的可能性——它意味着对后者不断地重新界定——才构成了允许我们把某项实践定义为领导权实践的领域。没有同等性和各种边界,就不可能严格地谈论领导权。

此时,我们如何才能恢复葛兰西式分析的基本概念就很清楚了,尽管它在引导我们超越葛兰西的方向上必然要把这些概念激进化。有这样一种形势,在那里,对特定的社会和政治空间的同一性提供定义的合理性系统被普遍地削弱了,结果产生了越来越多的浮动要素,这种形势就是我们仿效葛兰西称之为"**有机性危机**"(organic crisis)的那样一种形势。它不是从唯一的地方产生,而是外围事物的过度决定的结果;它不仅在对抗的激增过程中,也在社会身份的普遍危机中显示出它自身。通过创建节点和构成**有倾向的**关系性同一性(tendentially relational identities),从而以相对的方式统一起来的那个社会与政治空间,就是葛兰西所说的**历**

史联合体(*historical bloc*)。把历史联合体的不同要素结合起来的联结类型——不是任何先天的历史形式的统一,而是分散中的规则性——和我们的话语形态概念相一致。我们从对抗性领域——历史联合体正是在这个领域中被构成的——这个角度来思考历史联合体,就此而言,我们将把它称为**领导权形态**(*hegemonic formation*)。

最终,由于领导权形态意味着一种关于边界的现象,所以**阵地战**的概念揭示了它的全部意义。通过这个概念,葛兰西带来了两个重要的理论效果。第一个是证实了一切社会封闭的不可能性:由于边界内在于社会,所以不可能把作为经验所指对象的社会形态包含在可理解的社会形式之下。每一个"社会"(society)通过分化它自己,也就是说,通过把颠覆这个社会的所有意义剩余从社会本身中驱逐出去,构成了社会自身的合理性形式和可理解性形式。但是,另一方面,由于边界随着阵地战中的波动而变化,所以对抗中的行动者的身份(identity)也随之变化,因此在他们那里不可能找到任何被缝合起来的总体提供给我们的最终的锚地。先前我们说过,阵地战的概念导致了战争的去军事化;它实际上做了比这更多的事情:它把一种极端的含混性带到了社会里面,这种含混性阻止它被固定在任何先验所指中。但这正是阵地战概念显示其限度的地方。阵地战**假设**社会空间被分化成两个阵营,并且把领导权接合呈现为对分开它们的界限进行移动的逻辑。可是,这个假设显然不合逻辑:在某些情况下,两个阵营的存在是领导权接合的**后果**,而不是先天的条件——因为,如果它是先天条件的话,领导权接合发挥作用的领域本身就不会是那种接合的产物。葛兰西的阵地战预设了我们先前描述为**人民**身份所特有的政治空间分化类型。它比 19 世纪的"人民"观念超前的地方在于这样的事实:对于葛兰西而言,这样一种人民身份再也不是某种被给定的东西,而是必须被建构——因此是领导权接合的逻辑;然而,从旧观念那里仍然继承了一种思想,即这样一种建构**总是**以在一分为二的政治空间内部扩大边界为基础来进行操作。正是在这一点上葛兰西的观点变得无法接受。就像我们先前指出的,这些政治空间的激增以及它们接合的复杂性和困难性是发达资本主义社会形态的核心特征。我们将从葛兰西的观点中获得接合的逻辑以及边界效果的政治中心地位,但我们将取消关于单一政治空间(这个空间是产生那些现象的**必要**框架)的假设。我们因此将谈论**民主**斗争(democratic struggles),在那里,这些斗争隐含着政治空间的多元性;我们还将谈论**人民**斗争(popular struggles),在那里,某些话语**有倾向性地**建构一种分化,使单一的政治空间被分成两个对立的领域。但很显然,根本的概念是"民主斗争",人民斗争只是从民主斗争的同等性效果的成倍增长中产生的特殊形式。

综上所述,我们很明显已经摆脱了葛兰西思想的两个关键层面:(a)他坚持领导权主体必然建立于根本的阶级这个层面;(b)他假设除了有机性危机造成的过渡期以外,每一个社会形态都围绕着单一的领导权中心组织自身。就像我们先前指出的,这些是在葛兰西思想中残存的本质主义的最后两个要素。但是,作为放弃它们的结果,我们现在必须面临对于葛兰西而言并未产生的两组连续的难题。

第一个难题关系到层面的分离(the separation of planes),即领导权——像任何接合关系一样——预设的外部环节。正如我们已经看到的,这对葛兰西来说不呈现为任何难题,因为在他的分析中,"集体意志"(collective will)最后的阶级核心不是领导权接合的结果。但是,一旦这个最后的核心的本体论特权解体了,事情又怎么站得住脚呢?如果在一个成功的领导权案例中,接合实践设法建构了关于差异、关于关系性同一性的结构系统,领导权力量的外在性不也就消失了吗?它难道不就变成历史联合体的一个新的差异了吗?答案无疑是肯定的。有一种情况——其中,差异系统已经被紧密地熔接在了一起——将意味着政治的领导权形式的终结。在那种情况下将会有依附关系或权力关系,却没有严格意义上的接合关系。因为,随着层面不再分离和外部环节的消失,接合实践的领域也将消失。只有当社会的开放性和非缝合性增加的时候,政治的领导权维度才能扩展。在中世纪的农民共同体中,向差异性接合(differential articulations)敞开的领域是最小的,因此,那里没有任何领导权接合形式:有的是当这个共同体发现自己受到威胁时发生的出其不意的转变,即从封闭的差异系统内部的重复实践转向正面的和绝对的同等性。这就是为什么政治的领导权形式只有在现代的开端才成为主导的原因,这个时候,不同的社会领域的再生产发生在变动不居的环境之中,这些环境不断地要求建构新的差异系统。因此,接合实践的领域被极大地拓宽了。对差异进行纯粹固定的条件和可能性减少了;每一个社会身份都变成了接合实践的多样性的汇合点,它们当中的许多都是对抗性的。在这些环境中,不可能达到把被接合者和接合者之间的裂缝完全弥合起来的绝对的内在化。但关键是要强调,接合力量(articulating force)的同一性不可能保持独立和不变。两者都屈服于持续的颠覆和重新定义的过程。即便是同等性系统也不能摆脱被变成新的差异这种危险,这样的情况太多了:大家都知道许多集团和某个系统的正面对立是多么有可能不再外在于这个系统,多么有可能只是变成那个系统内部的一个既矛盾而又内在的位置——也就是变成另一个差异。领导权形态也接纳它的反对者,只要反对的力量把领导权形态的基本接合系统作为它所否定的东西接受下来就行,但**否定的场所**(the place of negation)是由形态本身的内部参变量(parameter)界定的。所以,对政治的领导权形式的消亡条件的理论规定,也解释了这种形式在现代持续扩张的原因。

第二个问题关系到领导权核心的唯一性(singleness)。一旦我们拒绝了本体论的层面——它将把领导权刻画为社会的**中心**,从而把它当成社会的本质——显然就不可能再坚持那个关于领导权节点(nodal hegemonic point)的唯一性的观念。很简单,领导权是一种政治的**关系类型**,**一种**政治的——如果人们希望这么说的话——**形式**;但不是社会地形学内部的可以确定的位置。在一定的社会形态中,可能会有各种各样的领导权节点。它们当中的有些节点显然被高度地过度决定了:它们会构成大量社会关系的压缩点,因而成为多种多样的总体化效果的聚焦点。但是,社会是一种无限的东西,它无法被化约成任何潜在的统一原则,就此而言,社会中心这个纯粹的理念根本没有意义。一旦领导权概念的地位和社会特有的多元性按照这些方式被重新定义,我们就必须问自己:存在于它们之间的关系形式是什么?这种无法被化约的社会多元性总是被理解为斗争领域和斗争形式的自治化。这要求我们简要地分析一下和"自治"概念相关的某些问题。比方说,近年来有一场关于"国家的相对自治"这个概念的大讨论①,但这场讨论大多是通过一种把它引向死局的方式展开的。一般而言,这种解释"国家的相对自治"的意图产生在这样一个框架中——承认被缝合的社会(sutured society)(比如,通过经济的归根到底的决定作用)这个假设——所以相对自治的问题就没法解决了,无论是国家的相对自治还是别的什么实体的相对自治。因为,要么是:由社会的基本规定性构成的结构框架不仅解释了自治的范围,还解释了自治实体的性质,在这种情况下,实体是系统的结构规定性的另一个结果,而"自治"概念则成了多余的;要么是:自治实体不受系统的决定,在这种情况下,有必要解释它是在何处构成的,而关于被缝合的社会的假设也必须抛弃。恰恰是把这个假设和与它相矛盾的自治概念联结起来的愿望,损害了当代马克思主义关于国家的大多数讨论,尤其是普朗查斯的著作。然而,如果我们放弃了有关社会的最终闭合的假设,必然要从政治和社会空间——它们并不涉及任何最终的统一的基础——的多元性出发。多元性不是要被解释的对象,而是分析的出发点。但正如我们已经看到的,如果这些空间中的每一个空间的同一性总是不稳定的,就不可能简单地肯定自治和分散之间的对等。因此,完全的自治和完全的依附都不是貌似可信的解决方案。这清楚地表明,问题不能够在稳定的差异系统的领域中得到解决;接合实践和领导权实践在由对抗造成的纵横交错的政治领域中发

---

① 关于当代不同的马克思主义理论化对国家的相对自治的各种理解方式,请参看杰索普(B. Jessop)的《资本主义国家》(*The Capitalist State*),纽约和伦敦,1982。

挥作用，就此而言，自治和依附——及其不同的相关程度——都是只有在这些实践的领域中才能获得意义的概念。接合实践不仅发生在特定的社会和政治空间**内部**，也发生在它们**之间**。作为一个整体——假设我们可以暂时把它作为一个整体来讨论——的国家的自治取决于只能作为领导权接合之结果的政治空间的建构。对于不同的国家部门和国家机器间的统一程度和自治程度而言，也可以说出类似的东西。也就是说，某些领域的自治化不是任何东西的必然的结构性后果，而毋宁是建构了那种自治的、明确的接合实践的后果。**自治绝不是和领导权不相容的，它是一种领导权建构的形式。**

对于近年来对自治概念（和新的社会运动的扩张所要求的多元主义联系在一起的自治概念）的其他重要的使用而言，也可以说出类似的东西。在这里我们处于相同的局势之中。如果变得自治的主体或社会力量的身份被一劳永逸地构成了，那就**只能**通过自治提出难题。但如果这些身份取决于某些确切的社会和政治存在条件，那么，自治就只能通过更广泛的领导权斗争来捍卫和扩展。例如，在某种程度上，女性主义或者生态保护的政治主体**和其他所有社会身份一样**都是浮动的能指，认为它们能得到一劳永逸的保护，认为那个构成它们的话语产生条件的领域不可能被颠覆，这都是危险的幻象。因此，和威胁运动自治相关的领导权问题，是以一种糟糕的方式提出的问题。严格地讲，这种不一致性**只有**当社会运动是互无联系的单一运动的时候才存在；但如果每一场运动的同一性永远都不能一劳永逸地获得，它就不可能不关心发生在它外面的事情。在某些情况下，英国白种工人的阶级政治主体性是被种族主义或反种族主义的态度过度决定的，这对于移民工人的斗争而言显然很重要。这将影响某些工会运动的实践,反过来也会在国家政策的许多层面上产生影响并最终对移民工人本身的政治身份产生反作用。白种工人的工会战斗性和种族主义或反种族主义之间的接合一开始就是不明确的,就此而言,这里显然存在领导权的斗争;反种族运动所采取的这种斗争形式将一部分通过某些活动和组织形式的自治化而实现,一部分通过与其他力量结盟的系统而实现,还有一部分则通过不同运动内容之间的同等性系统的建构而实现。因为,除了在诸如反种族主义、反性别歧视和反资本主义等内容——如果任它们发展的话,不一定会产生合流的倾向——之间建构稳定的过度决定形式之外,没有什么东西能巩固反种族主义的斗争。再说一遍,自治和领导权并不对立,而是更加广泛的领导权运作的内部环节(显然,这种运作不必然通过"政党"形式和单一的制度形式,也不必然通过任何其他类型的先天的安排来进行)。

如果领导权是一种**政治关系类型**而不是一个地形学概念,它显然也不能被理解为从哪个优先的位置上产生的诸多效果的辐射。在这个意义上,我们可以说,领导权基本上是换喻的(metonymical):它的效果总是从移置作用造成的意义剩余中产生的(例如,工会或宗教组织可能在某个共同体中发挥组织功能,这超出了属于它们的传统实践,而且遭到了敌对力量的斗争和反抗)。这个错位的环节对任何领导权实践来说都是根本性的,当领导权概念在俄国社会民主党中以外在于领导权任务的阶级身份的形式刚一出现的时候,我们就看到了这种错位;我们的结论是:从来没有任何社会身份被完全地获得过——这个事实给接合的－领导权环节(articulatory-hegemonic moment)的中心地位赋予了全部分量。这个中心地位的条件是内部与外部、偶然与必然之间清晰的分界线的崩溃。这导致了一个不可避免的结论:没有任何一种领导权逻辑可以解释社会的总体并构成它的中心,因为在那种情况下,新的缝合将产生,领导权这个特定的概念将取消它本身。社会的开放性因而成为了一切领导权实践的前提条件。这必然导致第二个结论:领导权形态正如我们理解的那样,不能被认为是单一社会力量的特殊逻辑。一切历史联合体——或领导权形态——都是通过分散中的规则性建构的,这种分散中包含了各种要素的激增,局部地定义了关系性同一性的差异系统、同等性链条(它颠覆了同等性,但由于对抗的场所本身变得恒定,并且以那种方式构成了新的差异,同等性又能够以改头换面的方式得到恢复)、过度决定的形式(它要么集中于权力,要么集中于抵抗权力的不同形式),等等。关键的一点是,每一种权力形式都是通过同等性和差异的对立逻辑,以实用主义的方式在社会**内部**建构的;权力永远都不是**根本的**。因此,要提出权力的问题,不能靠寻找构成领导权形态中心的**唯一的**阶级和占统治地位的**唯一的**社会组成部分,因为按照定义,这样一个中心将总是规避着我们。但提出"要么是多元主义,要么是权力在社会内部的全盘扩散"这种选择方案同样是错误的,因为这会让分析看不到节点的在场(presence),看不到存在于每一个具体社会形态中的权力的局部集中(partial concentration)。经典分析中的许多概念——"中心""权力""自治"等——正是在这个地方可以被重新引入,如果它们的地位被重新定义的话。它们全都是偶然的**社会逻辑**,这些逻辑本身在明确的形势和关系语境中获得了它们的意义,而在那些语境中,它们将总是受到其他经常产生矛盾的逻辑的限制;但是,在对无法被颠覆的空间或结构环节进行限定的意义上,它们都没有绝对的有效性。因此,不可能获得这样一种社会理论,把对那些概念中的任何一个概念的绝对化作为它自己的基础。如果社会不是被任何单一的、统一的或者**肯定的**逻辑缝合起来的话,我们对社会的理解就不可能提供那种逻辑。那种力图确定社会"本质"的"科学的"理解方式,实际上是乌托邦主义的巅峰。

在我们得出结论之前,还有一个重要的观点。在前面的论证中,我们把"社会形态"(social formation)说成经验上的所指对象,把"领导权形态"(hegemonic formation)说成被接合的差异的总体。同一个术语——"形态"(formation)——在完全不同的两种意义上被使用,我们必须试着去消除由此造成的含混性。这个问题可以用它的更一般的形式表述如下:如果(在"社会形态"这种用法中)经验上既定的全体当事人或(在"领导权形态"这种用法中)全部话语环节都被包含在形态概念所暗指的总体中,这是因为通过那个总体,有可能把它们和外在于它们的东西区分开。因此,形态正是根据它自己的界限而被塑造为总体。如果我们提出这些界限在领导权形态中的建构问题,我们将不得不区分两个层面:和一切"形态"的抽象的可能性条件相关的层面,以及和领导权逻辑引入它里面的具体差异相关的层面。让我们从作为相对稳定的差异系统的形态的内部空间开始。显然,差异逻辑不足以建构界限,因为,如果它是唯一占据主导的,存在于它之外的东西只可能是其他差异,这些差异的规则性将把它们转变成形态本身的一部分。如果我们停留在差异领域,我们也就停留在一个无限的领域,它不可能使任何边界得到思考,因此消解了形态的概念。也就是说,界限只有在下列情况中才存在,即系统的全部差异能够被规定为与**超出**它们的东西相关的**总体**,只有通过这种规定,总体才能把它自身构成为形态。如果从已经说过的内容来看,很显然,那种超出(beyond)不可能由肯定的东西构成,即由新的差异构成,唯一的可能性是,它将由否定的东西构成。但我们已经知道,同等性逻辑是把否定性引入社会领域的逻辑。这意味着,形态只有通过把界限(limits)转变成边界(frontiers),只有通过构成同等性链条——这个同等性链条把超越界限的东西建构成它所**不是**的东西——才能设法**意指它自身的意义**(*signify itself*)(也就是如实地构成它自身)。只有通过否定、分化和对抗,形态才能把它自身构成为总体化的视野(totalizing horizon)。

但是,同等性逻辑只是每一个形态的最抽象、最一般的存在条件。为了能够谈论领导权形态,我们必须引入由我们之前的分析提供的另一个条件,即当代社会固有的对社会和政治空间不断的重新界定,以及对构成社会分化的范围的不断的移置。只有在这些条件下,通过同等性逻辑塑造的总体才能获得领导权的性质。但这似乎意味着,由于这种不稳定性倾向于使社会的内部边界变得不稳定,所以形态范畴本身受到了威胁。这恰恰就是现在发生的情况:如果一切边界都消失了,就不只意味着形态更加难以**识别**了。由于总体不是一个事实而是一种建构,所以当构成总体的同等性链条产生断裂时,总体也就不只是把它自己隐藏了起来:**它瓦解了**。

由此可以推断出,当用"社会形态"这个术语来指称一个所指对象时,它是没有意义的。作为所指对象,社会当事人并没有构成任何形态。例如,如果"社会形态"这个术语以明显中立的方式,试图指称处于某个特定领域中的社会当事人,关于那个领域的范围的问题就会立刻被提出来。在这里,有必要厘定政治界限(political boundaries),也就是构型(configurations),这些构型是在和当事人的单纯的指涉性实体有所不同的层面上构成的。这里有两个选择:要么认为政治的范围就是一个简单的外部事实——在这种情况下,"法国社会形态"或"英国社会形态"这类说法几乎没有指出比"法国"或"英国"更多的东西,而"形态"这个术语则显然是多余的;要么把当事人重新整合到构成他们的各种形态中——在这种情况下,没有理由说明为什么这些东西应该与国家的边界保持一致。某些接合实践将使国家的边界和形态本身的界限保持一致。但无论在哪一种情况下,这都是一个开放的过程,它将取决于塑造了一个特定的空间、同时在其内部发挥作用的多种多样的接合实践。

在整个这一章中,我们试图在我们论证中的几个地方展示社会的开放性和不确定性,它赋予否定性和对抗以首要的、基础的性质,并确保了接合与领导权实践的存在。我们现在必须再度接受前两章中我们的政治论证思路,证明社会的不确定性和紧随其后的接合逻辑如何以新的方式提出了领导权和民主之间的关系问题。

第四章
领导权和激进民主

Hegemony and Radical Democracy

1937年11月,阿瑟·罗森贝格在流亡纽约的途中总结了他对法国大革命以来的现代欧洲史的反思。① 这些反思结束了他作为一位战斗的知识分子的生涯,它们集中关注一个根本的主题:社会主义和民主之间的关系,或者说得更好一点,是在这两者之间构成有机统一形式的各种尝试的失败。这双重的失败——民主的失败和社会主义的失败——对于他而言似乎是一个由彻底的断裂所主导的持续疏离的过程。起初,"民主"被理解为人民的行动领域,是1789—1848年间主宰欧洲生活的历史对抗中的伟大主角。正是"人民"(在**平民**[plebs]的意义上,而非**群氓**[populus]的意义上)——这些毫无组织的、被区别(differentiated)开来的群众——控制了1789年和1848年的街垒,主导了英国的宪章运动、意大利马志尼和加里波第的动员活动。后来出现了由19世纪50年代的长期反动造成的巨大断裂;但在这个断裂结束,人民抗争再度崛起的时候,主角变了。首先出现在德国和英国,随后出现在欧洲其他地方的工会或者刚刚形成的社会民主党在19世纪后三分之一的时间里逐渐巩固了自己。

　　这个断裂总是被解释为被统治的部分向更高的政治合理性

---

① 阿瑟·罗森贝格(Arthur Rosenberg):《民主和社会主义:过去一百五十年的政治史(1789—1937)》(*Democrazia e socialismo. Storia politica degli ultimi centocinquanti anni [1789 –1937]*),巴里,1971。

阶段的转变。在该世纪的前半叶中,"民主"的无定形的特征(它没有在社会经济基础中扎根)使它在根本上变得脆弱和不稳定,妨碍它在反抗既定秩序的斗争中把自己构成为一道稳固而永久的壕堑。只有瓦解这个不定形的"人民",用工人阶级的坚实的社会基础替代它,人民的运动才能获得成熟性,并允许他们从事反抗统治阶级的长期斗争。但是,这种迈向由工业化造成的更高的社会成熟阶段和更高水平的政治效能(通过这种效能,"人民"的无政府主义暴动被阶级政治的合理性和团结性所代替)的神话性转变,只能表现为对罗森贝格的恶意嘲讽,他正是在西班牙被焚毁、希特勒为吞并奥地利做准备、墨索里尼侵略埃塞俄比亚的时候写出了他的著作。对于罗森贝格而言,这种顺着阶级路线的靠拢反倒构成了欧洲劳工运动的一大历史罪状。对他来说,工人们没有能力把"人民"构成为一支历史力量,这是社会民主党的根本错误,也是一个阿里阿德涅线团(Ariadne's thread)①,使他能够阐明开始于1860年的整个曲折的政治历程。统一的人民的一极(a unified popular pole)的构成,绝不是变得更简单了,而是越来越困

---

① 阿里阿德涅(Ariadne)是希腊神话中克里特国王米诺斯的女儿。米诺斯之子被雅典人害死,因此与雅典人结下仇恨。根据神谕,雅典人必须平息米诺斯的仇恨才能获得自身的安宁。于是雅典人向米诺斯求和,米诺斯则要求雅典人每年给关在克里特岛上一座迷宫里的牛头人身怪物(米诺陶洛斯)进贡七对童男童女。到第三次进贡时,作为贡品的雅典王子忒修斯发誓为民除害。但迷宫乃代达洛斯所造,常人进去后便无法出来。阿里阿德涅青睐于忒修斯的美貌,遂赠予他一个线团,忒修斯杀了米诺陶洛斯后,按照线团的导引走出了迷宫。后来人们就用"阿里阿德涅线团"比喻解决复杂问题的线索和方法。——译注

难,因为资本主义社会逐渐增多的复杂性和制度化——葛兰西所说的"市民社会的壕堑和防御工事"——导致了那些在理想状态下本应该在"人民中"(among the people)统一起来的部分的合并与分离。这个逐渐增多的复杂性的过程在1789和1848年间已经很明显了:

> 1789年的民主任务,是以统一的方式领导依附的农民反抗地主贵族的斗争和领导贫困市民反抗资本的斗争。此时,这场斗争比它在1848年更容易。实际上,在这两个时期之间,尽管工业无产阶级大多数仍在小规模的工业中工作,但它们在重要性方面已经有了十分重大的提升,以至于它使所有政治难题都在无产阶级和资本家之间的对抗中达到了顶峰……对民主政党来说,这需要一种独特的战术技巧,以便促成工人运动和农民运动的合流。如果它想忽视一大群自耕农对众多小佃农及劳动者所起的作用,就需要绝对现实主义的而且复杂的战术。因此,罗伯斯庇尔之后的五十年间,社会民主的任务已经日渐棘手,而与此同时,民主党人在知识上却对解决这一难题越发无能为力。①

当然,只有在1848年后,建立人民的反体系的一极(popular anti-system pole)才逐渐增加了难度。实际上,罗森贝格试图把他

---

① 罗森贝格:《民主和社会主义:过去一百五十年的政治史(1789—1937)》,第119页。

自己引向一个由某种彻底的变化所主导的新领域,他本人对这种变化也是一知半解:某种政治形式的式微(对于这种形式来说,把社会分化为两个对抗阵营是**一个先于所有领导权建构的原始的、不可改变的事实**①)和朝向某种新局势的转变(这个新局势的特征是政治空间的根本的不稳定性,在这个空间中,斗争中为各种力量所特有的身份屈服于持续的变动,并且要求持续不断的重新界定的过程)。换句话说,罗森贝格以一种既有远见又犹豫不决的方式,向我们描述了政治领导权形式的普遍化过程———旦领导权实践成功地确定了社会分化的原则,它就强制地推出它自己,作为一切集体身份出现的前提条件——同时向我们展示了那种愿望的空虚无聊,即阶级斗争应该**以一种自发的和先天的方式**在这个原则的基础上构成自身。

从非常严格的意义上说,人民/旧制度的对立是最后一个阶段,在这个阶段中,两种社会形式之间的对抗界限以一种清晰的、经验上**既定的**分界线(dividing line)的形式表现了出来,并且附带着已被注明的限定性条件。由此开始,内部和外部的分界线,即对抗(这种对抗是按照两个同等的对立系统的形式构成的)所依据的那条分界线逐渐变得脆弱和模糊,而且它的建构变成了重要

---

① 严格想来,这种断言当然是被夸大了。法国大革命期间的力量重组也需要领导权的作用,而且意味着联盟的某些变化:请想一想旺代(Vendée)这样的插曲(这里指的是1793—1796年间发生的法国保王党的反革命叛乱,因为叛乱中心在旺代省,故名"旺代战争"或"旺代叛乱",其主力是"天主教军"和武装起来的农民——译注)。只有从一种历史的角度,只有和欧洲历史后续阶段特有的领导权接合的复杂性进行对比,人们才能就法国大革命过程中基本的分化和对立框架的相对稳定性展开争论。

的政治难题。也就是说,从那时候起,根本没有脱离了领导权的政治。这就使我们能够理解马克思的干预的特殊性:他的思考发生在这样一个时刻,那时,按照人民/旧制度的二分法进行的政治空间分化似乎耗尽了它的生产性,而且无论如何都不能建构一种能够重新理解工业社会所特有的复杂性和多元性的政治视野。因此,马克思试图在新原则的基础上来思考社会分化这个首要事实:阶级间的对抗。但是,这个新原则从一开始就被一种彻底的不充分性削弱了,这种不充分性产生于一个事实,即阶级对立不能把社会机体的总体(the totality of the social body)分化成两个对抗的阵营,不能把它本身作为政治领域的一条分界线而**自动地**再生产出来。正是由于这个原因,把阶级斗争确认为政治分化的首要原则经常不得不伴随着把它的全部适用性都归之于未来的增补性假设:历史学-社会学假设,即对社会结构的简化,这将导致现实的政治斗争和阶级(这些阶级是在生产关系层面上被构成的当事人)斗争的一致性;也将导致关于当事人意识的假设,即从自在的阶级转变为自为的阶级。不管怎样,重要的是:马克思在社会分化的政治原则中引入的这种变化使雅各宾设想中的一个本质的组成部分保持不变,这个部分就是关于**一个根本的断裂性时刻**的假设,以及关于使政治得以构成的**唯一**空间的假设。变化的只是时间的维度,因为这种兼具政治性和社会性的两大阵营的分化被委托于未来,与此同时我们又被提供了一整套与导致这个分化的过程相关的社会学假设。

在本章中,我们将为这个论点辩护,即雅各宾和马克思主义的政治设想之间的连续性必须接受激进民主构想的质疑。对我们来说有两个根本的基础,一是对那些优先的断裂点(privileged points of rupture)的拒绝,二是斗争向统一的政治空间的汇合,以及反过来对社会多元性和不确定性的承认。一种新的政治想象可以由这两个基础建立起来,和经典的左翼相比,这种想象完全自由,其目标也极具雄心。这首先需要对它产生的历史领域进行描述,这就是我们可以称之为"民主革命"(democratic revolution)的领域。

民主革命

我们已经提出的理论难题性,不仅排除了把社会冲突集中在先天的、被赋予特权的当事人身上,而且排除了对任何人类学本质(nature)——这个本质为反抗各种依附形式赋予一种不可避免的性质,与此同时把不同的主体立场统一起来——的**普遍**原则或基础的参照。所以,在反抗权力的各种斗争中,没有什么东西是必然的或自然的,有必要解释它们在每一种情况下产生的原因和它们可能采取的不同的调整。反对依附的斗争不可能是依附状态本身的结果。尽管我们可以通过福柯来认定有权力的地方就有反抗,但也必须认识到反抗的形式可以极为多变。只有在某些情况下,这些反抗形式才能获得政治性,并且成为以终结依附关系本身为方向的斗争。如果在几个世纪中已经有了女性反抗男性统治的多种形式,那只有在某些条件和特殊的形式下,要求平等(首先是法律面前的平等,然后是其他领域的平等)的女性主义运动才能够出现。显然,当我们在这里谈论这些斗争的"政治"性的时候,我们不是就有限的意义,即不是就党和国家层面的要求来谈的。我们正在谈论的是这样一类行动,它的目标是改变通过依附关系来建构主体的社会关系。例如,某些当代女性主义实践倾向于不通过任何党和国家的途径来改变男性和女性之间的关系。当然,我们并不试图否认某些事件需要有限意义上的政治干预。我们想指出的是,政治作为创造、再生产、改变社会关系的实践,不可能位于确定的社会层面,因为政治的难题也是创立社会的难题,也就是说,是在交织着对抗的领域中对社会关系进行界定和接合的难题。

我们的核心难题是确认产生集体行动的话语条件,这种行动以反抗不平等的斗争为方向并且对依附关系提出挑战。我们也可以说,我们的任务是确认使依附关系(a relation of subordination)变成压迫关系(a relation of oppression)的条件,从而把它本身构成为对抗的场所。我们在这里进入了一个由大量的术语转换构成的领域,这些转换通过在"依附""压迫"和"统治"之间建立了同义性(synonymity)而终止了。很明显,使这种同义性成为可能的基础是关于"人的本质"(human nature)和统一主体的人类学假设:如果我们能够先天地确定主体的本质,否认这个本质的一切依附关系就自动地变成了压迫关系。但是,如果我们拒绝这种本质主义视角,我们就需要把"依附"和"压迫"区别(differentiate)开来,并解释依附变成压迫的确切条件。我们应该通过**依附关系**理解到,在这种关系中,一个当事人服从另一当事人的决定——例如,服从于雇主的雇员,或者在某些家庭形式中女人服从于男人,等等。反之,我们应该把**压迫关系**说成那些把它们自己转变成对抗场所的依附关系。最后,我们应该把**统治关系**(rela-

tions of domination)说成那些一整套的依附关系,从外在于它们的社会当事人的观点或判断来看,它们被认为是不合理的,而且作为结果,它们有可能和实际存在于确定的社会形态中的压迫关系相一致,也可能不一致。因此,难题就在于解释压迫关系是如何从依附关系内部被构成的。为什么从依附关系自身的角度来思考,它们不可能是对抗关系?这是很清楚的:依附关系只是在社会当事人之间建立了一整套差异性立场,我们已经知道,差异系统把每一种社会身份都建构为**肯定性**,它们不仅不可能具有对抗性,而且还为消除所有对抗创造了理想的条件——我们将面临被缝合起来的社会空间,所有的同等性都将从中被排除出去。只有达到这种程度,即把依附的主体立场的肯定的差异性特征(positive differential character)颠覆掉,对抗才能产生。"农奴""奴隶"等,本身并不意味着对抗的立场;只有通过不同的话语形态——例如"所有人固有的权利"——这些范畴的差异性的肯定性(differential positivity)才能被颠覆,依附也才能被建构成压迫。这意味着,没有话语的"外部的"在场(discursive 'exterior' presence),就不会有任何压迫关系(因为有了这种"外部的"在场,关于依附的话语才有可能被中断①)。在这个意义上,同等性逻辑代替了某些话语对其他话语造成的后果。如果就像直到17世纪为止的妇女处境那样,用一整套话语(这套话语把妇女建构为主体)把妇女完全固定在依附性立场上,反对妇女依附地位的女性主义斗争运动就不可能产生。我们的论点是,只有从民主话语变得可以与

---

① 关于"中断"的概念,请参看西尔弗曼(D. Silverman)和托罗德(B. Torode)的《物质的词语》(*The Meterial Word*),伦敦,1980,第一章。

不同的反抗形式相接合的那一刻起,使各种反对不平等的斗争成为可能的条件才会存在。在女性的案例中,我们可能会援引玛丽·沃斯通克拉夫特①在英国所起的作用作为一个例子,她于1792年出版的《为女权辩护》(Vindication of the Rights of Women)一书曾通过书中对民主话语的使用,确定了女性主义的诞生,因而从公民间的政治平等领域转移到了性别平等领域。

但是为了以这种方式被动员起来,自由和平等的民主原则首先必须强制地推出自己,作为社会想象的新的母体;或者,用我们的术语说,就是在政治建构的过程中构成一个根本的节点。西方社会政治想象中的这种重大变化发生于两百年前,而且可以用这些措辞来界定:同等性逻辑被转换为生产社会性事物的根本工具。我们把这种变化称之为——用借自托克维尔(A. de Tocqueville)的表述来说就是"民主革命"(democratic revolution)。通过这个表述,我们指的是等级制和不平等社会的终结,这种社会是由神学-政治逻辑统治的,在这种逻辑里,社会秩序有一种存在于神的意志中的基础。社会机体被认为是一个整体,其中,个体被固定在不同的位置上。只要这样一个整体的社会制度模式占据统治地位,政治就只能是那种将同一类型的依附性主体再生产出来的等级关系的重复。民主革命初期的关键环节可以在法国大革命中找到,因为正如弗朗索瓦·傅勒(François Furet)已经指出的那样,法国大革命对人民的绝对权力的肯定在社会想象的

---

① 玛丽·沃斯通克拉夫特(Marry Wollstonecraft, 1759—1797),英国启蒙时代的女性政论家、哲学家,西方女权主义运动的先驱。1792年写的《为女权辩护》一书是其最知名的作品。——译注

层面上引入了某种真正新颖的东西。按照傅勒的说法,正是在那里坐落着真正的不连续性——在建立新的合法性的过程中,在创造民主文化的过程中:"法国大革命并非转变,它是起源,是起源的幽灵。它的独特之处就是构成其历史利益的东西,更重要的是,正是这个'唯一的'要素变成了普遍的,即民主的第一次经验。"① 如果就像汉娜·阿伦特(Hannah Arendt)说的那样,"是法国革命而非美国革命才把世界点燃了"②,那是因为这场革命是把自身建立在人民这个唯一的合法性基础上的第一场革命。③ 因此,它首创了那种被克劳德·勒福尔(Claude Lefort)证明为是新的社会创制(institution)模式的东西。这种以《人权宣言》(the Declaration of Rights of Man)为标志的和**旧制度**的断裂将提供话

---

① 傅勒:《思考法国大革命》(*Penser la Révolution Française*),巴黎,1978,第109页。

② 阿伦特:《论革命》(*On Revolution*),伦敦,1973,第55页。

③ 托克维尔在《旧制度与大革命》中这样评价法国大革命:"大革命的发生并不像人们所认为的那样,是为了摧毁宗教信仰的权威;不管外表如何,它在实质上是一场社会政治革命;在政治制度范围内,它并不想延续混乱,并不像它的一位主要反对者所说的那样要坚持混乱,使无政府状态条理化,而是要增加公共权威的力量和权利。它并不像另一些人所想那样,要改变我们的文明迄今具有的特点,阻止文明的进步,也没有实质上改变我们西方人类社会赖以依存的根本法律。如果撇开不同时期不同国家发生的曾经暂时改变大革命面貌的所有偶然事件,而只考察大革命本身,人们就会清楚地看到,这场革命的效果就是摧毁若干世纪以来绝对统治欧洲大部分人民的、通常被称为封建制的那些政治制度,代之以更一致、更简单、以人人地位平等为基础的社会政治秩序。"参见《旧制度与大革命》,冯棠译,商务印书馆1992年版,第59页。——译注

语条件,使人们有可能把不同形式的不平等作为不合法和反自然的东西提出来,并使其等同于压迫形式。这里存在着民主话语的深厚的颠覆性力量,它将使平等和自由传播到日渐广泛的领域中,并作为一种骚动的力量对反抗依附的不同的斗争形式产生作用。19世纪许多工人的斗争都在争取政治自由的斗争的基础上,以话语方式建构他们的要求。例如,在英国宪章运动中,加雷斯·斯特德曼·琼斯的研究①已经揭示了深受法国大革命影响的英国激进主义思想在组织运动和确定其目标的过程中起到的主要作用(因此也揭示了普选权要求的核心作用,对宪章运动的解释很少把它描述为带有根本的社会性的现象,也很少把它描述为新的工业无产阶级的阶级意识的表现)。

通过不同的社会主义话语,产生了从批判政治不平等向批判经济不平等的转移,并且导致了对其他依附形式的质疑和对新权利的要求。因此,社会主义的要求应该被视为内在于民主革命的一个环节,而且只有在后者建立的同等性逻辑的基础上才能够理解。这种辐射作用向各个方向成倍增长。在女性主义的案例中,问题是获得某种途径,让女性首先得到政治权利,然后得到经济平等;就当代女性主义而言,则是性别领域中的平等。正如托克维尔指出的:"不能认为平等在进入政界或其他界之后就不再发生作用。不要以为人们会永远安于在其他方面均已平

---

① 加雷斯·斯特德曼·琼斯(Gareth Stedman Jones):《反思宪章主义》("Rethinking Chartism"),收录于他本人的《阶级的语言》(*Language of Class*),英国剑桥,1983。

等而只有一个方面不平等的局面;他们早晚要在一切方面享有平等。"①

在任何情况下,都不可能把依附关系构成为封闭的差异系统——这种不可能性意味着依附者和被依附者的身份具有相互的**外在性**,而不意味着他们通过各自的立场被吸收到系统之中——这正是压迫关系的基础。在这方面,工人斗争的对抗潜能所经历的转变是很有教益的。19世纪无疑存在着**激进地**反对资本主义的斗争,但它们并非无产阶级的斗争——如果我们所理解的"无产阶级"是由资本主义发展产生的那类工人,而不是那些手工业者的话(他们的从业资格和生活方式都受到资本主义生产系统的确立所带来的威胁)。用克雷格·卡尔霍恩(Craig Calhoun)的话说,这些"反动激进派"(reactionary radicals)的斗争的强烈对抗性,以及他们对整个资本主义制度的质疑都通过一个事实得到了解释,即这些斗争表现了他们对手工业者身份遭到破坏的抵抗,以及对与之相伴随的一整套社会、文化和政治形式的抵抗。从那里产生了对资本主义正在培植的新型生产关系的全盘拒绝;在两种社会组织系统之间存在的这种完全的外在性,造成了对社会空间的两大阵营的分化,正如我们所知道的,这种分化是一切对抗的前提条件。卡尔霍恩在他对汤普森的《英国工人阶级的形成》(*The Making of the English Working Class*)的批判中已经使人信服地证明,在那里,一大批异质的社

---

① 托克维尔:《美国的民主》(*De la Démocratie en Amérique*),第1卷,巴黎,1981,第115页。(中译文请参看《论美国的民主》上册,董果良译,商务印书馆1988年版,第59页。——译注)

会集团是在"工人阶级"这个标签下被组织起来的,却没有充分认识到"旧工人"和"新工人"在他们的目标和动员形式方面的深刻差异。根据卡尔霍恩的说法,"前者在强大的共同体的基础上展开斗争,它反抗的是经济变化的优势力量。后者则是在薄弱的社会基础上和刚刚兴起的工业秩序内部展开斗争。这个区别,对工人阶级的持续发展及逐渐激进化等观念产生了强烈的影响"①。

正是在临近19世纪中叶的英国和临近该世纪末的欧洲其他地方,产生了可以被严格认为是资本主义产物的劳工运动;但这场运动越来越不质疑资本主义生产关系本身——这些生产关系在那之前就已经被牢固地嵌入社会之中了——也越来越不关注改变生产**中**的关系(relations *in* production)的斗争。那些马克思主义称之为"改良主义"的、被认为是以前的社会斗争之倒退的斗争,实际上更多地符合工业无产阶级采取的动员形式,而不符合早期的更为激进的斗争。因此在某种程度上,工人和资本家之间的依附关系作为合乎逻辑的差异性立场被吸收进了统一的话语空间之中。

如果我们把自己的注意力转向另一个激进的工人动员时期——第一次世界大战末,意大利和德国的工人委员会运动(the workers' council movements)——我们可以看到,它们从根本上拥

---

① 卡尔霍恩:《阶级斗争的诸问题》(*The Questions of Class Struggle*),芝加哥,1982,第140页。相关的论证请看帕拉米奥(L. Paramio)的《欧洲劳工史的修正主义解释》("Por una interpretación revisionista de la historia del movimiento obrero europeo"),《在理论中》(*En Teoria*),8/9,马德里,1982。

有一组被过度决定的环境:战后社会秩序的崩溃、工厂的军事化、泰勒制的兴起、技术工人在生产中的角色转变。所有这些条件要么和削弱了差异逻辑的领导权能力的有机性危机联系在一起,要么和质疑传统工人身份形式的转变联系在一起。比如,我们不应该忘记技能娴熟的工人在这些斗争中起到的核心作用,这种作用被普遍认识到了,但其解释却千差万别。① 对于某些人来说,这是一个有关捍卫技能、反抗业已出现的泰勒制危险的问题。对于另一些人来说,正是工人们在战争时期已经获得的这种经验,使他们思考了自行组织生产过程的可能性并且促使他们和雇主对抗。然而,无论在哪种情况中,正是对他们已经获得的身份(他们的技术或者他们的在生产的组织功能)的捍卫引导着他们进行反抗。因此,我们可以建立一种与上面提到的"激进反动派"(radical reactionaries)②的平行关系,因为他们也在捍卫着受到威胁的身份。

但是,在纯粹"阶段论"的意义上理解这种力量的外在性——好像只有属于被超越过程中的某个阶段的事实,才是斗争中的激进主义的必要条件——将是错误的;如果情况如此,这种激进主义就只不过是防御性斗争的特征而已。如果我们上面提到的"无政府主义"斗争很好地说明了作为一切对抗之条件的力量的外在

---

① 关于这个主题,请参看西里安尼(C. Siriani)的《第一次世界大战时代的工人控制》("Workers Control in the Era of World War I"),《理论与社会》(*Theory and Society*),9:1,1980;以及萨贝尔(C. Sabel)的《工作和政治》(*Work and Politics*),第四章,英国剑桥,1982。

② 实际上,上文提到的是"反动激进派"(reactionary redicals),这里疑似作者的笔误。——译注

性(externality),相比之下,某些社会变革可以把直到那时为止仍未受到质疑的依附关系建构为外部的强制,因而建构为压迫的形式,并以此为基础构成新的、激进的主体性的形式。民主想象所特有的同等性的移置(the displacement of equivalence)正是在这个地方产生了作用。把激进斗争的形象当成古已有之的东西是非常不现实的。它很大程度上源自第二次世界大战后二十年间新资本主义的幸福感,这似乎为资本主义制度的进化论式吸纳(transformist absorption)提供了无穷的能力,并且展示出朝向同质性社会发展的直线倾向,在这个社会中,所有的对抗潜能都被消解了,每一种集体身份都被固定在一个差异系统之中。相反,我们应该努力证明这个扩张过程的复杂性和经常产生矛盾的各个方面,因为在福利国家的巅峰时期施行的满足广泛社会要求的特定行动——它绝不能为占统治地位的领导权形态那不确定的整合提供保障——频繁地揭露出整个依附关系的专断性质。因此,一个使平等主义的同等性(egalitarian equivalence)的全新扩展成为可能,从而也使民主革命在新方向上的扩张成为可能的领域被创造了出来。正是在这个领域中,产生了那些新的政治身份形式,在最近的争论中,它们频繁地集结在"新社会运动"(new social movements)的旗号下。因此,我们应该研究这些运动的民主潜能和含混性,还有它们产生的历史背景。

民主革命和新的对抗

不同的主体立场之间的同等性的移置——它是产生对抗的条件——可以把它自身表现为两个基本的变体。首先,它可以是对已经存在的依附关系的质疑,多亏了民主想象的移置作用,这些关系才被作为压迫关系重新接合起来。我们再一次以女性主义为例,由于作为女人的妇女(women as women)被否定掉了民主意识形态原则承认的、为全体公民共享的权利,以至于在依附性的女性主体的建构中显露出一条**可能**产生对抗的裂缝。在要求获得公民权的少数族裔中,也是这种情况。但对抗也可能产生在其他环境中,例如,当获得的权利遭到质疑的时候,或者当尚未以依附形式建构起来的社会关系开始在某些社会变革的影响下变得具有依附性的时候。在这种情况下,由于遭到了具有新的不平等形式的实践和话语的否定,主体立场可以变成对抗场所。但在所有情况下,使反抗形式具有集体抗争性的是外部话语的存在,它阻止这种作为差异的依附稳定化。

"新社会运动"这个不甚令人满意的术语集结了一系列高度多样化的斗争:都市的、生态保护的、反权威主义的、反制度的、女性主义的、反种族主义的、族裔的、宗教的或性别上的弱势群体的斗争。所有这些斗争的共同特征就是它们和被认为是"阶级斗争"的工人斗争的差异。强调"阶级斗争"这个概念那成问题的性质是毫无意义的:它融合了生产关系层面上的一系列十分不同的斗争,这些斗争脱离了"新的对抗",目的是要非常清楚地展示建立在"阶级"的优先地位基础上的话语持存性。使我们对这些新社会运动产生兴趣的不是那种观念,即要把这些运动武断地集结在一个不同于阶级的范畴之下,而是它们在接合过程——把社会冲突性的迅速扩散和今天发达工业社会所特有的越来越多的关系接合起来——中所扮演的**新**角色。这就是我们通过上面展示的理论难题性而试图分析的东西,它引导我们把这些运动理解为民主运动向整个一系列新的社会关系的扩展。至于它们的新颖性,则通过它们质疑了新的依附形式这一事实而被赋予了它们。我们应该把连续性/非连续性(continuity/discontinuity)这一关系的两个方面区别开来。连续性方面基本上涉及一个事实,即把自由民主的意识形态转换成西方社会的"常识"(common sense),为持续挑战等级制原则奠定基础,托克维尔把这种挑战称为"条件的平等化"(equalization of conditions)。① 正是这种平等主义想象的持久性,允许我们在(反抗**旧制度**遗留的不平等的)19世纪斗争和当下的社会运动之间建立起连续性。但从第二个观点来看,我们可以谈论非连续性,因为大部分新的政治主体已经在他们和依附形式的对抗关系中被构成了,这些依附形式是最近从资本主义生产关系的移植与扩张,从日渐增多的国家干预中产生出来的。这些新的

---

① 托克维尔在《论美国的民主》中指出:"智力的不等直接决定于上帝,人们根本无法防止这种不等的出现。但是我方才所说的一切,并不妨作出如下的结论:人的智力尽管不等,而且是创世主这样决定的,但其发展的条件是相等的。"参见《论美国的民主》上册,前引书,第59页。——译注

依附关系和在它们内部构成的对抗,正是我们现在应该着力探讨的。

正是在二战后产生的重新组织(reorganization)的语境下,出现了社会关系层面的一系列变化和新的领导权形态的巩固。后者表明,劳动过程层面上的变化、国家形式和占统治地位的文化传播模式都将在现存的社会交往形式中带来深远的变革。如果我们从经济的视角考察这个问题,最关键的变化就是米歇尔·阿列塔(Michel Aglietta)所说的从粗放型积累体制向集约型积累体制的转变。后者的特征是资本主义生产关系散布到整个社会关系之中,而且后者依附于为了利润而生产的逻辑。按照阿列塔的观点,这一转变的根本环节是对福特主义(Fordism)的引进,他把这说成"生产过程和消费模式的接合原则"①。更具体地说,这是围绕着半自动生产线组织起来的劳动过程和以对商品的个人获取(这些商品是为了私人消费而被大规模生产出来的)为特征的消费模式之间的接合。资本主义生产关系的这种开始于20世纪初、从40年代起逐步扩大的渗透,把社会变成了巨大的市场,其中,新的"需求"被不停地制造出来,越来越多的人类劳动产品被转化成商品。社会生活的这种"商品化"(commodification)摧毁了以前的社会关系,用商品关系代替了它们,资本主义积累的逻辑通过这些商品关系渗透到了越来越多的领域。如今,个人不仅作为劳动力的出卖者而依附于资本,他或她也通过被整合到其他各种社会关系中而依附于资本,比如文化、闲暇时间、疾

---

① 阿列塔:《资本主义调节的理论》(A Theory of Capitalist Regulation),伦敦,1979,第117页。

病、教育、性,甚至死亡。实际上,没有任何个人领域或集体生活能摆脱资本主义关系。

但这个"消费社会"(consumer society)并未像丹尼尔·贝尔(Daniel Bell)所宣称的那样导致意识形态的终结,也没有像马尔库塞(H. Marcuse)所害怕的那样产生单向度的人(one-dimensional man)。相反,大量的新式斗争已经表现出了对新型依附关系的抵抗,而且这种抵抗是从新社会的最核心处产生的。正是对自然资源的浪费、对环境的污染和破坏以及生产至上主义的后果引发了生态保护运动。其他斗争——卡斯泰尔称之为"都市的"斗争①——表现出对资本主义占据社会空间的各种抵抗形式。伴随着经济增长的普遍都市化,把平民阶层迁至都市的外围地带或者把他们驱逐到败落的市中心,以及集体商品或服务的普遍匮乏,已经引发了一系列新问题,它们影响了对工作以外的整个社会生活的组织。因此,使对抗和斗争得以产生的社会关系的多样性就有可能出现:住所、消费、各种服务全都可以构成反抗不平等的斗争和要求新权利的领域。

这些新的要求也必须放在凯恩斯的福利国家的语境中,福利国家的建立是战后时期的另一个基本事实。这无疑是一种含混而复杂的想象,因为,一方面,如果说为了执行新的资本主义积累体制所要求的一系列功能,这个新型国家的建立是很有必要的,那么它也是鲍尔斯和金蒂斯所说的"世界大战后资本与

---

① 请参考曼纽尔·卡斯泰尔(Manuel Castells)的《城市问题》(*La question urbaine*),巴黎,1972。

劳动相协调"的结果①,因而也是反抗资本主义造成的社会关系变化的斗争结果。比方说,对传统网络——这种网络与共同体类型或家庭类型(我们不要忘了,家庭是以女人的依附为基础的)的网络休戚与共——的破坏迫使国家为了病患、失业者、老年人等人群而干预各种"社会服务"。此外,在工人斗争的压力下,国家为了保障新的劳动政策(最低工资、工作日的长度,事故和失业保险,还有社会收入)而进行干预。如果我们能接受科里亚的说法②,即因为有了把工资的提高与生产力的提高结合在一起的集体契约实践和经过谈判所达成的协议,这种国家计划才对劳动再生产过程进行了干预,以便使之依附于资本的需要,由此导致的情况居然是:这些都是给工人带来重要的现实利益的收获。

但是,这种在更广泛的社会再生产层面的国家干预已经伴随着它在实践上的逐渐官僚化,和商品化一道构成了不平等与冲突的重要源头之一。在所有国家干预的领域,社会关系的政治化是大量新型对抗的基础。由资本主义生产关系和新的官僚国家形式的扩张所造成的这种社会关系的双重转变,在所有发达工业国中都被发现有不同的组合形式。它们的效果一般是相互强化的,尽管并不总是如此。例如,克劳斯·奥费(Claus

---

① 鲍尔斯和金蒂斯:《自由民主资本主义的危机》("The Crisis of Liberal Democratic Capitalism"),《政治和社会》(Politics and Society),第 2 卷,第 1 期,1982。

② 科里亚:《车间和秒表》(L'atelier et le chronomètre),巴黎,1979,第 155 页。

Offe)已经指出了和社会收入联系在一起的、由国家提供的服务如何能产生"去商品化"(decommodification)的后果。① 后面这个现象反过来影响了资本主义积累的利益,以至于有可能成为利润来源的一系列活动开始由公共部门提供。对于奥费来说,这个和"去无产阶级化"(deproletarianization)现象(它是从各种各样的报酬[payments]中产生的,这种报酬使工人可以存活下来,而不用被迫以任何代价出卖他们的劳动力)联系在一起的现象是当下资本主义危机中的一个重要因素。但在这里,我们最关心的是探索潜藏在新的对抗底下的这种官僚化的后果。重要的事实是,强加在社会关系中的各种警戒和调节形式以前都被认为是私有领域的组成部分。这种"公""私"界线的转换具有含混的效果。一方面,它有助于揭示社会关系的(广义的)政治性质和一个事实,即这些关系永远是赋予它们以形式和意义的制度模式的结果;另一方面,由于国家干预的官僚性,这种"公共空间"的创建不是以真正民主化的形式,而是通过加强新型的依附关系完成的。正是在这里,我们必须探索出一个使反对官僚型国家权力的大量斗争得以产生的领域。但是,这不应该使我们忽视许多其他的方面,这些方面指向了相反的方向并且给福利国家赋予了它的特有的含混性:作为"积极自由"而被设计出来的新型权利的诞生也深刻地改变了占统治地位的常识,它把合法性赋予了对经济平等的一系列要求和对新的社会

---

① 奥费:《福利国家的矛盾》(*Contradictions of the Welfare State*),基恩(J. Keane)编,伦敦,1984,第263页。

权利的坚持。像皮文和克洛尔德①研究的美国"福利权运动"(Welfare Rights Movements)这类运动,是国家一旦承认了对公民的福利责任,人们就扩大对国家要求的一个典型案例。正是作为"社会权利"的公民权概念本身——它已经随着社会国家(social State)而被改变了——现在被赋予了公民。结果,"正义""自由""公平"和"平等"等范畴被重新定义,自由民主的话语也因这种权利范围的扩大而发生了深刻的变化。

要理解眼下社会冲突的扩大以及随之发生的新的政治主体的诞生,人们一方面不能不把这两者置于商品化和社会关系官僚化的语境中,另一方面也不能不重新表述由争取平等的斗争的扩大化所引起的自由民主意识形态。因此,我们已经提出,这种对抗的激增和对依附关系的质疑应该被认为是深化民主革命的一个环节。这也受到了社会关系变化(这种变化是战后时期领导权形态的特征)的第三个重要层面的刺激,这个层面就是和大众传播手段的扩张联系在一起的新的文化形式。这些形式将使强烈撼动传统身份的新的大众文化成为可能。这里的效果再一次是含混的,这种以媒介为基础的文化伴随着无可否认的大众化和统一化的效果,但还是包含了消灭不平等的强有力的要素:消费社会中的主流话语把它表现为社会的进步和民主的进步,以至于它允许大多数人获得越来越广泛的商品。现在,虽然鲍德里亚(J. Baudrillard)正确地指出,我们"更远离了在物面前的平等"②,但

---

① 请参考皮文(F. Piven)和克洛尔德(R. Cloward)的《穷人的运动》(*Poor People's Movements*),纽约,1979。

② 鲍德里亚:《物的体系》(*Le système des objets*),巴黎,1968,第183页。

是，作为媒体行为的必然结果而流行起来的平等表象和文化民主化，却使人们有可能去质疑以旧的身份形式为基础的特权。由于被唤问成了像消费者那样的能力平等的人，所以越来越多的群体被驱使着去反对继续存在的现实的不平等。这种"民主的消费者文化"（democratic consumer culture）无疑刺激了新的斗争的产生，这些斗争在对旧的依附形式的拒绝中起了重要作用，正如在美国发生的黑人民权运动那样。青年人的现象尤其有趣，他们应该为对抗的产生构成一条新的轴线，没有理由为此而感到奇怪。为了创造新的必然性，他们逐渐被建构为特定的消费者范畴，这刺激着他们去寻找社会在任何情况下都不会赋予他们的财政自治权（financial autonomy）。与此相反，经济危机和失业使他们的处境变得非常艰难。如果我们再加上家庭细胞的解体及其逐渐被化约为纯粹的消费功能，连同整合这些"新主体"——它们已经受到了对现存等级制度的普遍质疑的影响——的社会形式的缺失，我们就很容易理解青年人在工业社会中所采取的不同的反抗形式。

这些"新的对抗"是对商品化、官僚化和社会生活本身的逐渐同质化进行抵抗的表现，这个事实解释了它们为什么应该通过特殊主义（particularisms）的扩散来频繁地表现自己，并且具体化为一种对自治本身的要求。由于同样的原因，这里还有一股可以辨识的潮流，它倾向于使"差异"的价值稳定化，创造那种给文化标准（服饰、音乐、语言、宗教传统等）赋予优先地位的新的身份。在民主想象的两大主题——平等和自由——的范围内，传统上是平等主题占统治地位，但对自治的要求则为自由赋予了逐渐占据中心的角色。因此，在这些抵抗形式中，有许多都不是通过集体斗争的形式——而是通过越来越受肯定的个人主义——来表现自己的(当然,左派尚未准备好解释这些斗争,即便在今天,左派还是倾向于把这些斗争作为"自由派"的斗争打发掉。因此,这些斗争就面临着被右派话语、被捍卫特权的话语接合的危险)。但不管怎样,无论对抗通过哪种政治方向体现出来(这将取决于构成对抗的同等性的链条),**对抗形式本身**在所有情况下都是同一的。也就是说,它总是存在于以一整套要素或价值(它们把那些与之相对立的其他东西赶了出去或者外在化了)之间的同等性为基础的社会身份——被过度决定的主体立场——的建构中。我们再一次发现自己面临着社会空间的**分化**。

这些"新社会运动"中最新的一种——它无疑也是当下最具活力的运动之一——就是和平运动(peace movement)。对于我们而言,它似乎完全落入了我们已经提出的理论框架之中。伴随着汤普森称之为"灭绝主义逻辑"(logic of exterminism)的扩张,越来越多的人感到所有权利中最基本的权利,即生命权已经受到了质疑。此外,在许多国家部署别国的核武器——它们的使用不在国家控制之下——产生了新的要求,这些要求扎根在民主控制(公民有权在政治领域中实行这种控制)原则向国家防御领域的扩展中。关于防御政策的话语——传统上对有限的军事和政治精英的封闭式保护——被颠覆了,因为民主控制原则把它自己置于防御政策的核心。

我们要捍卫的核心观念是:新斗争和旧斗争(比如妇女斗争、少数族裔斗争)的激进化应该从两个角度来理解,一是战后时期新的领导权形态所特有的社会关系变革,二是向(围绕着自由民主话语构成的平等主义想象的)新的社会生活领域转移所产生的效果。正是这些提供了必要的框架,以便人们质疑不同的依附关系并要求新的权利。民主的想象在20世纪60年代以来新要求的爆发中起到了一种根本的作用,美国的新保守派对这一点理解得非常清楚,他们公开指责"过度的民主"和平等主义浪潮,在他们看来,这导致了西方政治体系的超载。塞缪尔·亨廷顿(Samuel Huntington)在他1975年给三边委员会(Trilateral Commission)所做的报告中认为,为了争取更多平等和参与的斗争已经在20世纪60年代的美国挑起了使社会"无法治理"的"民主浪潮"。他得出结论说:"民主理想的力量为民主的治理术提出了难题。"① 根据新保守派的说法,对实质性平等的逐渐增多的要求把社会带到了"平等主义悬崖"的边上。他们在这里看到了双重变革的起源,他们认为,平等的理念已经在着手进行这场变革:它已经从机会平等转向了结果平等,从个体间的平等转向了群体间的平等。丹尼尔·贝尔认为,这个"新的平等主义"把真正的平等理想置于危险的境地,它的目标不可能是结果的平等,而是"精英领导的公正社会"(just meritocracy)。② 当下的危机被视为"价值危机"的结果,即"对抗性文化"和"资本主义文化矛盾"的发展结果。

到现在为止,我们已经提出,新的对抗和政治主体的产生是

---

① 亨廷顿:《民主的骚乱》("The Democratic Distemper"),收录于格莱泽(N. Glazer)和克里斯托尔(I. Kristol)编辑的《美国的共和国》(*The American Commonwealth*),纽约,1976,第37页。

② 贝尔:《论精英社会和平等》("On Meritocracy and Equality"),《公共利益》(*Public Interest*),1972年秋季刊。

和民主革命的扩张及普遍化联系在一起的。实际上，它也可以被看作在我们的分析中频繁遇到的其他各种政治效果范围的拓展。尤其是，这些对抗的激增使我们能够以新的眼光来看待社会斗争的"统一"主体的碎片化问题，这正是马克思主义在19世纪末产生它的第一次危机之后发现自己所要面对的东西。所有关于对工人阶级的统一进行重组的战略讨论，客观地看，无非是承认社会多元性和承认所有政治身份的非缝合性特征——这种承认是不情愿的，这是事实——的第一个行动。如果我们**着重地**(sous rature)阅读一下卢森堡、拉布里奥拉和考茨基本人的文本，我们就会看到，这种无法被同化的多元性环节以这样或那样的方式出现在他们的话语中，削弱了他们话语的一致性。显然，这种多样性(multiformity)并不一定是碎片化的否定性环节，或者一如第二国际的理论家们所认为的那样，是对资本主义逻辑造成的人为分化的反思，而是使民主革命的深化成为**可能**的特殊领域。正如我们会看到的那样，这种深化甚至是在一切接合与重组实践都必须面对的含混性和困难性中被揭示出来的。放弃了那个作为统一的、透明的和被缝合的实体的主体范畴，为认识在不同主体立场的基础上构成的对抗的特殊性开辟了道路，因此也为深化多元主义民主观念的可能性开辟了道路。对统一的主体范畴的批判以及对话语分散(discursive dispersion)——一切主体立场都是在这种分散之中被构成的——的认识，因而包含了比对一般的理论立场的阐释更多的东西：它们是对多样性(multiplicity)进行思考的**必要条件**(sine qua non)，对抗正是通过这些多样性才在社会中产生了出来，在这些社会中，民主革命跨过了一道实实在在的槛。这给我们提供了一个理论领域，以它为基础，**激进多元民主**（*radical and plural democracy*）的概念——由此开始，它将成为我们论证的核心——找到了它可能被理解的第一批条件。主体立场不能被带回肯定而统一的奠基性原则，只有接受了这样的事实，多元主义才能被认为是激进的。在这种身份的多元性中，每一种身份都在其自身的内部找到了自己的有效性原则，而且，这种原则无须在所有身份的意义等级制度的超验的或潜在的肯定性根据中，无须在身份的合法性的所有源头与保证中寻找——只有这样，多元主义才是**激进的**。只有当它的每一个术语的自主构成性（autoconstitutivity）都是平等主义想象的移置的结果时，这种激进的多元主义才是**民主的**。因此，**在首要的意义上**，激进多元民主方案仅仅是以同等的－平等主义逻辑的普遍化为基础的、为争取各领域的最大自治化而进行的斗争。

这种理解使我们能够重新评估并公允地评判工人自己的斗争，当它们被作为整体和"新的政治主体"的斗争两相对照时，它们的性质就被歪曲了。一旦拒绝了作为"普遍阶级"的工人阶级概念，就有可能去认识被武断地集中在"工人斗争"标签下的领域中产生的对抗的多元性，以及绝大多数对抗对深化民主进程的不可估量的重要性。工人斗争已经有很多了，而且，工人斗争作为改变国家角色、改变不同类别工人的工会实践、改变工厂内外的对抗和改变现存领导权平衡的功能，采取了极为多变的形式。20世纪60年代末发生在法国和意大利的"新工人斗争"为我们提供了一个极好的例子。它们很好地展示了工厂内部的斗争形式如何在更大程度上依赖于话语环境，而非单纯的生产关系的环境。斗争的明显影响和学生运动的标语、青年工人(他们的文化完全不同于他们那些年长的同事的文化)发挥的核心作用、法国移民和意大利南方人民的重要性——所有这些都向我们揭示出:工人所卷入的其他社会关系将决定他们在工厂内部所采取的反抗方式,因此,不能为了构成**单一的**工人阶级而变戏法似地抹去这些社会关系的多元性。工人的要求也不能被化约为其性质在本体论意义上不同于其他社会和政治主体的唯一的对抗。

到目前为止,我们已经谈到了对抗的多样性,它们那聚集的和过度决定的效果都是在我们称之为"民主革命"的框架内部获得的。尽管如此,在这一点上还是有必要说清楚,民主革命仅仅是让平等主义想象支持下的移置逻辑发挥作用的一个领域,但它并不预先决定这个想象发挥作用的**方向**。如果这个方向被预先决定了,我们就得建构新的目的论——我们将位于和伯恩施坦的**进化**(Entwicklung)相类似的领域。但在那种情况下,就给领导权实践留不下任何空间了。情况之所以不是这样、任何目的论之所以无法解释社会接合的原因在于,民主革命的话语范围一方面为与右翼民粹主义和极权主义一样的相异的政治逻辑开辟了道路,另一方面则为激进民主开辟了道路。因此,如果我们想建构那种能把自己置于激进民主方向上的领导权接合,我们就必须通过它们彻底的异质性来理解在民主本身的领域内被打开的可能性的范围。

毋庸置疑,新对抗和"新权利"的激增正在导致战后时期的领导权形态的危机。但是克服这场危机的形式绝不是被预先决定的,因为将要对权力进行定义的形式,以及反依附斗争将要采取的形式都不是明明白白被确定好的。我们在这里面对的是真正的多义性。例如,女性主义或生态保护以多种方式存在,它取决于对抗在话语上的构成方式。我们已经有了抨击男性本身的激进的女性主义,试图重新评估"女人性"(femininity)的差异性的女性主义,以及将资本主义(它被认为和父权制有着不可分割的联系)视为头号敌人的马克思主义女性主义。因此,在不同的女性依附形式的基础上,存在着建构对抗的话语形式的多元性。同样,生态保护有可能是反资本主义的,也有可能是反工业主义的、权威主义的、自由主义的、社会主义的、保守主义的,等等。所以,对抗的接合形式绝不是被预先决定的,而是领导权斗争的结果。这一论断有着重要的影响,因为它意味着这些新的斗争并不一定进步,所以,像许多人所做的那样认为它们都是自发地产生于左翼政治的语境是一个错误。自20世纪60年代以来,许多人都致力于探索新的被赋予特权的革命主体,它或许可以替代工人阶级,而后者则被认为没有完成它的解放的历史任务。生态保护运动、学生运动、女性主义和边缘群众已经成为完成这一新角色的最受欢迎的选择。但显然,这样一种理解没有摆脱传统的难题性,而只是代替了它。根本不存在什么**唯一的**、优先的立场,使效果的始终如一的连续性可以从它那里产生出来,同时以整个社会的改造而告终。一切斗争,无论是工人的斗争还是其他政治主体的斗争,如果对它们本身放任不管的话,就都具有局部的特征,而且可以和非常不同的话语接合起来。正是这种接合赋予了它们本身以特性,而不是产生它们的位置。因此,没有任何绝对激进的和绝对无法被统治秩序收编的主体,没有任何主体可以构成总体变革的万无一失的出发点——进一步说,没有任何这样的"必然性"(同样,也没有什么东西可以永远保证既定秩序的稳定性)。与这个观点相关,我们认为某些非常有趣的分析——比如阿兰·图雷纳(Alain Touraine)和安德烈·高兹(André Gorz)的分析——并没有足够大胆地和传统的难题性相决裂。① 例如,高兹确实只是把马克思主义立场颠倒过来而已,因为他给那些"不是工人的非阶级者"赋予了一种他拒绝赋予无产阶级的特权。在高兹的例子中,仍然是生产关系层面的位置在起决定作用,即使当革命主体是用**缺乏**那种嵌入(insertion)的方式来定义的时候也是如此。至于图雷纳,他对社会运动的探索——这种社会运动可以在"按部就班的社会"(programmed society)中起到工人阶级在工业社会中发挥的那种作用——清楚地显示出,他也没有质疑那种在一定社会中能够带来激进变革的社会力量的唯一性的观念。

对新型依附的抵抗形式是多元体的(polysemic②),而且可以十分完美地与反民主的话语接合起来,这一点已经被近年来"新权利"的推进证实了。它的新奇性在于,它被成功地与一系列新自由主义话语接合了起来,这些话语反对社会关系变革的民主抵抗。人民对里根和撒切尔取消福利国家的计划的支持通过这个事实得到了解释:这两个人已经依靠人民成功地动员起

---

① 请参考图雷纳的《后社会主义》(*L'après-socialisme*),巴黎,1980;高兹的《向无产阶级告别》(*Adieux au prolétariat*),巴黎,1980。关于图雷纳的一项有趣的讨论,请参看柯亨(J. L. Cohen)的《阶级和市民社会:马克思主义批判理论的限度》(*Class and Civil Society : The Limits of Marxian Critical Theory*),安姆斯特,1982。

② polysemic 是一个生物学用词,意思是"染色体数目超过正常的,多体的,多元体的"。——译注

了一系列抵抗,反对新的国家组织形式的官僚性。每一个领导权接合构成的同等性链条都可以有非常不同的性质,这显然已经由这种新保守派话语予以证明:围绕官僚化构成的对抗被接合进了对传统的性别与种族不平等的辩护当中。以白人和男性至上论为基础的对既得权利的辩护助长了保守派的反动行径,从而拓宽了其领导权效果的范围。因此,对抗在两极之间被建构起来:包括所有那些捍卫传统价值和企业自由的人在内的"人民",以及他们的对手,即国家和所有危险分子(女性主义者、黑人、青年人和所有类型的"极端自由主义者")。所以要力图建构一个新的历史联合体,使多元的经济、社会和文化层面在其中接合起来。例如,斯图亚特·霍尔(Stuart Hall)已经指出了撒切尔的民粹主义是如何"把与有组织的保守主义相关的能够引起共鸣的主题(国家、家庭、责任、权威、标准、传统主义)和被复活的新自由主义的侵略性主题(个人利益、竞争性的个人主义、反国家主义)结合了起来"①。在美国,艾伦·亨特(Allen Hunter)表示,新右翼对福利国家的抨击正是文化和经济批判会聚在一起的地方。这两个人都认定国家"以似是而非的平等主义之名,搅扰了市场的经济和伦理特征。他们也抨击福利性的自由主义,因为它在诸如儿童的社会化或者两性关系这类领域

---

① 霍尔和雅克(M. Jaques)编辑的《撒切尔主义的政治》(*The Politics of Thatcherism*),伦敦,1983,第29页。关于调动性别主义来为撒切尔主义创造群众基础的方式,在坎贝尔(B. Campbell)的《被重访的威根码头:80年代的贫穷和政治》(*Wigan Pier Revisited*:*Poverty and Politics in the 80s*,伦敦,1984)中已经被指出来了。

中制造了国家对人们私人生活和社会道德结构的干预"①。

恰恰是一切对抗的多义性特征使对抗的意义依赖于领导权接合,以至于正如我们已经看到的那样,领导权实践的领域是通过社会的根本的含混性构成的,不可能用明确的方式来构成任何一场斗争的意义,无论这斗争是通过孤立的方式来思考,还是通过把它固定在关系系统中来思考。正如我们所说,存在着领导权的实践,因为这种彻底的不固定性使它不可能把政治斗争思考成这样一场游戏,敌对双方的身份从一开始就在这场游戏中被构成了。这意味着任何一种带有领导权愿望的政治永远都不能认为自己是**重复**(repetition),认为自己产生在给纯粹内在性划定界限的空间中,而是必须在多元的层面上把自己动员起来。如果每一场斗争的意义都不是从一开始就被给定的,这意味着只有到了斗争超出它本身,并且通过同等性链条把它自己和其他斗争在结构上联系起来的程度,斗争才被——局部地——固定下来。每一场放任自流的对抗都是一个浮动的能指,一场并未预先确定能够以何种方式和社会形态中的其他要素相接合的、"狂野的"(wild②)

---

① 亨特:《新右派的意识形态》("The Ideology of the New Right"),收录于《公共部门的危机》(Crisis in the Public Sector),纽约,1981,第 324 页。对当代美国政治形势的深思熟虑的分析,请参看普洛特克(D. Plotke)的《过渡中的美国:走向一种新秩序》("The United States in Transitions: Towards a New Order"),《社会主义评论》,第 54 期,1980;以及《过渡的政治:过渡中的美国》("The Politics of Transition: The United States in Transition"),《社会主义评论》,第 55 期,1981。

② wild 在这里既表示"野性的""粗暴的",也表示"混乱的""未被驯服的"。——译注

对抗。这就允许我们在现在的社会斗争和那些发生在民主革命之前的社会斗争之间建立彻底的差异。后者总是发生在对**特定的**和相对稳定的身份予以否认的语境中;因此,对抗的边界清晰可见,而且不需要被建构——政治的领导权维度因而是缺失的。但在当今的工业社会中,普遍相异的断裂点的激增、所有社会身份的不稳定性导致了边界的模糊。结果,社会身份的更大的不稳定性越发凸显了这条分界线的**被建构的**特征(constructed character),边界的移置和社会的内部分化变得更加彻底。正是在这个领域中,而且正是从这个角度来看,新保守派的方案才获得了它所有的领导权维度(hegemonic dimensions)。

反民主的进攻

新保守主义的或新自由主义的"新右派"质疑的是那种接合类型,它使民主自由主义把国家在反不平等斗争中的干预,以及福利国家的建立正当化了。对这种转变的批评并非最近才出现。早在1944年的《通往奴役之路》(The Road to Serfdom)中,哈耶克就对干预主义国家(the interventionist State)和当时正在执行的各种经济计划形式发起了猛烈攻击。他宣称,西方社会正处在变成集体主义社会的过程之中,因而也就走向了极权主义。根据他的观点,集体主义的门槛此时已被跨过去了,法律已不再是控制行政的手段,而是被行政所利用,以便赋予它自身以新的权力并加速官僚化的扩张。由此开始,法律的权力就不可避免地衰落了,而官僚制度的权力则增加了。实际上,在整个新自由主义批判中,颇受争议的是19世纪完成的那种自由主义和民主的特定的接合。① 自由主义的这种"民主化"——它是多种多样的斗争的结果——最终将对思考自由观念的方式产生深远的影响。从洛克(J. Locke)对自由的传统定义——"自由就是免受他人的约束和侵犯"——开始,我们通过约翰·斯图亚特·穆勒(John Stuart Mill)接受了作为自由之重要组成部分的"政治"自由和民主参与。在最近的社会民主话语中,自由开始意味着作出选择并敞开一系列现实选择的"能力"。因此,贫穷、缺乏教育、生活条件极为悬殊在今天被认为是对自由的冒犯。

新自由主义想质疑的正是这种转变。毫无疑问,哈耶克就是这么一个人,他竭尽全力地要重新表述自由主义的原则,以反对那些使自由得以扩展和深化的意义转变。他提出要重新肯定自由主义的"真正的"本质,即把它作为一种试图将国家权力降至最低限度的教义,以便使核心的政治目标,即个体自由最大化。自由再一次以否定的方式被定义为"人的这样一种状况,即人们在社会上所遭受的他者的压迫尽可能被减少"②。从表面上看,政治自由被从这个定义中排除出去了。根据哈耶克的观点,"民主本质上(是)一种保卫内心平和与个体自由的工具和功利主义手

---

① 麦克弗森(C. B. Macpherson)已经在《自由民主的生活和时代》(The Life and Times of Liberal Democracy,牛津,1977)中对这种接合作了分析。

② 哈耶克:《自由的宪法》(The Constitution of Liberty),芝加哥,1990,第11页。

段"①。这种想回到传统自由概念的意图——这种自由概念说它自己的特点就是不妨碍无限占有的权利和资本主义市场经济体制——使它自己把所有关于自由的"肯定性"观念都诋毁为潜在的极权主义。它认定自由的政治秩序只能存在于资本主义自由市场经济的框架内。在《资本主义和自由》(*Capitalism and Freedom*)中,米尔顿·弗赖德曼(Milton Friedman)宣称,这是尊重个体自由原则的唯一一种社会组织类型,因为它构成了唯一能够无须诉诸强迫就把大量人类活动整合起来的经济制度。除了和不能通过市场来调节的那些事物的联系以外,所有的国家干预都被认为是对个体自由的攻击。社会正义或者重新分配的正义等观念是新自由派最喜爱的靶子之一,因为它被借助来对国家干预评头论足。根据哈耶克的观点,这是一个在自由社会中完全没法理解的观念,因为"在这样一个人人都被允许运用他的智慧达到自己目的的制度中,'社会正义'这个概念必然是空虚而又无意义的,因为在这个社会中,没有任何人的意志能够决定不同的人的相对收入,或者阻止他们在一定程度上依赖于偶然的事件"②。

从"自由主义的"角度出发,罗伯特·诺齐克(Robert Nozick)同样质疑了这种观念:可以存在像"分配的正义"(distributive justice)这种原本应该由国家来提供的东西。③ 在他看来,和自由兼

---

① 哈耶克:《通往奴役之路》,伦敦,1944,第 52 页。
② 哈耶克:《法律,立法与自由》(*Law, Legislation and Liberty*),第 2 卷,芝加哥,1976,第 69 页。
③ 请参考诺齐克的《无政府状态,国家和乌托邦》(*Anarchy, State and Utopia*),纽约,1974。

容的唯一的国家职能就是保护我们的合法财产,但它无权征收超出推动治安活动所需的赋税。跟拒绝一切国家干预的美国极端自由主义者①相反,诺齐克证明了国家最低限度的存在——也就是法律和秩序——的正当性。但是,超出那个限度的国家就是不正当的,因为在那种情况下,它将侵犯个体权利。无论如何,诺齐克宣称,没有任何现成的东西可以由国家在法律上予以分配,因为现存的一切都为个体所有或者处于他们的合法支配之下。

对自由主义和民主的接合的颠覆性效果进行攻击的另一种办法,就是以新保守派的手法,通过限制民主的适用范围,即把政治参与限制在更为狭隘的领域这种方式来重新定义民主本身的概念。因此,布热津斯基(Z. Brzezinski)提出,要"逐渐把政治制度和社会分开,并且把这两者理解为各自独立的实体"②。其目标就是让公共决定日渐摆脱政治控制,使它们成为专家们的专门责任。在这样一种情况下产生的后果将会是:经济层面及社会和政治层面的重大决策的去政治化(depoliticization)。在他看来,这样一个社会将是"自由主义意义上的民主社会;它的民主靠的不是对政策制定所做的根本性抉择,而是在为了个体的自我表达而维护某些自治领域这个意义上的民主"③。尽管

---

① 关于他们立场的说明,请参考罗斯巴德(M. N. Rothbard)的《保卫新自由。自由主义宣言》(*For a New Liberty. The Libertarian Manifesto*),纽约,1973。

② 布热津斯基,斯坦菲尔德斯(P. Steinfelds)转引,《新保守派》(*The Neo-Conservatives*),纽约,1979,第269页。

③ 同上书,第270页。

民主理想并未公开受到攻击,但已经有了一种挖空它的所有实质并提出新的民主定义的意图,这个新的定义实际上有助于体制的合法化,在这个体制中,政治参与实际上并不存在。

在法国的新右派理论家中,已经有了对民主更为大胆且正面的批判。它的主要代言人阿兰·德·伯努瓦(Alain de Benoist)公然宣称,法国大革命标志着西方文明衰落的一个重要阶段——这场衰落是从基督教这种"古代的布尔什维主义"(Bolshevism of Antiquity)开始的。他进一步论证说,必须被否定的恰恰是1789年《人权宣言》的精神本身。德·伯努瓦娴熟地从1968年的运动中重新捕获了一系列自由主义主题,他认为在给普选权赋予重要地位时,民主把所有个体都放在了同一个层面上,没能认识到他们之间的重要差异。因此,这导致了公民的统一化和一体化,唯一的准则被强加在他们身上,这准则展示了民主那必然是极权主义的特征。面对着平等=一致=极权主义这样的同等性链条,新右派宣扬"差异的权利",对差异=不平等=自由这样一种序列表示肯定。德·伯努瓦写道:"我把'新右派'称为一种态度,它认为世界的**多样性**还有不平等是一种善,认为在极权主义意识形态两千年的话语支撑下产生的对世界的不断同质化是一种恶。"①

低估这些对诸如"自由""平等""公正"和"民主"等概念进行重新定义的意图的重要性,将会是一个错误。只给这些居于政治哲学核心的难题赋予次一级重要性的传统的左派教条主义,把自身的立足点放在这类难题的"上层建筑的"特征上面。结果,左派本身感兴趣的只是一些和下层建筑,和在它内部构成的主体相关

---

① 德·伯努瓦:《在地观念》(*Les idées à l'endroit*),巴黎,1979,第81页。

的、范围有限的议题,而关于文化和对建立在文化基础上的现实的界定这整个巨大的领域,关于用领导权把各种话语形态重新接合起来的整个努力,都被随意地丢给右派去占据主动。实际上,如果自由民主的国家观念的整体——它们是和右派联系在一起的——仅仅被视为资产阶级统治的上层建筑形式,左派就很难在不陷入粗俗的机会主义的情况下思考另一种不同态度的可能性。但是,一旦我们放弃了基础/上层建筑的区分,拒绝了"解放的政治实践可以从某些优先的位置发动"这种观点,显然,对具有领导权性质的左派选择方案的创造就只能从复杂的聚合过程及政治建构中产生,在任何社会现实领域中建构起来的领导权接合都不能对它漠然视之。自由、平等、民主和公正在政治哲学层面上的定义方式会在其他各种话语层面产生重要影响,并且会以决定性的方式塑造群众的常识。当然,这些辐射效果不能被认为是对"理念"层面的哲学观点的简单运用,而应该被视为一套更复杂的、容纳了各个方面——既有制度的方面,也有意识形态的方面——的话语-领导权操作(discursive-hegemonic operation),某些"主题"通过这种操作被转换成了话语形态(历史联合体的话语)的节点。如果说新自由派的思想获得了不容置疑的政治共鸣,那是因为它们已经允许把对社会关系日益官僚化——我们已经在前面提到了这一点——的抵抗接合起来。因此,新保守主义成功地提出了它摧毁福利国家、反对国家压迫、捍卫个人自由的纲领。但是为了让一门哲学变成"有机的意识形态"(organic ideology),就必须在它所建构的主体类型和其他社会关系层面上建构的主体立场之间存在某些类似性。如果个体自由的主题可以被如此有效地调动起来,也是因为自由主义尽管与民主想象相接合,但还一直保留着麦克弗森所说的"占有性个人主义"(possessive individualism)作为个体的生产母体。后者把个人权利建构成先于社会存在并且通常与之相对立的权利。越来越多的主体需要这些民主革命框架内的权利,以至于占有性个人主义的母体不可避免地要被打破,因为某些人的权利将和其他人的权利产生冲突。在这个民主自由主义危机的语境下,有必要为这场进攻进行定位,这场进攻试图消灭自由主义和民主相接合的颠覆性潜能,同时重新肯定捍卫个人自由、反对国家干预,以及自由主义(这种自由主义与建立在平等权利和人民主权基础上的民主成分相对立)的核心地位。但是,这种努力(限制民主斗争领域,保留许多生产关系中的不平等)需要捍卫受到自由主义威胁的等级制原则和反平等主义原则。这就是为什么自由派要逐渐求助于一整套源自保守哲学——他们在这种哲学中发现了为不平等辩护的必要成分——的主题的原因。所以,我们正在目睹一项新的领导权方案,即自由的保守主义话语的诞生,它试图把对自由市场经济的新自由主义辩护和保守主义的极端反平等的文化与社会传统接合起来。

激进民主:新左派的选择

保守派的反动具有明显的领导权特征。它追求的是政治话语措辞的深刻变革,并且创造新的"关于现实的定义";它披着捍卫"个人自由"的伪装,把不平等合法化了,并且恢复了前几十年的斗争已经摧毁的等级制关系。这里最要紧的实际上是创造新的历史联合体。由于自由保守主义被转换成了有机的意识形态，所以它将通过同等性的系统——这个系统将围绕着对权利的个人主义定义和关于自由的否定性观念把多种多样的主体立场统一起来——建构新的领导权接合。我们再一次面临社会边界的移置。在与福利国家相对应的领导权形态中，作为**合法差异**（legitimate differences）而得到承认的一系列主体立场从社会的肯定性领域中被驱逐出去，并被解释为否定性——社会保障的寄生虫（撒切尔夫人所说的"小偷"）、与工会特权联系在一起的低效以及国家补贴，等等。

因此，很明显，左派的选择**只能**是建构不一样的同等性系统，它将在新的基础上确立社会分化。面对重建等级社会的计划，左派的选择应在于：把自身完全置于民主革命的领域中并对不同的反压迫斗争之间的同等性链条予以扩展。**因此，左派的任务不可能是放弃自由民主的意识形态，而是相反，要朝着激进多元民主的方向将它深化和扩展**。我们将在下文解释这项任务的诸维度，但这项任务是可能的这个特定的事实却是从另一个事实中产生的，即与个人权利相关的自由话语的**意义**不是被明确固定的；恰恰由于这种不固定性允许它们与保守话语的诸要素相接合，所以它也承认那些强调民主要素的不同形式的接合与重新定义。也就是说，组成自由话语的要素就像其他任何社会要素一样，从来没有被具体化，而且它们可能就是领导权斗争的领域。不是通过放弃民主领域，相反，是通过把民主领域扩展到整个市民社会和国家，左派领导权战略的可能性才存在。如果左派想成功地创造一种完全置身于民主革命领域之中，并且完整地意识到当前形势所需的领导权接合的深度和多变性的政治实践,那么理解左派政治想象中的必然变化的激烈程度就仍然非常重要。这项任务中主要的障碍是我们从本书一开始就已经注意到的一个东西,即本质主义的先天论(essentialist apriorism),这是一种信念,它认为社会是在某个位置上被缝合起来的,而从这个位置出发,就能把独立于接合实践的任何事件的意义固定下来。这就导致了无法成功地理解构成社会形态之节点的持续变动,并造成了以"先天的优先位置"(a priori privileged position)的逻辑——这种逻辑严重地限制了左派的行动和政治分析能力——为根据的话语组织。这个关于优先位置的逻辑已经在各个方向上发挥着作用。从确定根本性对抗的角度来说,正如我们已经看到的,根本的障碍是**阶级论**(classism),也就是认为工人阶级代表着被赋予特权的当事人,社会变革的根本冲动存在于他们身上,但却不懂得工人阶级的方向取决于政治的力量平衡,取决于很大程度上是在阶级自身**之外**被决定的多元民主斗争的激进化。实现变化的可能性被集中于某些社会层面,从这些**社会层面**的角度来看,根本的障碍是**国家主义**(statism)和**经济主义**(economism)(特别是专家治国论版本的经济主义):前者认为国家作用的扩张是所有问题的灵丹妙药,后者认为从成功的经济战略必然能推断出一种可以被明确说明的政治效果的连续性。

但是,如果我们要探寻这个本质主义固定性的最终内核,我们就会在那个激发左派政治想象的节点中找到它,也就是在雅各宾模式中铸就而成的"革命"的经典概念。当然,如果我们通过"革命"理解了一系列位于政治断裂点上的斗争——紧跟在这些斗争之后的是在整个社会形态中传播的各种效果——的过度决定,那么在这个遭到反对的"革命"概念中便一无所有了。如果这就是所涉及的全部,毫无疑问,在许多情况下,用暴力推翻压迫性政权就是一切民主进步的条件。但革命这个经典概念意味着比这更多的东西:它意味着革命行动的**根本**特征,意味着建立权力的集结点,从这个点出发,社会便可"**按照理性**"而被重新组织起来。正是这个观点与激进民主所要求的多元性和开放性互不相容。通过再一次把葛兰西的某些概念激进化,我们找到了使我们能够重新界定革命行动的理论工具。"阵地战"的概念恰恰意味着一切激进变化的**过程**特征(process character)——简单地说,革命行动是该过程的一个内部环节。政治空间的多样化以及防止权力集中在一点,是所有真正的社会民主变革的前提条件。经典的社会主义观念假设生产资料私人所有制的消灭产生了一连串后果,它们将在整个历史时代中消灭一切依附形式。现在我们知道情况并非如此。例如,在反男性至上主义和反资本主义之间**没有**必然联系,两者之间的统一只能是领导权接合的结果。由此可知,只有以各自独立的斗争为基础才有可能建构这种接合,而这些斗争也只在**某些**社会领域中产生同等的和过度决定的效果。这就要求斗争领域的自治化和政治空间的成倍增长,这和经典的雅各宾主义及其不同的社会主义变体中隐含的权力与知识的集中化是不相容的。当然,所有激进民主的方案都暗含着社会主义的维度,因为它必然要终结作为许多依附关系之根源的资本主义生产关系;但社会主义是激进民主方案的组成部分**之一**,反之则不然。由于这个特殊的原因,当人们把生产资料社会化说成是激进多元民主的一个要素时,人们必须坚信,这不可能只意味着工人的自我管理,因为要紧的是所有主体在决定生产什么、如何生产以及产品的分配方式时能获得真正的参与。只有在这样的条件下才可能有对生产的**社会占有**。把问题化约成工人的自我管理问题将会忽视一个事实：工人的"利益"可以通过这样一种方式被建构起来，以至于他们无须考虑生态的要求，或者那些不是生产者但受到生产领域的决定之影响的其他群体的要求。①

从领导权政治的角度来看，传统左派观点的严重局限在于，它试图先天地确定变革的当事人、社会领域中的有效性层面，以及优先的断裂地点和断裂时间。所有这些障碍都汇聚到了一个共同的中心，那就是拒绝放弃关于被缝合的社会（secured society）的假设。然而，一旦放弃了这个假设，就会产生我们现在就应该处理的一整套新的难题。这些东西可以被总结为我们回过头来将要处理的三个问题：(1)我们如何确定使对抗（激进民主的方案应该包含这些对抗）**产生的层面**及其**接合形式**？(2)激进民主特有的多元主义在何种程度上与同等性的效果（正如我们已经看到的，同等性效果是所有领导权接合的特征）相兼容？(3)民主想象的移置过程中固有的这种逻辑在何种程度上足以界定一项**领导权方案**？

---

① 且不说我们的反思被置于一个非常不同的理论难题性中这个事实，我们对和多元民主形式——它们对应于主体立场的多样性——相接合的需求的强调，把我们的理解方式与那种"参与式民主"（participatory democracy）的理论家的理解方式区别了开来，尽管如此，我们还是和他们共享了许多重要的关怀。关于"参与式民主"，请参看麦克弗森的《自由民主的生活和时代》，第五章；以及佩特曼（C. Pateman）的《参与和民主理论》（*Participation and Democratic Theory*），英国剑桥，1970。

关于第一点，显然，正是由于社会地形学中固有的先天论已经被证明是站不住脚的，所以就不可能先天地确定对抗将在哪些层面上被构成。尽管有些左派政治可以在某些语境中被设想出来或被加以说明，但根本没有**一种**其内容可以脱离所有语境关系而被确定的左派政治。正因此，想先天地作出这种决定的意图都必然是片面的和武断的，因而在大多数情况下是无效的。与叠合的不平衡发展的现象联系在一起的这种对政治意义的唯一性（uniqueness）的破除，消除了根据左右之分来固定所指的一切可能性。如果我们试图定义构成其所有使用语境之基础的"左派"一词的根本内涵，我们永远也找不到不显示例外情况的内涵。我们正好处在维特根斯坦的语言游戏的领域中：我们所能得到的最切近的东西就是"家族相似性"（family resemblance）。让我们考察几个例子。近年来，深化国家和市民社会的分界线这种需要已经谈过很多了。但不难意识到，这个建议并未给左派提供任何可以超越有限情形的、能够被普遍化的、关于对抗的产生层面的理论。这似乎意味着一切统治形式都被具体化在国家之中。但显然，市民社会也是大量的压迫关系，因而也是大量的对抗和民主斗争的所在地。有些其结果或多或少正确的理论——比如阿尔都塞对"意识形态国家机器"的分析——试图创造一个概念框架，用它来思考统治领域的这些移置现象。在女性主义斗争的案例中，国家是对反对男性至上主义的法律进步——这种进步经常与市民社会**相违背**——产生影响的重要手段。在许多不发达国家中，中央政府职能的扩张是一种手段，用来在反对土地寡头的极端剥削形式的斗争中划定边界。而且，国家不是通过一道鸿沟与市民社会隔绝开来的同质的媒介（homogeneous medium），而是一整套不平衡的部门和职能,只有通过在它内部发生的领导权实践才能相对地成为一个整体。总之,不应该忘记的是,国家可以成为大量民主对抗的场所,只要它内部的一整套职能——例如专业的或技术的职能——能够进入和权力中心的对抗性关系之中,而在国家自身的内部,这些中心却试图限制并扭曲那些民主对抗。当然,这一切并不意味着在某些情况下,国家和市民社会的分化**不能**构成根本的政治分界线——这就是当国家变成权力强加给社会其余部分的官僚毒瘤时所发生的情况,比如在东欧,或者在索摩查治下的尼加拉瓜这个由军事机器维持着的独裁政权。无论如何,显然不可能先天地把国家或者市民社会当作产生民主对抗的**唯一**(the)的层面。从左派政治或者组织形式的角度来看,当问题是确定某些组织形式的肯定性或者否定性的时候,我们也可以说出同样的话。例如,让我们想一想"党"(party)这个形式。在某些情况下,作为政治机构的党有可能成为把遏制群众运动的官僚制度具体化的一个层级;但在其他情况下,它又可能是政治上幼稚的群众的组织者而且可以作为一种工具,服务于民主斗争的扩大和深化。重要的一点是,作为有效的政治分析框架的"社会一般"(society in general)的领域已经消失,所以,在地形学范畴——也就是指那些以永恒不变的方式把某些可能位于关系复合体中的差异性内容的意义给固定下来的范畴——的基础上建立**一般**政治理论的可能性也就消失了。

  从这个分析得出的结论是,不可能先天地详细说明产生对抗的层面,因为没有哪个层面不受到其他层面的过度决定效果的颠覆,因此某些领域特有的社会逻辑也被不断地移置成其他领域特有的社会逻辑。此外,我们在民主革命的运作过程中已经看到的就是这种"示范效应"(demonstration effects)。民主斗争可以使某个发展民主斗争的空间自治化,并且在不同的政治空间内和其他斗争一起制造同等性的效果。激进民主的方案正是和这种社会多元性联系在一起的,它的可能性直接源于社会当事人的去中心化特征(decentred character),源自把他们构成为主体的话语多元性,源自发生在那种多元性中的移置。民主思想最初的形式和**肯定的**、**统一的**人性观念联系在一起,就此而言,它们倾向于构成唯一的空间,人性将不得不在这个空间内部表现它彻底的自由和平等的效果:因此就在那里构成了和公民权的理念联系在一起的公共空间(public space)。公私之别构成了分离,一边是通过普遍的公民平等而消除了差异的空间,另一边是保留了差异的全部力量的私人空间多元性。正是在这一点上,和民主革命联系在一起的过度决定的效果开始代替了公私之间的分界线,开始把社会关系**政治化**;也就是说,它开始使那些空间成倍地增长起来,在这些空间中,新的同等性逻辑消除了差异性的社会肯定性。这是一个漫长的过程,它从19世纪的工人斗争延伸到当今世纪的妇女斗争、各种种族和性别上的弱势群体的斗争、各种边缘群体的斗争以及新的反制度的斗争。被推翻的是关于唯一的政治构成空间的观念和现实本身。我们目睹的是一个比我们过去已经知道的都更为激进的政治化过程,因为它倾向于消除公私之间的区别,但不是靠用统一的公共空间侵占私人空间,而是靠增加完全新颖而不同的政治空间。我们面对的是主体的多元性的诞生,只有我们放弃了作为既被统一(unified)又施行统一(unifying)的本质的"主体"范畴,我们才有可能思考它的构成形式及其多样性。

然而,这种政治的多元性难道不是和同等性的效果——我们知道,它们是对抗的条件——产生的统一化相矛盾吗?或者,换句话说,在激进民主中固有的政治空间的激增和同等性逻辑基础上的集体身份的建构之间,难道不是存在一种不相容性吗?我们在这里又一次面临着自治/领导权之间明显的二分法,我们已经在前面的章节中提到了它,我们现在应该思考它的政治含义和后果。让我们从两个角度思考这个问题:(a)从能够使这个二分法把自己表现为排他性(exclusive)的那个**领域**出发;(b)从产生这个排他性领域的可能性和历史条件出发。

那么,就让我们从思考同等性的效果和自治之间的不相容性这个领域开始。首先来看同等性逻辑。我们已经指出,由于对抗不只产生于构成对抗的一分为二的空间,还产生于经常超出那个空间的多元空间的领域,所以只有跳出它本身并把外部要素领导权化,对抗双方的身份才能得到巩固。因此,特定的民主斗争的强化需要把延伸到其他斗争中的同等性链条予以扩展。例如,反种族主义、反男性至上主义和反资本主义之间的同等性的接合需要一种领导权建构,在某些情况下,这种建构会成为巩固这些斗争中的每一场斗争的前提条件。如果同等性逻辑被引向它的最终结果,那么就意味着构成每一场斗争的空间的自治消失了;这并不一定是因为它们当中的任何一场斗争依附于其他斗争,而是因为,严格地讲,它们全都已经变成了唯一的且不可分割的斗争的同等性象征(equivalent symbols)。因此,对抗已经获得了完全透明的条件,以至于所有的不平衡性都被消除了,构成每一场民主斗争的空间的不同的特殊性也已经被消除了。其次来看自治逻辑(the logic of autonomy)。这些斗争中的每一场斗争都保持着它们相对于其他斗争的不同的特殊性。构成每一场斗争的空间都是不同的,而且无法彼此沟通。但很容易看到,这个**表面上**是自由主义的逻辑只有以新的封闭为基础才能站住脚。因为如果每一场斗争都把它的特殊性环节变成了同一性的绝对原则,这些斗争的趋势就只能被理解为**绝对的差异系统**,这个系统只能被认为是封闭的总体。也就是说,社会的透明性只是从同等性系统的唯一性和可理解性转到了差异系统的唯一性和可理解性。但在这两种情况下,我们讨论的是试图通过它们的范畴来主宰作为**总体**的社会的话语。因此,在这两种情况下,总体的环节就不再是一条**地平线**(horizon),而是成为一个**基础**(foundation)。只有在这个理性的同质化空间中,同等性逻辑和自治逻辑才是矛盾的,因为只有在那里,社会身份才被呈现为**已经**获得的和被固定的,因而只有在那里,两个**最终**矛盾的社会逻辑才找到了使这些**最终的**后果能够充分发展的领域。但是,由于根据定义,这个最终的时刻从未到来,所以同等性和自治之间的不相容也就消失了。它们各自的地位也变了:再也不是社会秩序的**基础**的问题,而是**社会逻辑**(social logics)的问题,社会逻辑在不同程度上干预了每一种社会身份的构成,而且局部地限制了它们的相互影响。由此我们可以推断出激进的自由主义政治观念的一个基本前提:拒绝在知识或政治上控制任何关于社会的假定的"终极基础"(ultimate foundation)。每一个试图以关于这个基础的知识为根据的构想迟早要让自己面对卢梭式的悖论,根据这个悖论,人应该是被迫自由的。

某些概念的这种地位上的变化把以前是基础的东西变成了社会逻辑,它使我们能够理解民主政治奠基于其上的各种维度。它首先允许我们准确地确定我们可以称之为"民主的同等性原则"(principle of democratic equivalence)的那个东西的意义及界限。我们可以详细说明它的意义,因为很明显的是,平等主义想象的这种单纯的移置不足以使那些受到移置作用影响的集团的身份产生转变。在同等性原则的基础上,一个以社团方式构成的集团可以要求它与其他集团的相互平等的权利,但由于各个集团的要求是不同的,而且在许多情况下并不一致,所以这无法导致不同的民主要求之间的任何真正平等。这种结果在所有那些情况下都是不可避免的,其中,占有性个人主义的难题性作为对不同集团的身份进行生产的母体而被保留着。若要获得"民主的同等性"(democratic equivalence),还需要其他必要的东西:建构能够改变不同集团身份的新的"常识",通过这样一种方式,每一个集团的要求都和其他集团的要求同等地接合了起来——用马克思的话说,就是"每个人的自由发展是一切人的自由发展的条件"①。也就是说,由于同等性不只在特定利益之间建立"联盟",而且还改变了参与这个联盟的力量的特定身份,所以它总是具有领导权的性质。捍卫工人阶级的利益并不是要以妇女、移民或消费者的利益为代价,有必要在这些不同的斗争之间建立一种同等性。只有在这个条件下,反抗权力的斗争才能变得真正具有民主性,对权力的要求也才不是在个人主义难题性的基础上,而是在尊重其他依附性集团的平等权的语境下发出的。如果这就是民主的同等性原则的意义,它的界限也就很清楚了。这种绝对同等性永远不存在;在所有的同等性中都渗透着源自社会不平衡性的

---

① 语出马克思和恩格斯的《共产党宣言》,参见《马克思恩格斯选集》,第1卷,人民出版社2012年版,第422页。——译注

本质上的不稳定性。在这个范围内,所有同等性的不稳定性都需要由自治逻辑来加以补充/限定。因此,只有对**平等**的要求是不够的,还需要用对**自由**的要求加以平衡,这就引导我们去谈论激进**多元**民主。激进的、非多元的民主将会是这样一种民主,它以同等性逻辑的毫无限制的运作为基础,构成了**一个**单一的平等空间,但不承认不可化约的空间多元性环节(moment of the plurality of spaces)。这种空间分离的原则是对自由提出要求的基础。正是在这个基础中存在着多元主义原则,以及可以和自由主义逻辑联系在一起的多元民主方案。不是自由主义本身应该被质疑,因为作为捍卫个人自由以实现他或她的人类潜能的原则,它在今天比在之前任何时候都更为有效。但是,如果这个自由的维度构成了一切民主和解放事业,它就不应该让我们在反对某些"整体主义的"泛滥("holistic" excess)时,纯粹而又简单地回到对"资产阶级"个人主义的辩护。这里涉及的是**另一种**个人的生产,一种再也不靠占有性个人主义的母体来建构的个人。先于社会的"自然"权利观念——以及个人/社会这整个错误的二分法——应该被抛弃,并被另一种提出权利问题的方式所替代。永远不可能孤立地来定义个人权利,而只能在界定了明确的主体立场的社会关系的语境中来定义。因此,这将永远是一个涉及参与同样的社会关系的其他主体权利的问题。正是在这个意义上,"民主权利"的观念必须被理解,因为这些权利只能是预设了他人平等权利的存在并被集体行使的权利。根据所涉及的关系是生产关系、公民权利关系、邻里关系,还是夫妻关系等,由不同的社会关系构成的空间会发生巨大的变化。因而,民主形式应该是多元的,因为它们必须和不确定的社会空间相适应——直接民主不可能是唯一的组织形式,因为它只适用于被化约的社会空间。

因此,有必要把民主权利的行使领域扩大到有限的传统的"公民权"领域之外。就民主权利从传统的"政治"领域向经济领域的扩展而言,这是一个明确反对资本主义的斗争领域。和那些经济自由主义的战士相反——他们肯定经济是"私人的"领域和自然权利之所在,在这个领域内部没有理由使用民主的标准——社会主义理论捍卫社会当事人的平等权,以及他们作为生产者而不仅仅作为公民的参与权。多元主义学派的理论家们,比如达尔(R. Dahl)和林德布卢姆(C. Lindblom),① 已经在这个方向上取得了一些进展,他们在今天认识到,把经济说成跨国公司时代的私人领域是没有意义的,因为有必要接受企业管理中工人参与的某些形式。我们的观点当然很不一样,因为可以存在属于"私人"的自然领域这种观念恰恰是我们要质疑的。公/私之间、市民社会/政治社会之间的分化不过是某种领导权接合类型的结果,它们的界限随着在某个特定时刻存在的力量关系的变化而变化。例如,很显然,今天的新保守派话语让它自己发挥了限制政治领域并且重新肯定私人领域的作用,却罔顾一个事实,即近几十年来在不同的民主斗争的影响下,私人领域已渐趋缩小了。

让我们在这一点上再讨论一下我们关于同等性和自治相互之间必然限制的观点。只有依靠关于封闭系统的假设,政治空间的多元性这个观念才会和同等性逻辑不相容。一旦这个假设被

---

① 请参考达尔的《多元主义民主的两难之境》(Dilemmas of Pluralist Democracy),纽黑文和伦敦,1982;以及林德布卢姆的《政治和市场》(Politics and Markets),纽约,1977。

放弃,就不可能从空间的激增和社会最终的不确定性中推导出一个观点,即社会不可能把自己意指——因而把它本身思考——为总体,或者,这个总体化的环节和激进民主的方案不相容。通过同等性的效果建构政治空间,不仅和民主斗争相容,而且在很多情况下也是民主斗争的必要条件。比如,面对新保守派的反攻,对民主的同等性链条的建构是当前环境中左派领导权斗争的条件之一。所以,不相容性并不存在于作为社会逻辑的同等性中。它只产生于这个同等性空间不再被认为是其中的**一个**政治空间,并且开始被理解为一个控制并组织其他所有空间的中心的时候。也就是说,它产生于这样一种情形,在那里不仅产生了在一定社会层面上的对同等物(equivalents)的建构,还产生了这个层面向统一原则的转变,这个转变把他者都化约成了内在于它本身的差异性环节。悖论的是,我们看到,在今天的社会中,正是开放性逻辑和差异性的民主颠覆逻辑创造了比过去更为彻底的封闭的可能性,以至于挫败了对传统的差异系统的抵抗,不确定性和含混性把更多的社会要素变成了"浮动的能指",试图创造中心——这个中心彻底地消灭了自治逻辑,并且围绕它自身重新构成了社会机体的总体性——的可能性产生了。如果可以从19世纪广泛的社会关系领域中残留的旧的依附形式中找到对所有激进民主意图的限制,当下的那些限制就是由民主领域中产生的新的可能性带来的,即极权主义逻辑。

勒福尔已经表明:作为一个预设了象征层面之深刻变化的新领域,"民主革命"如何意味着一种新的社会制度形式。在按照神学-政治逻辑组织起来的较古老的社会中,权力被具体化为君主个人,他是上帝的代表——那就是说,是主权者的公正和主权者的理性的代表。社会被认为是一个机体,其成员的等级结构依赖于绝对秩序的原则。按照勒福尔的观点,民主社会带来的根本差异是:权力的场所变成了一个空洞的空间(an empty space),与超验的保证人之间的关系消失了,因之,那种宏大的社会统一的代表也消失了。结果,在权力、知识和法律诸层级之间产生了分裂,它们的基础再也无法获得保证。因此打开了无穷无尽的质疑过程的可能性:"不再有那种其命令不容辩驳、其基础不容置疑的、被固定下来的法律;总之,不再有任何社会中心的代表;统一再也不能消除社会分化。民主创造了一种不能被理解和控制的社会经验,在这个社会中,人民将被宣告为主权者,但这个社会身份永远不确定,而是将一直处于潜在的状态。"① 按照勒福尔的观点,在这种环境下,可能性必须被理解为极权主义出现的可能性,它在于这样一种意图,即重新在权力、法律和知识场所之间建立早已被民主所粉碎的统一。一旦通过民主革命废除了和超社会权力(extra-social powers)的一切关系,纯社会权力(purely social power)就可以产生出来,与此同时,它把自己表现为绝对的,并且从它自身当中独自萃取出法律原则和知识原则。通过极权主义,而不是通过指明一个空位(vacant site),权力试图使它自身在某个机构(organ)中变成物质的,这个机构假定它自己将成为**统一的**人民的代表。在实现人民统一这个借口下,由民主逻辑造成的明显的社会分化就被否定了。这种否定构成了极权主义逻辑的核心而且它在一个双重运动中被实现了:"取消国家和社会相分化的标志,取消那些社会内部分化的标志。这些都意味着取消了主导

---

① 勒福尔:《民主的发明》(*L'invention démocratique*),巴黎,1981,第173页。

着政治社会构成的诸层级的区别(differentiation)。再也没有任何与权力分离的最终的法律标准和最终的知识标准了。"①

如果从我们的难题性来考察它们,就有可能把这些分析和我们已经描述为领导权实践的那个领域联系起来。由于再也没有什么出自超验秩序(transcendent order)的受到保护的基础,由于再也没有什么和权力、法律还有知识捆绑在一起的中心,所以就有可能和有必要通过领导权实践把某些政治空间统一起来。但这些接合总是局部的并且接受反驳,因为再也没有什么至高无上的保证人。建立最终的缝合,以及否认民主逻辑所创造的社会的彻底开放性的一切企图,都导致了勒福尔所说的"极权主义";也就是说,它导致了一种政治建构的逻辑,这种逻辑确立了一个能使社会从此被完全掌握和了解的出发点。这是一种**政治逻辑**(political logic),而非社会组织类型,这一点通过一个事实得到了证明:这种逻辑不能被归结为特定的政治方向——它可能是"左派"政治的结果,按照这种政治,一切对抗都有可能被消除,社会则有可能被弄成完全透明的;它也可能是通过国家确立的等级制度来固定社会秩序的权威主义的结果,就像在法西斯主义中那样。但在这两种情况下,国家都把自己抬高到社会秩序真理的唯一占有者这个地位,无论是以无产阶级的名义还是国家的名义,它都试图控制所有社交网络(the networks of sociability)。这暗含着一种企图,即重新强加一个绝对的中心,重建恢复统一的封闭性而罔顾民主打开的极端不确定性。

威胁民主的一大危险是为了重建统一而忽略对抗的构成性

---

① 勒福尔:《民主的发明》,第100页。

并且否认多元性,如果这是毫无疑问的,那么还有一种与之对称的相反的危险,即缺乏与这种统一的一切联系。因为,即使这种统一是不可能的,但由于缺乏社会关系之间的接合,它仍然是为了防止社会内爆(implosion),防止丧失一切参照点的必要的视野。这种由象征框架的解体所引起的对社会结构(social fabric)的拆解是另一种使政治消失的方式。与这种用权威主义的方式强加一成不变的接合的极权主义危险相反,这里的问题是缺乏一种接合,以便使意义的确立能够为不同的主体所共享。在完整的同一性逻辑和纯粹的差异逻辑之间,民主的经验应该在于:承认社会逻辑的多样性(multiplicity)和它们接合的必要性。但这种接合应该被不断地再创造和再协调,而且没有任何可以最终获得平衡的终点。

这就把我们带到了我们的第三个问题,即民主逻辑和领导权方案的关系问题。显然,从我们目前所说过的所有内容来看,民主逻辑不足以形成任何领导权方案。这是因为,民主逻辑只不过是平等主义想象向更为广泛的社会关系的同等性移置,就其本身而论,它只是一种消除依附关系和不平等关系的逻辑。民主的逻辑不是关于社会的肯定性的逻辑,因此它无法建立围绕着它本身就能重构社会的任何节点。但如果民主逻辑的破坏性环节和社会制度的肯定性环节再也不被任何人类学基础——这个基础把它们变成了单一过程的正面和反面——统一起来的话,显然就能推断出两者之间的一切可能的统一形式都是偶然的,因而它本身就是接合过程的产物。情况正是如此:没有任何领导权方案可以绝对地建立在民主逻辑的基础上,而是也必须包括一整套积极的社会组织的建议。如果一个依附性集团的要求被纯粹地表现为

173 颠覆某个既定秩序的否定性要求,而与任何重建特定社会领域的可行性计划毫无联系,它们用领导权方式行动的能力从一开始就将被排除。这就是可以被称为"反对的战略"(strategy of opposition)和"建设新秩序的战略"(strategy of construction of a new order)的那两个东西之间的差别。在第一种情况下,既定的社会或政治秩序的否定要素占据了主导,但这个否定性要素并不伴随着任何建立不同节点——通过这些节点,可以发起对社会结构进行另类的肯定性重建的过程——的现实意图,因此,这个战略被谴责为边缘性(marginality)。这就是不同版本的"飞地政治"(enclave politics)——不管是意识形态的还是社团的——所面临的情况。相反,在"建设新秩序的战略"的情况下,社会的肯定性要素占据了主导,但这个特定的事实创造了与颠覆性的民主逻辑之间的不稳定的平衡和持续性紧张。领导权形势将是这样一种形势,其中,对社会肯定性的管理以及对各种社会要求的接合已经获得了最大限度的整合——而相反的形势(其中,社会的否定性造成了一切稳定的差异系统的解体)则和有机性危机(organic crisis)相对应。这就让我们看到了使我们能够把激进民主的方案作为左派的替代方案来谈论的那种意义。这个方案不可能是由一系列从边缘立场出发的、对反体系要求的肯定陈述构成的;相反,它必须使自己建立在一个基础上,即在两个东西——民主革命在广阔领域中的最大化发展,以及依附性集团这一方对这些领域进行领导权管理和肯定性重构的能力——之间寻求一个平衡点。

因此,每一个领导权的立场都以不稳定的平衡为基础,建构是从否定性开始的,但只有当它达到成功地构成社会肯定性这一程度时才能被巩固。这两个环节不是靠理论被接合起来,它们勾勒了一个矛盾张力(contradictory tension)的空间,这种张力构成了不同的政治形势的特殊性(正如我们已经看到的,这两个环节的矛盾性并不意味我们的论证中有矛盾,因为从逻辑的角度看,两种不同的且矛盾的社会逻辑——它们是以彼此限制其效果的形式存在的——的共存是完全有可能的)。但如果社会逻辑的这种多元性是某种张力所特有的,那么它也需要一种使它们得以被构成的空间的多元性。在建设新秩序的战略中有可能给社会肯定性带来的那些变化,不仅取决于追求这个战略的力量的或多或少的民主性特征,而且取决于由其他逻辑——在国家机器层面上,在经济的层面上,等等——设置的一整套结构限制。这里的关键在于,切勿陷入不同形式的乌托邦主义(它们试图忽略空间的多变性,而正是这些空间构成了那些结构的界限)或者反政治主义(它们由于变化的有限性而拒绝传统的政治领域,而这些变化则有可能从这个领域的内部被实现)。但同样极为重要的是,不要试图把政治领域限制为对社会肯定性的管理,以及对那些只可能在当下实现的变化的接受,同时拒绝一切超出它们范围之外的否定性的变化。例如,近年来已经有了许多对"政治世俗化"(laicization of politics)需求的讨论。如果通过这一点来理解对传统左派——它们通过诸如"唯一的党"(the Party)、"唯一的阶级"(the Class)或"唯一的革命"(the Revolution)这类绝对范畴来行事——的本质主义批判,人们是不会有异议的。但这种"世俗化"经常意味着某些不同的东西:乌托邦从政治领域中被完全驱逐了。现在,没有了乌托邦,没有了在我们能够威胁某种秩序的位置之外来否定它的可能性,也就没有构成激进想象——无论是民主的还是其他任何的类型——的任何可能性了。对于所有左翼思想的构成而言,这种想象的在场(presence)绝对重要,这种想象作为一系列象征意义,把既定的社会秩序总体化为否定性。我们已经指出,政治的领导权形式总是在这种想象和对社会肯定性的管理之间预设一种不稳定的平衡,但这种张力——它是透明社会的不可能性借以被表现出来的形式之一——应该被肯定和捍卫。一切激进的民主政治都应该避免两个极端,它们分别以理想国神话和毫无计划的改良主义者的实证论的实用主义为代表。

这种张力的环节和开放性的环节给社会赋予了根本的未完成性和不稳定性,一切激进民主方案都应该着手使其制度化。民主社会所特有的制度多样性和复杂性应该以完全不同于复杂官僚系统固有的职能多样化的方式来理解。在后者中,经常只有对作为肯定性的社会进行管理的问题,一切多样化因而都发生在统治着所有领域和职能的合理性中。黑格尔的官僚观念(官僚是作为普遍阶级存在的)是该观点的完美的理论结晶。它已经被转移到了社会学的层面,因为社会内部层次的多样化——根据功能主义的、结构主义的或者其他任何类似的视角——和一种观念联系了起来,这个观念就是:这些层次中的每一层次都是可理解的总体(这个总体支配着这些层次并赋予它们意义)的构成环节。但在激进民主所固有的多元主义中,**多样化**(*diversification*)已经被转换成了**多样性**(*diversity*),因为这些各种各样的要素和层次中的每一个要素和层次都不再是超越它的那个总体的表现。空间的成倍增长和与之相伴随的制度的多样化再也不由功能的合理展开构成,它们也不再服从于构成所有变化的理性原则的隐蔽逻辑,但它们准确地表现了相反的情况:通过这种多样性和多元性的不可化约的特征,社会建构了形象,建构了对它自身的不可能性的管理。每一种配置(arrangement)、对抗的妥协性和不稳定性都是首要的事实,只有在这种不稳定性的内部才能产生肯定性环节以及对它的管理。因此,对激进民主方案的推动意味着,与合理透明的社会有关的神话被迫逐步地退出社会视野。这个神话成了一个非场所(non-place),成了它自身的不可能性的象征。

但是,由于这个特殊的原因,左派的**统一话语**的可能性也被消除了。如果不同的主体立场和各种对抗及断裂点构成了一种**多样性**而非**多样化**,显然,它们都无法被带回可以让它们全部被单一话语接纳和解释的位置。话语的**不连续性**变成了首要的和构成性的。激进民主的话语再也不是关于普遍的话语了;"普遍的"阶级和主体借以言说的那个认识论位置被根除了,它已经被多种声音所代替,每一个声音都建构了它自己的不可化约的话语同一性。这一点很关键:如果不放弃普遍话语,不放弃它所固有的关于获得"真理"(这种"真理"只有数量有限的主体才能获得)的优先位置的假设,就没有任何激进多元民主。用政治的话说,这意味着,为了产生对抗,没有哪个层面被先天地赋予特权,同样,作为斗争的领域,没有哪个话语区域(discursive regions)应该被激进民主的纲领先天地予以排除。司法机构、教育系统、劳动关系、边缘人群的抵抗话语建构了社会抗争的最初的不可化约的形式,因而它们贡献出了激进民主纲领应该以之为基础的所有话语复杂性和丰富性。传统的社会主义话语是一种非常不同的类型:它是关于普遍的话语,它把某些社会范畴变成了政治和认识论特权的存放处;它是关于社会内部不同层面的有效性的先天话语——而且就其本身而论,它缩减了那些话语层面的范围,正是在这些层面上,它才认为它的作用是可能的与合法的;最后,它是关于优先位置的话语,历史变革(像大革命、总罢工或者"进化"这样把局部进展[partial advances]的累积性和不可逆转性统一起来的范畴)正是从这个位置才得以运动起来。正如我们已经说过的,一切激进民主的方案都必然包括社会主义的维度——也就是说,对资本主义生产关系的废除;但它拒绝这样的观念,即从这种废除中必然能推断出对其他不平等的消灭。因此,不同的话语和斗争的去中心性(de-centering)和自治、对抗的成倍增长以及对空间多元性的建构——在这个空间的内部,它们可以肯定自己并得到发展——是能够实现传统社会主义理想的不同组成部分的**必要**(sine qua non)条件,而这种理想无疑应该被扩展并被重新阐述。正如我们已经在这几页中大量论证过的那样,空间的这种多元性并不否认而是要求在某些层面上对这种多元性效果的过度决定,以及随之发生在各种空间之间的领导权接合。

让我们得出结论。本书是围绕着领导权概念、社会内部固有的新的逻辑以及"认识论障碍"(epistemological obstacles)——从列宁到葛兰西,这个障碍一直阻碍人们理解它激进的政治和理论潜能——的兴衰变迁而构建的。只有当社会的开放性和非缝合性被完全承认时,只有当总体的和要素的本质主义被拒绝时,这种潜能才能变得清晰可见,"领导权"才能构成左派政治分析的基本工具。这些条件最初产生在我们称之为"民主革命"的领域,但它们只有通过自身在激进民主方案中的全部解构效果,才能被最大化;或者换句话说,只有通过一种形式,它们才能被最大化,这种形式不是建立在任何关于"社会本质"的教条主义假设之上,而是相反地建立在对一切"本质"的偶然性与含混性的断言之上,以及建立在社会分化与对抗的构成性特征(constitutive character)之上。这就是断言:"基础"只有在对其奠基性特征(fundamental character)的否定中才存在;"秩序"只有作为对失序的局部限制(partial limiting)才存在;"意义"只有在无意义面前被建构为过剩和悖论才存在——换句话说,政治领域就如同一个游戏空间,它永远不是"零和"(zero-sum)的,因为规则和游戏者永远都不能完全确定。这场躲避概念的游戏至少有一个名字,那就是领导权。

人名索引

(页码为原著页码)

A

阿德勒,M.(Adler, M.) 21,22

阿列塔,M.(Aglietta, M.) 144

阿尔都塞,L.(Althusser, L.) x,83,90—93,95,102,163

安德森,P.(Anderson, P.) 38

阿伦特,H.(Arendt, H.) 139

阿克雪里罗德,L.(Axelrod, L.) 39,41

B

巴达洛尼,N.(Badaloni, N.) 20

巴利巴尔,E.(Balibar, E.) 86

鲍德里亚,J.(Baudrillard, J.) 147

鲍威尔,O.(Bauer, O) 21,22,23,63

贝克,U.(Beck, U.) xv

贝尔,D.(Bell, D.) 145,150

德·伯努瓦,A.(Benosit, A. de) 157—158

本维尼斯特,E(Benveniste, N.) 92

柏格森,H.(Bergson, H.) 32

伯恩施坦,E.(Bernstein, E.) 4,23—30,31,32,61,74,152

鲍尔斯,S.(Bowles, S.) 68,145

布雷弗曼,H. B.(Braverman, H. B.) 68,71,72,74

布热津斯基,Z.(Brzezinski, Z.) 157

布洛维,M.(Burawoy, M.) 71

C

卡尔霍恩,C.(Calhoun, C.) 140,141

卡斯泰尔,M.(Castells, M.) 145

冯·克劳塞维茨,C.(Clausewitz, C. von) 60

克洛尔德,R.(Cloward, R.) 147

科莱蒂,L.(Colletti, L.) 108—109

科里亚,B.(Coriat, B.) 146

克罗齐,B(Croce, B.) 20,32

库诺,H.(Cunow, H.) 25

卡特勒,A.(Cutler, A.) 87—88,107

D

达尔,R.(Dahl, R.) 169

德亚,M.(Déat, M.) 64

德里达,J.(Derrida, J.) xi,98

季米特洛夫,G.(Dimitrov, G.) 52

迪斯累利,B.(Disraeli, B.) 116

E

爱德华兹,R.（Edwards, R.） 69,72

埃奇利,R.（Edgley, R.） 110

埃尔斯特,J.（Elster, J.） 110

恩格斯,F.（Engels, F.） 20,21,25

F

费雷罗,G.（Ferrero, G.） 18

费耶阿本德,P.（Feyerabend, P.） xi

福柯,M.（Foucault, M.） 1,91—92,93,101,136

弗洛伊德,S.（Freud, S.） 83,101

弗赖德曼,A.（Freidman, A.） 72

弗赖德曼,M.（Freidman, M.） 156

傅勒,F.（Furet, F.） 139

G

戈德马尔,J. P.（Gaudemar, J. P.） 70

盖伊,P.（Gay, P.） 26

秦梯利,G.（Gentile, G.） 20

吉登斯,A.（Giddens, A.） xv

金蒂斯,H.（Gintis, H.） 68,145

戈登,D.（Gordon, D.） 72

高兹,A.（Gorz, A.） 153

葛兰西,A.（Gramsci, A.） ix,xii,xxiii,xxiv,1,4,17,24,35,36, 38,39,47,55—61,66,75,76,95,100,117,121—123,134,161

H

哈贝马斯,J.(Habermas, J.)　xiii,xvii—xviii

霍尔,S.(Hall, S.)　154

黑格尔,G. W. F.(Hegel, G. W. F.)　xiii,21,81—82,109

海德格尔,M.(Heidegger, M.)　xi,98,101

希法亭,R.(Hilferding, R.)　25

海因兹,B.(Hindess, B.)　86,90

赫斯特,P.(Hirst, P.)　86,89,90

希特勒,A.(Hitler, A.)　134

霍布斯,T.(Hobbes, T.)　xii

霍布斯鲍姆,E. J.(Hobsbawm, E. J.)　vii

荷尔德林,F.(Hölderlin, F.)　80

亨特,A.(Hunter, A.)　154

亨廷顿,S.(Huntington, S.)　149

胡塞尔,E.(Husserl, E.)　viii

J

圣女贞德(Joan of Arc)　119

K

康德,I.(Kant, I.)　x,xiii—xiv,21

考茨基,K.(Kautsky, K.)　8—19,22,26,53,60,61,75,150

科尔施,K.(Korsch, K.)　58

L

拉布里奥拉,A.（Labriola, A.） 12,19—21,34,70,100,150

拉康,J.（Lacan, J.） xi,99

拉加代勒,H.（Lagardelle, H.） 12

勒福尔,C.（Lefort, C.） 139,170—171

莱布尼茨,G. W.（Leibnitz, G. W.） 89

列宁,V. I.（Lenin, V. I.） xxiii,19,25,41,44,49,50,56,60,66,121,176

林德布卢姆,C.（Lindblom, C.） 169

洛克,J.（Locke, J.） 155

卢卡奇,G.（Lukács, G.） ix,58

卢森堡,R.（Luxemburg, R.） 2—8,9,19,20,27,30,34,53,76,150

利奥塔,J.-F.（Lyotard, J.-F.） xiii

M

麦克弗森,C. B.（Macpherson, C. B.） 159

德曼,H.（Man, H. de） 64

毛泽东（Mao Tse-tung） 52,54,81,85

马尔库塞,H.（Marcuse, H.） 77,145

马格林,S.（Marglin, S.） 69

马克思,K.（Marx, K.） 10,21,25,34,71,85,120,135,167

马萨里克,T.（Masaryk, T.） 12

莫拉斯,C.（Maurras, C.） 35

穆勒,J. S.（Mill, J. S.） 155

米勒兰, A. (Millerland, A.) 33

米勒, H. (Müller, H.) 63, 64

墨索里尼, B. (Mussolini, B.) 134

N

尼采, F. (Nietzsche, F.) 32, 101

诺齐克, R. (Nozick, R.) 156—157

O

奥费, C. (Offe, C.) 146

P

潘齐耶里, R. (Panzieri, R.) 70

德·保拉, G. (Paola, G. de) 34

帕雷托, V. (Pareto, V.) 35

皮文, F. (Piven, F.) 147

普列汉诺夫, G. (Plekhanov, G.) 13, 17—19, 21, 31, 38, 39, 41, 42

波克罗夫斯基, M. N. (Pokrovsky, M. N.) 43

波普尔, K. (Popper, K.) xi, 110

普朗查斯, N. (Poulantzas, N.) 71, 73, 74, 126

普热沃尔斯基, A. (Przeworski, A.) 10

R

里根, R. (Reagan, R.) 153

赖希,M.(Reich, M.) 72

伦纳,K.(Renner, K.) 23

罗伯斯庇尔,M.(Robespierre, M.) 134

罗森贝格,A.(Rosenberg, A.) 133—135

S

萨特,J-P.(Sarte, J-P.) xxiii

德·索绪尔,F.(Saussure, F. de) 41,92,99

索雷尔,G.(Sorel, G.) 23,30—36,61,100

斯宾诺莎,B.(Spinoza, B.) 89

斯大林,J.(Stalin, J.) xxiv

斯特德曼·琼斯,G.(Stedman Jones, G.) 139

斯通,K.(Stone, K.) 69

司徒卢威,P.(Struve, P.) 18

施图姆塔尔,A.(Sturmthal, A.) 63

T

撒切尔,M.(Thatcher, M.) 153,160

汤普森,E. P.(Thompson, E. P.) 102,141,149

德·托克维尔,A.(Tocqueville, A. de) 139,140,144

陶里亚蒂,P.(Togliatti, P.) 52

图雷纳,A.(Touraine, A.) 153

特伦德伦堡,A.(Trendelenburg, A.) 81

特龙蒂,M.(Tronti, M.) 70

托洛茨基,L.(Trotsky, L.) 35,39,40,41,42—44,50

V

维科, G. (Vico, G.) 31

W

维特根斯坦, L. (Wittgenstein, L.) ix, xi, 94, 98, 112, 163

沃斯通克拉夫特, M. (Wollstonecraft, M.) 138

沃利, P. (Wooley, P.) 89

赖特, E. O. (Wright, E. O.) 73, 74

Z

季诺维也夫, G. (Zinoviev, G.) 51

关键词译名对照表

anciens régimes　旧制度

agent　当事人

alienation　异化

ambiguity　含混性

anchorage　锚地

antagonism　对抗

apparatus　机器

appearance　表象

arrangement　配置

articulation　接合

articulatory practice　接合实践

authoritarianism　权威主义

autonomization　自治化

autonomy　自治/自治权

bloc　联合体

Bolshevization　布尔什维克化

causality　因果性

chain of equivalence　同等性链条

civil society　市民社会

class alliance　阶级联盟

classism　阶级论

class interests　阶级利益

complex　复合体

conditions of existence　存在条件

configuration　构型

collective man　集体人

collective will　集体意志

conjunctural　行情的/形势的

conjuncture　行情/形势

consensus　共识

consent　同意

constitute　构成(动词)

constitution　构成(名词)

constitutivity　构成性

construct　建构(动词)

construction　建构(名词)

contingency　偶然性

contingent　偶然的

contingent articulation　偶然接合

contradiction　矛盾

dearticulation　去接合化

de-centering　去中心性

deferment　延宕

demilitarization 去军事化

democratic equivalence 民主的同等性

democratic politics 民主政治

democratic revolution 民主革命

democratic struggles 民主斗争

democratic subject position 民主的主体立场

depoliticization 去政治化

deproletarianization 去无产阶级化

détour 迂回

difference 差异

differential articulation 差异性接合

differential determination 差异性的规定性

differential logic 差异性逻辑

differential moment 差异性环节

differential position 差异性立场

differential positivity 差异性的肯定性

differential relation 差异性关系

differentiate 区别(动词)

differentiation 区别(名词)

discourse 话语

discursive dispersion 话语分散

discursive fixation 话语固定

discursive formation 话语形态

discursive position 话语立场

discursive space 话语空间

discursive structure　话语结构

discursivity　话语性

dislocation　错位

dispersion　分散

displacement　移置

division　分化

diversification　多样化

diversity　多样性

dualism　二元论

economism　经济主义

efficacity　作用力

element　要素

entity　实体

Entwicklung　进化

enumeration　列举

equivalence　同等性

equivalent　同等的/同等物

essentialism of totality　总体的本质主义

essentialism ofelement　要素的本质主义

existence　存在

extra-discursive　超话语

expressive support　表达性载体

exterior　外部

exteriority　外在性

external　外部的/外在的

external moment　外部环节

family resemblance　家族相似性

femininity　女人性

fictio iuris　法律拟制

field of discursivity　话语性领域

floatingsignifier　浮动的能指

full presence　完整的在场

Fordism　福特主义

fragment　碎片

fragmentation　碎片化

frontier　边界

general strike　总罢工

globalization　全球化

hegemony　领导权

hegemonic articulation　领导权接合

hegemonic identities　领导权身份

hegemonic force　领导权力量

hegemonic form　领导权形式

hegemonic formation　领导权形态

hegemonic link　领导权联系

hegemonic relation　领导权关系

hegemonic subject　领导权主体

hegemonization　领导权化（名词）

hegemonize　领导权化（动词）

historical bloc　历史联合体

historical interest　历史利益

Idea　理念

identity　身份/同一性

identity politics　身份政治

identification　认同/同一化

ideology　意识形态

infrastructure　下层建筑

insertion　嵌入

instance　层级

institution　创制/机构

integral state　完整的国家

intellectual apparatus　知识装置

interior　内部

interiority　内在性

internal　内部的/内在的

internal moment　内部环节

in the last instance　归根到底

intervene　干预

implosion　内爆

Keynesianism　凯恩斯主义

langue　语言

limit　界限

limitation　限制

literality　本义

literal sense　字面意义

literalization 本义化

logic of autonomy 自治逻辑

logic of difference 差异逻辑

logic of equivalence 同等性逻辑

mass bloc 群众联合体

mediation 中介

mélange 混合物

metaphor 隐喻

metonymy 转喻

militarization of politics 政治的军事化

misrecognition 误认

moment 环节

morphological 形态学的

morphology 形态学

narrative 叙事

narration 叙述

nationalization 国有化

national-popular 民族－人民的

negativity 否定性

necessity 必然性

nodal point 节点

non-being 非存在

non-place 非场所

opacity 不透明性

organic crisis 有机性危机

organized capitalism 有组织的资本主义

origin 起源

overdetermination 过度决定

parole 言语

partial 局部的

partial fixation 局部的固定

particularism 特殊主义

people 人民

permanent revolution 不断革命

planism 计划主义

pluralism 多元主义

plurality 多元性

plurality 多元性

pointde caption 凸起点

political initiatives 政治首创精神

political logic 政治逻辑

popular-democratic 人民－民主的

popular struggles 人民斗争

popular subject position 人民的主体立场

popular fronts 人民阵线

positivity 肯定性

possessive individualism 占有性个人主义

post-Marxism 后马克思主义

post-modernity 后现代性

priori 先天的

presence　在场

problematic　难题性

production　生产

reality　实在

Realrepugnanz(real opposition)　实际对立

real object　实际对象

radical and plural democracy　激进多元民主

radical democratic politics　激进民主政治

reactivation　再激活

recognition　承认

recompose　重组(动词)

recomposition　重组(名词)

reductionism　化约论

reductionist　化约论的

reformism　改良主义

reflexive modernization　自反性现代化

regularity in dispersion　分散中的规则性

relation ofdomination　统治关系

relation of equivalence　同等性关系

relations of exteriority　外在性关系

relations of interiority　内在性关系

relation of subordination　依附关系

relation of oppression　压迫关系

relational identity　关系性身份/同一性

relational space　关系性空间

relational totality 关系性总体

relative autonomy 相对自治

repetition 重复

representation 代表/表述

repression 压抑

reproduction 再生产

revisionism 修正主义

rupture point 断裂点

sectoral interest 局部利益

sedimentation 沉淀

separation 分离

sexual divison 性别分化

sign 符号

signification 意指过程

signifier 能指

signified 所指

simple determination 简单决定

social division 社会分化

social formation 社会形态

social logic 社会逻辑

social topology 社会地形学

socialist determination 社会主义规定性

socialization 社会化

society 社会

society in general 社会一般

split 分裂
statism 国家主义
strategy 战略
structural determination 结构决定作用
structuration 结构化
structure 结构
structurism 结构主义
structural causality 结构因果性
subject 主体
subject position 主体立场
subversion 颠覆
superstructure 上层建筑
suture 缝合
sutured society 被缝合的社会
sutured totality 被缝合的总体
symbol 象征
system of difference 差异系统
syndicalism 工团主义
synonymity 多义性
tactic 战术
Taylorism 泰勒制
totality 总体(性)
totalization 总体化
trade unionism 工联主义
transcendent 超验的

transcendent order 超验秩序
transcendental 先验的
transcendental signified 先验所指
transcendental subject 先验主体
transparency 透明性
undecidability 不可判定性
uneven and combined development 不平衡的叠合发展
unity 统一
unification 统一化
united front 统一战线
universal class 普遍阶级
value 价值
vanguard 先锋队
verificationism 证实主义
void 虚空
war of attrition 消耗战
war of position 阵地战
welfare state 福利国家
whole 整体
win-win politics 双赢政治
zero-sum game 零和游戏

译后记

本书创作于20世纪80年代初，系英国著名政治哲学家、后马克思主义代表人物埃内斯托·拉克劳和尚塔尔·穆夫的代表作。单从时间上看，本书似乎早已"过时"，但若从今日西方左翼的现实来看，这本书的意义却并未耗尽。和拉克劳与穆夫写作本书的年代相比，眼下的西方左翼声势更为浩大，名目更为繁多，各种身份政治、族群政治、性别政治、生态政治不断挑战着资本主义的社会秩序。更重要的是，经过了近四十年的发展，拉克劳和穆夫当年努力阐释的新左翼信条在今天似乎已成为西方社会的"共识"，甚至变成了"政治正确"。但正是在这些信条被"风景化"的时候，才更有必要重新探索其"起源"。《领导权与社会主义战略》这本书在今天仍值得重译重读，最根本的原因也在于它具有某种"起源"的意义。正是在这本书中，当代西方左翼的理论渊源和主要观点得到了学理化的分析与概括，并被赋予了一种精致的思想形式。

本书前两章是"历史寻踪"，梳理了作者的马克思主义前辈的思想发展线索。这条线索始于第二国际的罗莎·卢森堡。拉克劳和穆夫认为，卢森堡在她的时代已经意识到，无产阶级斗争不能局限在单一的阶级范围之内，而应该与其他社会阶级同时地、自发地开展。但由于卢森堡没有放弃历史发展的必然规律,以及受这种规律保障的无产阶级统一,所以她陷入了自我矛盾的两难境地。在随后讨论的考茨基、拉布里奥拉、伯恩施坦等人那里,均出现了类似的情况。他们的思想中都迸发出了可以使无产阶级运动摆脱目的论和机械论的"瞬间"——例如,在考茨基那里是"知识分子中介"作用的渗入,在伯恩施坦那里是政治领域的自治化,在拉布里奥拉那里是"形态学的预言"——但是,他们都没有最终放弃经济基础和上层建筑的机械划分,以及无产阶级政党的核心地位,以至于削弱了其思想的活力。

列宁虽然提出了"阶级联盟"的思想,但这个"联盟"仍然不具备拉克劳和穆夫所期望的民主性质。在他们看来,在以列宁主义的先锋队式政党为核心的联盟中,充斥着"权威主义"的领导权实践。这种实践把工人阶级的身份先天地固定下来,然后用先锋队来"代表"工人阶级的"利益",截断了工人阶级与其他阶级接合的可能性,也消除了斗争的多元性和丰富性。无产阶级斗争的历史依然被抽象为一条由阶级到党,由党到国家的层层替代的进化路线。只有到了葛兰西那里,领导权概念才获得了真正的解放性内涵,并有望成为民主的实践形式。他们认为,葛兰西是一个分水岭,他的重要贡献是把"领导权"概念从列宁主义范式移置到了新的阐释框架中。通过葛兰西对领导权概念的理论改造,政治主体不再是严格意义上的阶级主体,而是"集体意志""集体人",是对碎片化的、分散的历史力量进行政治—意识形态接合的结果。由此,历史的偶然性渗透进社会关系之中,社会的各组成部分也丧失了原本按照阶级属性才能获得的本质联系。它们的意义现在取决于领导权的接合,其成功再也不受任何历史规律的保证。但是,葛兰西的领导权理论在拉克劳和穆夫看来也并不彻底,因为它无法完全克服正统马克思主义的二元论,无法完全取消阶级阵营的抽象划分和经济的决定作用,所以领导权斗争仍有沦为阶级间的零和游戏的危险。

在本书的后两章,拉克劳和穆夫建构了他们自己的领导权理论,并对如何开展左翼斗争提出了自己的看法。他们充分吸取了葛兰西的领导权理论和阿尔都塞的过度决定理论,但以更为后现代的姿态对它们进行了解构性阐释。总的来说,拉克劳和穆夫试图颠覆正统马克思主义的总体化和中心化特征,拒绝任何经济决定论、阶级决定论、进化论和目的论图景,把左翼斗争从正统学说的桎梏中解放出来,赋予其新的活力。在他们看来,左翼斗争是过度决定的,是历史中各种偶然因素的不平衡发展的结果。这里不存在任何中心,因而也不存在阿尔都塞所谓的"归根到底的决定作用"。一切社会力量都作为"浮动的能指"而存在。所以,左翼斗争的任务就是要最大限度地将这些浮动的要素"接合"起来,使之形成"集体意志"。当此之时,左翼斗争也就突破了它作为无产阶级斗争的单一形式;也就是说,它不能只考虑无产阶级本身的利益与要求,而是应该和女性主义的、生态保护的、少数族裔的斗争"接合"在一起,汇聚成开放的斗争领域。特别要指出的是,在这个开放的领域中,各种力量的差异被消除了——根据结构主义语言学的观点,差异的存在恰恰预设了封闭的系统,以及各项差异之间的固定关系——相反,在它们之间形成了"同等性"。以这种"同等性"为中介,各种力量才能获得相互"接合"的条件。但拉克劳和穆夫又指出,"同等性"也不能被绝对化。因为绝对的同等性会损害斗争领域的开放性,使斗争的多元性重新被化约为正统马克思主义对敌我两大阵营的抽象划分。"人民斗争"就是如此,它永远只能发生在统治者和被统治者极端外在性的关系之中。斗争双方泾渭分明,只能以各自的固化形态出现,其内部铁板一块,没有给差异留下任何余地。与"人民斗争"相对的"民主斗争"则不然。拉克劳和穆夫认为,随着多元的民主立场的增加,"民主斗争"再也不可能围绕着"人民"这个抽象实体来建构单纯且自动的统一,它必须不断扩大自己的接合范围。"民主斗争"的战场不是固定的,它也无须通过绝对的同等性来人为制造两大对立阵营。按照拉克劳和穆夫的说法,"民主斗争"不是在统治者和被统治者简单的外在性关系中产生的,而是在各种民主斗争的话语与实践中产生的。这意味着民主斗争一方面要把这些话语和实践"接合"起来,另一方面也要充分注意到这些自治的斗争空间的特殊性。然而,正如同等性不能对绝对化一样,拉克劳和穆夫也不主张差异的绝对化。他们认为,民主斗争毕竟不能沦为毫无秩序的运动,它毕竟还需要某个类似于"锚地"的东西,使之具有一定的根基。这个类似"锚地"的东西,他们称之为"节点"。通过"节点",就可以实施"建设新秩序的战略",而不必总是停留在反对和颠覆的层面。

总而言之,拉克劳和穆夫所说的"领导权"即一种"接合实践"。所谓"接合"就是要破除以政党、国家为代表的一切政治中心,破除一切抽象的必然规律,破除一切固化的阶级身份决定论,通过同等性逻辑和差异逻辑的辩证运用,创制一个既具有总体化效果("集体意志"),又不失自治可能性的政治空间,这个空间就是葛兰西所说的"历史联合体"。

本书的大致内容即如上述。不难看出,拉克劳和穆夫有一种极力想解构宏大叙事的冲动。正如他们所说:"在削弱马克思主义理论的自负并缩小其有效性范围的同时,我们也与这门理论中某些根深蒂固的东西决裂了,这就是用马克思主义的范畴把握历史的本质或潜在意义的强烈一元论愿望。"这反映了后现代思想家在面对资本主义生产体制的变化、传统左翼运动受挫等现实后产生的失败主义情绪。这种情绪使他们对马克思主义的总体化特征持怀疑态度,转而用一种微观的、去总体化的方式思考斗争的可能性。这种斗争否认政治组织的重要性,放弃了对社会进行总体性改造的雄心壮志,主张用自发主义的甚至无政府主义的方式来反抗资本主义秩序,而所谓"反抗"也不过是在资本主义社会的某一个领域"小打小闹",并不构成对资本主义生产秩序的根本撼动。而这恰恰是对马克思主义的歪曲,它弱化了马克思主义的革命性,也贬低了马克思主义对于整个世界的巨大改造作用。尽管他们提出要在不同的社会阶级、不同的运动形式之间进行接合,但是,他们并未思考接合的具体途径和方略。而但凡要认真思考这个问题,就不得不涉及组织的建构,不得不回到他们所拒绝的总体化的视野当中。尽管他们也提出创造"节点",使各种差异性力量"局部固定"的理论,但总的来看,这不过是对"激进多元民主"的折中主义的补充,它在本书中并未占据主要位置。

  从更为理论化的角度看,首先,当代资本主义社会虽然表面上呈现出种种碎片化的景观,但这种碎片化的表象并不能掩盖资本主义社会的总体化架构,特别是不能掩盖现代民族国家在其中所起到的重要作用。这个国家作为高度严密的有机体,依然屹立在资本主义生产和再生产机制的背后,充当着它的保护者和指挥者。其次,在民族国家这个架构之外,还要看到另一个架构,即被葛兰西称为资本主义社会的"壕堑"的市民社会。对于拉克劳和穆夫来说,国家层面上的斗争作为宏大叙事的代表自然成了他们所反对的对象,这很好理解。而对于市民社会层面的斗争,他们似乎抱着高度赞同的态度。但是,细读两人的论述可以看到,他们对市民社会斗争的理解是成问题的。按照拉克劳和穆夫的观点,当代资本主义市民社会已经变成了一种分散的、碎片化的存在,导致反抗的主体也出现了多元化的图景,所以在市民社会开展的斗争应该因应这种形势,朝着去中心的、去总体化的方向发展。他们没有看到的是,市民社会尽管众声喧哗,但无数的喧哗却有可能汇聚成资本主义社会的总谱。也就是说,市民社会并不像表面看上去那样碎片化,相反,它是一种结构性存在。这种结构恰恰来自那个看似与之分离的民族国家的保护。也即是说,市民社会并不是作为独立于国家的领域而单独存在,资本主义国家的统治逻辑时刻贯穿在市民社会之中,尽管采取了较为曲折委婉的表现方式。因此,当代西方资本主义社会实际上受到了国家和市民社会的双重保护,这两个结构相对独立,又相辅相成,它们均统一于资本主义本身的生产与再生产的条件与机制。

面对这样的形势,仅仅采用分散的、碎片化的斗争方式是否能够解决当代资本主义社会的问题?近年来西方左翼运动的事实告诉我们,答案是否定的。实际上,越是在这个时候,越需要从总体化的视角出发来全盘思考资本主义社会的运转方式。这个"总体化"不一定意味着要完全复制传统的无产阶级革命的方式——在这一点上,拉克劳和穆夫提出斗争方式应该灵活多变,是可以理解的——而是说要用总体化的视角来思考资本主义社会的生产与再生产条件。无论是葛兰西的"阵地战"理论,还是阿尔都塞的"过度决定"理论,之所以有强大的生命力,恰恰在于它们从未放弃总体性的批判视野,从未在驳斥教条主义的马克思主义的同时放弃对经济基础/上层建筑、生产力/生产关系、法、政党、国家等核心议题的关注。然而,在本书中,拉克劳和穆夫丢失的恰恰是阿尔都塞和葛兰西思想中这个最核心的部分。因此,他们对这两位思想家的阐释难免取其"形"而遗其"神"。这就导致了一个后果:拉克劳和穆夫想努力阐明的激进多元民主实际上并未触动资本主义社会的根基。由于没有对民族国家和市民社会中的中心阵地展开"包围战"——在葛兰西看来,这是"阵地战"的最高形式——"阵地战"最终沦为了"游击战",而这样一种"游击战"无非是市民社会自我逻辑的再生产,进而言之,它无非是占统治地位的国家秩序的再生产,无非是被统治者按照统治者制定的规则而进行的一场游戏。显然,如果没有对游戏规则本身的全面反思,游戏再怎么玩也无法避免输局的命运。西方左翼的抗争本身也会作为市民社会的"杂音"之一,被收编进当代资本主义社会的"总谱"当中,成为其社会景观的一部分。在当代西方社会,这样的景观并不少见,当其抗争性被吸纳、抽干之后,剩下的只是些徒具表演性的躯壳。

21世纪已匆匆过去了20多年,世界的图景变得越来越复杂,在某些领域甚至变得越来越令人绝望。面对这种形势,左翼何为?此时重读拉克劳和穆夫的这本老书,不在于学习经验,而在于吸取教训。多元的、微观的、去中心的斗争游戏早已被"玩坏",现在或许是时候重返列宁、葛兰西和阿尔都塞的思考方式,建立一个总体性的视野了。

＊　＊　＊

本书曾经有两个中译本，分别是陈墇津翻译的《文化霸权与社会主义的战略》（台湾远流出版社1994年版）和尹树广、鉴传今翻译的《领导权与社会主义的策略》（黑龙江人民出版社2003年版）。这两个译本对介绍拉克劳和穆夫的思想起了重要作用，但其译文也确实存在着诸多错漏之处，给读者阅读和理解造成了一些障碍。这也是此次重译的一个直接动机。

感谢"精神译丛"的主编陈越老师给我这个机会，使我在翻译工作上又得到了一次锻炼。感谢罗岗老师借给我本书的台湾译本供我参考。感谢吴子枫老师深入扎实的校对，使得译文的质量有了很大的提高，我也从吴老师的校对中学习到了很多翻译知识和技巧，以及严谨认真的态度。对这三位老师的感谢不止于此，我尤其要感谢他们对当代西方左翼的深入思考，这些思考对我批判性地阅读本书助益尤大。在左翼理论成为学术时髦的今天，他们那清醒的唯物主义立场显得格外珍贵，也教会了我如何去辨别，如何更加历史地而不是观念地看待这个世界。

感谢西安和上海的诸位老师和同学们，虽然他们没有直接参与我的翻译过程，但多年来在我们之间形成的精神纽带却使这本书自然而然地打上了他们的印记。我为自己能加入这两个城市的学术共同体而感到欣喜，是他们时时刺激着我、鞭策着我、引导着我思考和进步。

感谢西北大学出版社的任洁女士为本书的翻译和出版付出

的辛勤工作。没有她的认真与负责,这本书的出版将是不可能的。

感谢家人长期以来的支持与鼓励。尤其感谢我的妻子古婷婷。本书从翻译到出版历时七年,不仅见证了我们从相识、相知到缔结婚姻的全过程,还见证了我们的小宝宝的诞生。我愿将这本书作为一份礼物,献给我的妻子和女儿。

最后要说明的是,原书采取了尾注的形式,为了方便读者阅读,在翻译时统一把尾注改成了脚注。人名索引中凡涉及原书尾注的页码,一律删除。

田　延

2024 年 8 月 23 日于长庆坊

著作权合同登记号:陕版出图字 25-2017-0085

图书在版编目(CIP)数据

领导权与社会主义战略：走向激进的民主政治 / (英)埃内斯托·拉克劳,(英)尚塔尔·穆夫著 ; 田延译. —西安：西北大学出版社, 2025.4. —(精神译丛 / 徐晔, 陈越主编). — ISBN 978-7-5604-5483-2

Ⅰ. D521

中国国家版本馆 CIP 数据核字第 2024HQ6881 号

领导权与社会主义战略:走向激进的民主政治
[英]埃内斯托·拉克劳 尚塔尔·穆夫 著
田延 译

出版发行	西北大学出版社
地　　址	西安市太白北路 229 号
邮　　编	710069
电　　话	029-88302590
经　　销	全国新华书店
印　　装	陕西博文印务有限责任公司
开　　本	889 毫米×1194 毫米　1/32
印　　张	11.375
字　　数	265 千
版　　次	2025 年 4 月第 1 版　2025 年 4 月第 1 次印刷
书　　号	ISBN 978-7-5604-5483-2
定　　价	96.00 元

本版图书如有印装质量问题，请拨打电话 029-88302966 予以调换。

Hegemony and Socialist Strategy
Towards a Radical Democratic Politics
by Ernesto Laclau and Chantal Mouffe
Copyright © Verso 2014
Chinese simplified translation copyright © 2025
By Northwest University Press Co., Ltd.
ALL RIGHTS RESERVED

精神译丛（加*者为已出品种）

第一辑

*从莱布尼茨出发的逻辑学的形而上学始基	海德格尔
*德国观念论与当前哲学的困境	海德格尔
*正常与病态	康吉莱姆
*孟德斯鸠：政治与历史	阿尔都塞
*论再生产	阿尔都塞
*斯宾诺莎与政治	巴利巴尔
*词语的肉身：书写的政治	朗西埃
*歧义：政治与哲学	朗西埃
*例外状态（重译本）	阿甘本
*来临中的共同体	阿甘本

第二辑

*海德格尔——贫困时代的思想家	洛维特
*政治与历史：从马基雅维利到马克思	阿尔都塞
*怎么办？	阿尔都塞
*赠予死亡	德里达
*恶的透明性：关于诸多极端现象的随笔	鲍德里亚
*权利的时代	博比奥
*民主的未来	博比奥
帝国与民族：1985—2005年重要作品	查特吉
*政治社会的世系：后殖民民主研究	查特吉
*民族与美学	柄谷行人

第三辑

*哲学史:从托马斯·阿奎那到康德	海德格尔
布莱希特论集	本雅明
*论拉辛	巴尔特
马基雅维利的孤独	阿尔都塞
写给非哲学家的哲学入门	阿尔都塞
*康德的批判哲学	德勒兹
*无知的教师:智力解放五讲	朗西埃
*野蛮的反常:巴鲁赫·斯宾诺莎那里的权力与力量	奈格里
*狄俄尼索斯的劳动:对国家—形式的批判	哈特 奈格里
免疫体:对生命的保护与否定	埃斯波西托

第四辑

*古代哲学的基本概念	海德格尔
黑格尔《精神现象学》的发生与结构(上卷)	伊波利特
卢梭讲稿	阿尔都塞
*野兽与主权者(第一卷)	德里达
*野兽与主权者(第二卷)	德里达
*黑格尔或斯宾诺莎	马舍雷
第三人称:生命政治与非人哲学	埃斯波西托
二:政治神学机制与思想的位置	埃斯波西托
*领导权与社会主义战略:走向激进的民主政治	拉克劳 穆夫
德勒兹:哲学学徒期	哈特

第五辑

* 基督教的绝对性与宗教史 — 特洛尔奇
  黑格尔《精神现象学》的发生与结构（下卷） — 伊波利特
  哲学与政治文集（第一卷） — 阿尔都塞
* 疯癫，语言，文学 — 福柯
* 与斯宾诺莎同行：斯宾诺莎主义学说及其历史研究 — 马舍雷
  事物的自然：斯宾诺莎《伦理学》第一部分导读 — 马舍雷
* 感性生活：斯宾诺莎《伦理学》第三部分导读 — 马舍雷
  拉帕里斯的真理：语言学、符号学与哲学 — 佩舍
  速度与政治：论竞速学 — 维利里奥
  潜能政治学：意大利当代思想 — 维尔诺 哈特（编）

第六辑

生命科学史中的意识形态与合理性 — 康吉莱姆
哲学与政治文集（第二卷） — 阿尔都塞
心灵的现实性：斯宾诺莎《伦理学》第二部分导读 — 马舍雷
人的状况：斯宾诺莎《伦理学》第四部分导读 — 马舍雷
帕斯卡尔和波-罗亚尔 — 马兰
非哲学原理 — 拉吕埃勒
* 连线大脑里的黑格尔 — 齐泽克
  性与失败的绝对 — 齐泽克
* 探究（一） — 柄谷行人
* 探究（二） — 柄谷行人

第七辑

论批判理论：霍克海默文集（一）	霍克海默
*美学与政治	阿多诺 本雅明等
历史论集	阿尔都塞
斯宾诺莎哲学中的个体与共同体	马特龙
解放之途：斯宾诺莎《伦理学》第五部分导读	马舍雷
黑格尔与卡尔·施米特：在思辨与实证之间的政治	科维纲
十九世纪爱尔兰的学者和反叛者	伊格尔顿
炼狱中的哈姆雷特	格林布拉特
*活力物质："物"的政治生态学	本内特
葛兰西时刻：哲学、领导权与马克思主义	托马斯

第八辑

哲学与时代：霍克海默文集（二）	霍克海默
哲学和科学家的自发哲学（1967）	阿尔都塞
模型的概念	巴迪乌
文学生产理论	马舍雷
马克思1845：《关于费尔巴哈的提纲》解读	马舍雷
艺术的历程 · 遥远的自由：论契诃夫	朗西埃
狱中札记（笔记本版，第一卷）	葛兰西
第一哲学，最后的哲学：形而上学与科学之间的西方知识	阿甘本
谢林之后的诸自然哲学	格兰特
摹仿，表现，构成：阿多诺《美学理论》研讨班	詹姆逊